MARC REICHEL

Das demokratische Offenheitsprinzip und seine Anwendung im Recht der politischen Parteien

Schriften zum Öffentlichen Recht

Band 713

Das demokratische Offenheitsprinzip und seine Anwendung im Recht der politischen Parteien

Von

Marc Reichel

Duncker & Humblot · Berlin

Die Deutsche Bibliothek – CIP-Einheitsaufnahme

Reichel, Marc:
Das demokratische Offenheitsprinzip und seine Anwendung im Recht der politischen Parteien / von Marc Reichel. – Berlin : Duncker und Humblot, 1996
(Schriften zum öffentlichen Recht ; Bd. 713)
Zugl.: Hamburg, Univ., Diss., 1996
ISBN 3-428-08942-1
NE: GT

Fotoprint: Werner Hildebrand, Berlin
Printed in Germany

ISSN 0582-0200
ISBN 3-428-08942-1

Gedruckt auf alterungsbeständigem (säurefreiem) Papier
entsprechend ISO 9706 ♾

Meinen Eltern

Vorwort

Für die umfassende Betreuung dieser Arbeit danke ich ganz besonders meinem Doktorvater, Herrn Prof. Dr. Karl Albrecht Schachtschneider. Seine Anregungen, sein Engagement und seine Fähigkeit zu motivieren, haben diese Arbeit erst ermöglicht.

Meinen Freunden Dr. Christian Bühring-Uhle, Dr. Horst Eidenmüller und Dr. Andreas Nelle danke ich für wertvolle Hinweise.

Washington, D.C., im August 1996

Marc Reichel

Inhaltsverzeichnis

B. Politische Parteien und demokratische Offenheit

Abkürzungsverzeichnis

a.A.	anderer Ansicht
aaO.	am angegebenen Ort
Abs.	Absatz
AK	Reihe Alternativkommentare
AO	Arbeitsordnung
AöR	Archiv des öffentlichen Rechts
Art.	Artikel
B	Beilage
Bd.	Band
BGH	Bundesgerichtshof
BVerfG	Bundesverfassungsgericht
BVerfGE	Entscheidung des Bundesverfassungsgerichts
BVerfGG	Bundesverfassungsgerichtsgesetz
BWG	Bundeswahlgesetz
CDU	Christlich-demokratische Union
CSU	Christlich-soziale Union
DDR	Deutsche Demokratische Republik
ders.	derselbe
dies.	dieselbe
Diss.	Dissertation
DÖV	Die öffentliche Verwaltung
DVBl.	Deutsche Verwaltungsblätter
d. Verf.	der Verfasser
EuGRZ	Europäische Grundrechte Zeitschrift
f.	folgende
ff.	fortfolgende
FAZ	Franfurter Allgemeine Zeitung
FDP	Freie Demokratische Partei
Fn	Fußnote
FR	Frankfurter Rundschau
GG	Grundgesetz
GGK	Grundgesetz Kommentar
GO	Geschäftsordnung
HbdDStR	Handbuch des Deutschen Staatsrechts
HbdStR	Handbuch des Staatsrechts
HbdVerfR	Handbuch des Verfassungsrechts

HDSW	Handwörterbuch der Sozialwissenschaften
h.M.	herrschende Meinung
Hrsg.	Herausgeber
JR	Juristische Rundschau
JuS	Juristische Schulung
JZ	Juristen Zeitung
KG	Kammergericht
MdB	Mitglied des Bundestages
m.E.	meines Erachtens
m.w.Nw.	mit weiteren Nachweisen
NJW	Neue Juristische Wochenschrift
Nr.	Nummer
NSDAP	Nationalsozialistische Deutsche Arbeiterpartei
OLG	Oberlandesgericht
PartG	Parteiengesetz
PVS	Politische Vierteljahresschrift
Rn	Randnummer
s.	siehe
S.	Seite; Siehe
s.a.	siehe auch
SED	Sozialistische Einheitspartei Deutschlands
sog.	sogenannte
SPD	Sozialdemokratische Partei Deutschlands
st. Rspr.	ständige Rechtsprechung
SZ	Süddeutsche Zeitung
u.a.	und andere
usw.	und so weiter
v.	von; vom
VVDStRL	Veröffentlichungen der Vereinigung der Deutschen Staatsrechtslehrer
ZfP	Zeitschrift für Politik
ZRP	Zeitschrift für Rechtspolitik

Vorbemerkung

Am Dienstag, den 8. September 1992, tritt der Hamburger Politologie-Professor Winfried Steffani nach 37-jähriger Mitgliedschaft aus der CDU aus, weil am Tag zuvor das CDU-Bundesparteigericht seine Forderung nach Offenlegung der Mitgliederlisten auf Ortsverbandsebene für interessierte Parteiangehörige nach nichtöffentlicher Verhandlung abgelehnt hatte[1]. Steffani hatte Einsicht in die Mitgliederlisten verlangt, weil er nicht nur mit den ca. 5 % der in den Versammlungen anwesenden Mitgliedern kommunizieren wollte, sondern auch mit denjenigen, die nicht aktiv waren. Das Bundesparteigericht der CDU führte in seiner Entscheidung dazu letztinstanzlich aus, daß politische Parteien keine Dienstleistungsorganisationen seien und Datenschutz deshalb höher zu bewerten sei als die Forderung nach Transparenz[2]. Eine Überprüfung dieser Entscheidung durch ein unabhängiges Zivilgericht wäre möglich, wenngleich sich der Prüfungsumfang gegenüber Parteigerichtsentscheidungen nach ständiger Rechtsprechung wegen des Vereinsstatus der Parteien auf die formelle Rechtmäßigkeit der Entscheidungen beschränkt. Durch Steffanis Austritt ist jedoch seine Prozeßführungsbefugnis im Streit über Rechte, die nach heutigem Rechtsverständnis nur Parteimitgliedern zustehen, entfallen.

Der Fall Steffani, in dem es um die Reichweite des innerparteilichen Demokratiegebotes ging, ist exemplarisch für das Verständnis der Parteien von Offenheit. Die Parteien halten ihre Mitgliederlisten unter Verschluß, auch für Parteimitglieder mit einem sachbezogenen Interesse, sie richten selbst über die Grenzen ihrer Pflicht zur Offenheit unter Ausschluß der Öffentlichkeit und bleiben dabei unkontrolliert von unabhängigen Instanzen. Auch die Folge solchen Demokratieverständnisses wird sichtbar: Parteiaustritt und Verweigerung. Die vorliegende Arbeit befaßt sich mit den Transparenzerfordernissen von politischen Parteien. Dabei steht das der innerparteilichen Demokratie vorgelagerte und auf diese einwirkende demokratische Transparenzgebot aus Art. 20 Abs. 2 GG im Vordergrund. Es wird hergeleitet, daß und in welchem Umfang den politischen Parteien eine Verpflichtung zur Offenheit erwächst.

---

[1] FAZ v. 9. September 1992.

[2] Beschluß des CDU-Bundesparteigerichts, CDU-BPG 5/91(R) v. 7. Sept. 1992; s. a. *Steffani*, Parteimitgliedschaft als Geheimsache?, in: Merkur 7/1993, S. 586(589).

Einleitung

Die Kritik an den politischen Parteien ist so alt wie diese selbst[3]. Die skeptische bis ablehnende Haltung gegenüber den politischen Parteien hat in Deutschland mehr als in anderen Ländern Tradition. Ihren Ursprung findet sie bereits im Kaiserreich. Doch seitdem die Parteien durch Art. 21 Abs. 1 GG einen festen Platz im Verfassungsgefüge der Bundesrepublik gefunden haben, hat sich die Richtung der Kritik geändert.

In der Kaiserzeit, der Weimarer Republik sowie in den Einparteien-Diktaturen der NSDAP und der SED in Deutschland wurde das Mehrparteiensystem, freilich mit unterschiedlichen Mitteln und Intensitäten, von den Machthabern kritisiert, weil es ihre Position durch Demokratisierung bedrohte[4].

Dagegen macht die Kritik an den politischen Parteien in der sogenannten Parteiendemokratie der Bundesrepublik, die sich seit Mitte der 60er Jahre artikuliert, einen Mangel an innerparteilicher Demokratie sowie eine Überpräsenz der etablierten Parteien im Staat geltend.

Anfang der 90er Jahre hat sich die Kritik an den Parteien verschärft. In der Öffentlichkeit fanden besonders die Untersuchung von Erwin K. und Ute Scheuch[5] über den Parteienfilz und die daraus folgende mangelhafte Auslese politischer Eliten sowie die Äußerungen des ehemaligen Bundespräsidenten Richard von Weizsäcker in einem Interview[6] zu den Fehlentwicklungen in der

---

[3] Zur Geschichte der Parteienkritik in Deutschland s. *Stöss*, Parteikritik und Parteiverdrossenheit, in: Aus Politik und Zeitgeschichte, B 21/1990, S. 15(15-21).

[4] *Leibholz* DVBl1951, 1, erklärt den Widerstand der Parlamentarier in der Kaiserzeit mit deren Angst, durch die Parteien ihren unabhängigen Status zu verlieren.

[5] Zunächst als Gutachten im Auftrag der Wirtschaftsvereinigung der CDU - Nordrhein-Westfalen 1991 unter dem Titel "Parteien und Politiker in der Bundesrepublik (alt) heute" und im April 1992 ausgearbeitet als Buch unter dem Titel "Cliquen, Klüngel und Karrieren" erschienen.

[6] Richard von Weizsäcker im Gespräch mit *G. Hofmann* und *Perger*, Frankfurt/Main 1992; Auszüge veröffentlicht in DIE ZEIT, "Wo bleibt der politische Wille des Volkes", v. 19. Juni 1992, S. 3; kritisch dazu *Jäger* "Sehnsucht nach der goldenen Demokratie", FAZ v. 19. Oktober 1992, S. 9; aus den Parteien kam ein vielschichtiges Echo, nachdem sich die Äußerungen von v. Weizsäcker nicht mehr pauschal abweisen ließen, wie es anfangs Strategie war, s. dazu "Aus allen Parteien Kritik an Weizsäcker", FAZ v. 20. Juli 1992. Die Reaktion der Politiker reichte von selbstgefälligen

Parteiendemokratie weitgehende Beachtung. Auch die von Hans Herbert von Arnim an das Licht der Öffentlichkeit gebrachte Diäten- und Versorgungspraxis der Politiker hat die kritische Diskussion angeregt[7]. In den deutschen Zeitungen scheint seitdem die Feststellung, daß die politischen Parteien Selbstbediener zum eigenen Machterhalt sind, ein Gemeinplatz zu sein[8]. Der Politikerelite wird allgemein eine "Absahnermentalität" vorgeworfen[9], erlernt in jahrelangem Dienst für Partei und Staat.

Die häufig pauschale Kritik an den Parteien und ihren Politikern ist nicht immer gerechtfertigt und wenig hilfreich, wenn sie die Parteien in Bausch und Bogen verdammt. Sie ist obsolet, wenn sie außer acht läßt, daß das "ob" eines Staates mit Parteien heute nicht mehr zur Disposition steht. Alle westlichen Demokratien sind Parteiendemokratien und eine der ersten Forderungen der osteuropäischen Bürgerbewegungen Ende der 80er Jahre war die nach der Schaffung eines Mehrparteiensystems. Die pauschale Kritik ist auch gefährlich, wenn dabei ein seit Beginn des parlamentarischen Systems in Deutschland gepflegtes antidemokratisches und irrationales Ressentiment gegen po-

---

Lobeshymnen auf die eigenen Leistungen etwa von Bundeskanzler *Kohl*, "Die Parteien in der freiheitlichen Bürgergesellschaft", Welt am Sonntag v. 19. Juli 1992; Bundesminister *Blüm*, "Die Macht des Staates - Ein deutsches Tabu", FAZ v. 20. August 1992 mit treffender Replik von *Adam*, "Ich kenne nur noch Parteien", FAZ v. 3. September 1992; Ministerpräsident *Lafontaine*, "Sündenböcke werden in Krisenzeiten ausgemacht", Saarbrücker Zeitung v. 22. Oktober 1992; oder *Scharnagl*, "Autorität und Pflicht", Bayern-Kurier v. 27. Juni 1992; bis zu selbstkritischen Analysen etwa von MdB *Thierse*, "Wir brauchen die Einsicht in die Grenzen der Politik", FR v. 11. Juli 1992; Bundesminister *Rüttgers*, "Parteien sollen Bürgern nicht alles abnehmen", Interview in Rheinische Post v. 27. Oktober 1992; oder der seit jeher parteienstaatskritischen *Hamm-Brücher*, "Die Bürgergesellschaft ist gefordert", DIE ZEIT v. 17. Juli 1992; von einigen wurde versucht, durch eine Diskussion über die allgemeinpolitischen Kompetenzen des Bundespräsidenten von einer Auseinandersetzung mit den Äußerungen v. Weizsäckers abzulenken, etwa *Schneider*, "Integrieren und Provozieren", SZ v. 31. Oktober 1992.

[7] *v. Arnim*, Die finanziellen Privilegien von Ministern in Deutschland, Karl-Bräuer-Institut des Bundes der Steuerzahler, Wiesbaden 1992; *ders.*, "Verdienen Politiker, was sie verdienen?", FAZ v. 16. Juni 1992, S. 35.

[8] So zum Beispiel: *Leicht*, DIE ZEIT v. 19. Juni 1992, S. 1; *Busche*, SZ v. 26. Mai 1992, S. 4; *Heigert*, SZ v. 27./28. Juni 1992, S. 10; *Bielicki*, Deutsches Allgemeines Sonntagsblatt v. 10 April 1992, S. 1; *Großkopff*, Deutsches Allgemeines Sonntagsblatt v. 10. April 92, S. 1 und 5. Juni 92; DER SPIEGEL Nr. 16/92, 13. April 1992 (Titel).

[9] Im Meinungsreport der Sendung "Report" v. 20. Juli 1992 (21:20h) stimmten 68 % der repräsentativ Befragten dem Satz zu, "Politiker sehen nur ihren Vorteil und die Gesellschaft als Selbstbedienungsladen".

litische Parteien durchschimmert[10]: eine Kritik, die Parteien sagt, aber Demokratie meint. Die Verurteilung "der" Politiker, "der" Politik und "der" Parteien führt, bewußt oder unbewußt, zu zwei möglichen Alternativen: dem Führerstaat oder der Anarchie. Diese Einstellung beschwört einen Staat herauf, in dem es weder Politiker noch Politik und Parteien gibt und der das gesellschaftliche Ringen um die besten Lösungen aufgegeben hat[11].

Ebenso gefährlich für die Demokratie ist die Abkoppelung der Parteien von den Bürgern. In einem Staat, dessen Willensbildung durch Parteien beherrscht wird, ist die abnehmende "Bodenhaftung" der Parteien gleichbedeutend mit einer qualitativen Minderung der Demokratie. Sie drückt sich auch in rückläufigen Parteimitgliederzahlen und stetig sinkenden Wahlbeteiligungen aus. In den letzten Wahlen ist das beunruhigende Phänomen des "bekennenden Nichtwählers" hinzugekommen. Politisch überdurchschnittlich interessierte und informierte Bürger nehmen nicht mehr an den Wahlen teil. Eine zweite Variante dieser Politikverdrossenheit ist das "Protestwählen" extremer Parteien[12]. So wirkt die Krise der Parteiendemokratie[13] zurück auf die etablierten Parteien und wird zur Krise der Volksparteien[14]. Wegen der beherrschenden Stellung der Volksparteien schlägt sich deren Krise auf das gesamte politische System nieder.

Die deutsche Staatsrechtslehre hat in den letzten 40 Jahren unter dem Eindruck des Zusammenbruchs der Weimarer Republik und der nachfolgenden

---

[10] Anschaulich dargestellt von *Kloepfer*, Zum 70. Geburtstag für August Bettermann (1984), S. 53(55f); s. a. *Stolleis* VVDStRL 44(1986), 7(18f).

[11] Diese Gefahr sehen *A. Vollmer*, "Der Ernst kehrt in die Politik zurück", FAZ Beilage "Bilder und Zeiten", v. 10 Oktober 1992 und *Riehl-Heyse*, "Man schlägt den Sack und trifft den Esel", SZ am Wochenende, v. 17./18. Oktober 1992 in ihren Antworten auf *Enzensbergers* pauschalen Politikerspott "Erbarmen mit den Politikern", FAZ Beilage "Bilder und Zeiten", v. 5. September 1992. Doch scheinen sie jedwege Parteienkritik mit dem Hinweis auf die durch sie weiter geförderte Parteien-, Politik- und Demokratieverdrossenheit wegwischen zu wollen und den Bürgern die Schuld an ihrer Frustration über eine Politik, die nun einmal so ist wie sie ist, zu geben, weil sie sich nicht in die Realitäten fügen. Beide berücksichtigen nicht, daß Demokratieverdrossenheit auch Folge von berechtigter Enttäuschung über systematische Fehlentwicklungen unserer Demokratie sein könnte und vielmehr im Einzelfall geprüft werden muß, ob Abhilfe durch Heranbildung von Verständnis für die komplexen demokratischen Entscheidungsprozesse oder durch Korrekturen im System erfolgen muß.

[12] *Falter / Schumann*, Nichtwahl und Protestwahl: Zwei Seiten einer Medaille, in: Aus Politik und Zeitgeschichte, B 11/1993, S. 36ff.

[13] *Glotz*, in: Die neue Gesellschaft / Frankfurter Hefte 6(1992), S. 510f.

[14] *Wiesendahl*, Volksparteien im Abstieg, in: Aus Politik und Zeitgeschichte, B 34-35/1992, S. 3-14. Beides, sinkende Wahlbeteiligungen und der Erfolg kleiner rechtsextremer Parteien ist auch ein europäisches Problem, s. *Betz*, Radikal rechtspopulistische Parteien in Westeuropa, in: Aus Politik und Zeitgeschichte, B 44/1991, S. 3.

Diktatur hauptsächlich die Stabilisierung, den Schutz und die Stärkung des Parteiensystems gegenüber Eingriffen der Staatsorgane betont. Der Schutz der Teilhaberechte des einzelnen Bürgers am Willensbildungsprozeß im Gemeinwesen wurde in zahlreichen Arbeiten ausschließlich parteiensystemimmanent[15], z.B. über einen Anspruch auf Aufnahme in die Parteien[16], den Schutz des Parteimitgliedes vor einem Parteiausschluß[17] und der Stärkung der innerparteilichen Demokratie, gesucht[18]. Staatsrechtliche Arbeiten über die Grenzen der Parteitätigkeit betreffen zumeist die Parteienfinanzierung. Dabei haben sich Politologen und Soziologen seit Anfang der 70er Jahre ausgiebig mit den Mängeln der Parteiendemokratie beschäftigt[19]. Über die politischen Teilhaberechte der großen Mehrheit der Nichtparteimitglieder in einer von Parteien dominierten Demokratie sind keine Arbeiten ersichtlich. Wer politisch gestalten will, hat sich dem Eigenleben einer Partei anzuvertrauen. Eine Alternative könnten Bürgerinitiativen sein, die aber nur bestimmte Anliegen punktuell aufgreifen. Eine umfassende politische Teilhabe, insbesondere eine Kandidatur für ein politisches Amt, ist durch sie nicht möglich.

In diesem Zusammenhang geht die vorliegende Arbeit der Frage nach, inwieweit die Kritik am Parteiensystem aus staatsrechtlicher Sicht gerechtfertigt ist und eine Stärkung der Rechte des einzelnen gegenüber der beherrschenden Stellung der politischen Parteien verfassungsmäßig geboten ist.

---

[15] Vgl. *Wolfrum*, Die innerparteiliche demokratische Ordnung nach dem Parteiengesetz (1974), S. 158, wenn er schreibt: "Das einzig taugliche Mittel, das die rechtliche Ordnung neben der Öffentlichkeit der parteiinternen Diskussion (die er aber nur sehr eingeschränkt zuläßt, aaO., S. 141; d. Verf.) zur Sicherung dieser funktional gebotenen Verbindung (von Partei und Volk; d. Verf.) zur Verfügung stellen kann, ist ein grundsätzlicher Anspruch des Bürgers auf Aufnahme in die Partei"; ebenso *Knöpfle*, Der Staat 9(1970), S. 321(335).

[16] So *Maly-Motta*, Die Sicherung des freien Zugangs zu den politischen Parteien ("Parteibürgerrecht") (1972); *Stoklossa*, Der Zugang zu den politischen Parteien im Spannungsfeld zwischen Vereinsautonomie und Parteienstaat; *Knöpfle*, Der Staat 9(1970), S. 321.

[17] So *Lenz / Sasse*, Parteiausschluß und Demokratiegebot, JZ1962, 233; *Risse*, Der Parteiausschluß (1985); *Grawert*, Parteiausschluß und innerparteiliche Demokratie (1987).

[18] So *Wolfrum*, Die innerparteiliche demokratische Ordnung nach dem Parteiengesetz (1974); *Trautmann*, Innerparteiliche Demokratie im Parteienstaat (1975).

[19] Beispielsweise seien genannt *Graf Krockow* (Hrsg.), Brauchen wir ein Parteiensystem? (1983); *Lepsius*, Parteienstruktur und Sozialstruktur, in: Abel u.a. (Hrsg.), Wirtschaft, Geschichte und Wirtschaftsgeschichte (1966); *Stammer / Weingart*, Politische Soziologie (1972); Hennis u.a. (Hrsg.), Regierbarkeit - Studien zur Problematisierung (1977), S. 192; *Guggenberger / Kempf*, Bürgerinitiativen und repräsentatives System (1978).

Übersicht

Ziel der vorliegenden Arbeit ist es, das Verhältnis zwischen politischen Parteien und demokratischem Prinzip in der sogenannten Parteiendemokratie des Grundgesetzes zu bestimmen.

In sechs Teilen wird versucht, das Parteienverständnis des Grundgesetzes offenzulegen, die Deformation der Demokratie in Deutschland als Folge eines verfassungswidrigen Parteienverständnisses von Rechtsprechung und herrschender Lehre darzulegen sowie einen Weg zur Verwirklichung des Demokratieprinzips im Parteienrecht aufzuzeigen.

Unter Abschnitt A wird zunächst gezeigt, von welchem Parteienverständnis das Grundgesetz ausgeht. Danach wird dargestellt, inwieweit sich der aktuelle Parteienstaat vom Text und Sinn des Parteienartikels entfernt hat. Es soll nachgewiesen werden, daß Rechtsprechung und die herrschende Lehre durch die rechtliche Stärkung der Parteien zu dieser Deformation der Demokratie beigetragen haben.

In Abschnitt B wird dann das Verfassungsprinzip allgemeiner Offenheit aus dem Demokratieprinzip hergeleitet, um daraufhin aus der nach Art. 21 Abs. 1 Satz 1 GG resultierenden Aufgabe der Parteien, an der politischen Willensbildung mitzuwirken, eine verfassungsgemäße Verpflichtung der Parteien zu allgemeiner Offenheit herzuleiten. Inhalt dieser Offenheitspflicht ist es, alle Bürger über ihr Vorgehen zu unterrichten und an ihrem Handeln teilnehmen zu lassen, unabhängig davon, ob sie Parteimitglieder sind. Aufgabe demokratischer Offenheit ist es, auch Bürger, die aus guten Gründen keiner Partei angehören möchten, nicht von der Ausübung ihrer letztlich durch die Parteien verwalteten fundamentalen Teilhaberechte auszuschließen. Im letzten Teil des Abschnitts wird versucht, diese Pflicht der Parteien zur Offenheit in Abwägung mit dem aus dem Organisationsprinzip des Parteienwettbewerbs abgeleiteten Recht jeder politischen Partei auf parteiliche Geschlossenheit zu bestimmen. Dieser Versuch wird zeigen, daß das demokratische Offenheitsgebot die Publizität der innerparteilichen Machtstrukturen und fast aller personellen und inhaltlichen Beschlüsse, den Zugang zu fast allen Parteiversammlungen sowie die aktive Teilhabe an der Kandidatenaufstellung umfaßt.

Im einzelnen wird die Arbeit folgende Ergebnisse zeigen:

In Abschnitt A wird zunächst das Parteienverständnis des Grundgesetzes durch Auslegung von Art. 21 Abs. 1 Satz 1 GG offengelegt (I., 1.). Die Auslegung des Parteienartikels wird ergeben, daß er über die Anerkennung der Parteien und die Bestandsgarantie eines Parteiensystems hinaus keine Aussage über Stellung der Parteien bei der politischen Willensbildung im Staat macht. Eine besondere Rolle steht ihnen allein bei der Organisation der Wahlen zu, die sich allerdings auf das Wahlvorschlagsrecht beschränkt. Nach dem Grundgesetz haben die Parteien weder eine Mittlerrolle zwischen Bürger und Staatsorganisation, noch ist für sie ein Monopol bei der Kandidatenaufstellung vorgesehen. Im Gegenteil, Art. 21 Abs. 1 Satz 1 GG möchte eine beherrschende Stellung der Parteien bei der politischen Willensbildung verhindern. Aus der Aufgabe der Parteien ergibt sich ihre Definition, die sich nicht mit der Definition in § 2 Abs. 1 Satz 1 PartG deckt. Eine Definition von Parteien muß auch die Sicherung des freien Willensbildungsprozesses gewährleisten und Parteien auf die Mitwirkung bei der politischen Willensbildung beschränken (I., 2.). Ein Staat, der den Parteien gem. Art. 21 Abs. 1 Satz 1 GG zur Aufgabe macht, an dem Diskurs über die Ausgestaltung der allgemeinen Gesetze teilzunehmen, schließt es aus, sie als freie gesellschaftliche Gebilde einzuordnen, wie es Rechtsprechung und herrschende Lehre tun. Parteien haben vielmehr einen Status der Öffentlichkeit (I., 3.).

Ausgangspunkt von Rechtsprechung und herrschender Lehre in der Bundesrepublik für die Entwicklung des aktuellen Parteienrechts war die Annahme, daß politische Parteien unentbehrlich für eine Massendemokratie oder sogar Garanten für eine demokratische Ordnung seien. Demgegenüber wird gezeigt, daß demokratische wie antidemokratische Strömungen gleichermaßen als politische Parteien auftreten. Wer die Demokratie schützen will, wird dies nicht durch eine Stärkung der Parteien bewirken; denn auch von den Parteien selbst kann eine Gefahr für die Demokratie ausgehen (II., 1.). Anschließend wird dargestellt, auf welcher rechtlichen Basis die Parteien sich nach dem 2. Weltkrieg zu dem entwickeln konnten, was sie heute sind. Dazu wird in II., 2. eine Beschreibung der einflußreichen Parteienstaatstheorie von Gerhard Leibholz gegeben, in der Parteien durch Gleichsetzung mit dem Volk zu dem zentralen Element moderner Demokratie gemacht werden. Nach der Darstellung der Parteienstaatstheorie wird deren starker Einfluß auf die Rechtsprechung des Bundesverfassungsgerichts aufgezeigt (II., 3.). In II., 4. werden die von der herrschenden Lehre den Parteien zugestandenen Elemente ihrer rechtlichen Privilegierung beschrieben.

In A, III. wird gezeigt, daß die Parteien den ihnen zugestandenen rechtlichen Freiraum ausgeschöpft und ihren Willen zur Macht durch eine Übernahme der Staatsorganisation umgesetzt haben (III., 1.). Zugleich wurde die Bindung an das Volk gelockert, mit dem Resultat sinkender Mitgliederzahlen und abnehmender Wahlbeteiligung (III., 2.).

Nachdem die Funktion der Parteien im Staat beschrieben wurde, soll nun zu Beginn des Abschnitts B die Kategorie Offenheit entwickelt werden. Zur

Bestimmung der Verpflichtungen, die sich aus dem Status der Öffentlichkeit für die Parteien ergeben, wird das Offenheitsprinzip aus dem demokratischen Prinzip hergeleitet. Eine Demokratie, die von der Mitwirkung der Bürger lebt, muß diesen auch alle Informationen geben, die für eine verantwortliche Mitwirkung erforderlich sind. Offenheit bedeutet Publizität und Teilhabe am demokratischen Prozeß. Teilhabe besteht aus dem Recht auf Zugang zum und dem Recht auf Mitwirkung am politischen Prozeß (I., 1.). Als Aufgabe von Offenheit wird die Annäherung an die Wahrheit beschrieben (I., 2.). Das Gebot prinzipieller Offenheit wird danach aus dem Grundgesetz hergeleitet (I., 3.). Gegenstand demokratischer Offenheit ist das Politische als das, was jeden angeht, mithin der Diskurs über die Gesetze. Denn erst der allgemeine Diskurs aller rechtfertigt die allgemeine Geltung der Gesetze. Zur Offenheit Verpflichtete sind die Teilnehmer am politischen Willensbildungsprozeß (I., 4.).

Das demokratische Offenheitsgebot gilt auch und gerade für die Parteien. Es ist eine Verpflichtung, die sich aus ihrer Aufgabe der Mitwirkung am öffentlichen Diskurs ergibt, und sie ist Bestandteil ihres Status (II., 1.). Die Grenze des Offenheitsgebotes für politische Parteien findet sich in dem Recht der Parteien auf gewisse Geschlossenheit. Dieses Recht ergibt sich aus der Funktionsweise des Mehrparteiensystems, nach dem die Parteien Zusammenschlüsse von Bürgern mit gleichen politischen Grundeinstellungen sind (II., 2.). In II., 3. und 4. folgt eine Auseinandersetzung mit den Gegenpositionen zum Offenheitsprinzip. Diese sind die Privatheit von Parteien, die die Anwendung eines öffentlichen Prinzips ausschließen könnte, sowie das Prinzip des Außenpluralismus, nach dem Parteien als Kampfverbände geschlossen sein müssen, um zu funktionieren (II., 3.). Weitere Gegenpositionen sind die Möglichkeit des einzelnen, die vollen Mitgliedsrechte durch jederzeitigen Parteieintritt zu erwerben und die fehlende praktische Relevanz des Offenheitsprinzips, sofern möglicherweise niemand das Angebot annehmen würde (II., 4.).

Auf die Herleitung des Offenheitsprinzips folgt dessen Konkretisierung. Im einzelnen folgt aus der Offenheitspflicht der Parteien in Abwägung mit dem Anspruch auf Geschlossenheit, daß Parteien alle politischen Informationen der Öffentlichkeit preisgeben müssen, um dem Bürger die Möglichkeit zu geben, demokratiewidrige Herrschaftsstrukturen, die aufgrund von Macht und nicht Einsicht entstanden, zu erkennen und zu verhindern (III., 1.). Daraus ergibt sich, daß praktisch jede Veranstaltung von Parteien der Öffentlichkeit zugänglich gemacht werden muß (III., 2.). Parteilose Bürger haben einen Anspruch auf Aufnahme in eine Partei, sie haben im Rahmen des Möglichen Rede- und Antragsrechte auf Parteiveranstaltungen sowie ein aktives Wahlrecht bei der Listenaufstellung, falls nicht ohnehin das Parteioligarchien fördernde Verhältniswahlrecht durch das Mehrheitswahlrecht ersetzt wird (III., 3.). Diese Rechte sind von jedermann vor den Verwaltungsgerichten durchsetzbar (III., 4.).

A. Politische Parteien in Verfassung und Verfassungswirklichkeit

I. Parteien im Staat nach dem Grundgesetz

Die Bestimmung von Aufgabe und Status der politischen Parteien ist nur in einem geschlossenen Konzept möglich. Denn aus der verfassungsrechtlichen Aufgabe der politischen Parteien folgt ihr rechtlicher Status. Der folgende Teil versucht, ein verfassungsrechtliches Konzept zu entwickeln, in dem zunächst die den Parteien vom Grundgesetz auferlegten Aufgaben bestimmt werden (1.). Hierzu wird Art. 21 Abs. 1 Satz 1 GG ausgelegt mit dem Ergebnis, daß er keine Privilegierung der Parteien gegenüber anderen meinungsbildenden Faktoren vorsieht. Die verfassungsrechtliche Aufgabe der Parteien ist danach die Mitwirkung an der Meinungsbildung und das Vorschlagsrecht für die Kandidatenaufstellung bei politischen Wahlen. Eine verfassungsmäßige Definition von politischen Parteien hat dies zu berücksichtigen und darf den Parteien nicht die Voraussetzungen für eine beherrschende Stellung im Staat geben (2.). Aufgrund ihrer gemeinwohlbezogenen Aufgabenstellung aus Art. 21 Abs. 1 Satz 1 GG, nämlich an der politischen Willensbildung mitzuwirken, haben sie einen besonderen Status (3.).

1. Die Aufgabe politischer Parteien nach Art. 21 Abs. 1 Satz 1 GG

In Deutschland hat sich erst relativ spät die Überzeugung durchgesetzt, daß politische Parteien zu einer Massendemokratie gehören. Die historisch begründete deutsche Skepsis gegenüber politischen Parteien wirkt noch heute fort[20]. Art. 21 GG räumt mit dieser Gegenüberstellung von Gut (Kaiser, Reichskanzler, Führer) und Böse (Parteien, organisierte Bürger, Gewerkschaften) auf und akzeptiert zum ersten Mal in der Geschichte des deutschen Verfassungsstaats explizit die Existenz politischer Parteien. Das Grundgesetz entscheidet sich für eine "Demokratie mit Parteien"[21] und garantiert das Mehr-

---

[20] Anschaulich beschrieben von *Kloepfer*, Zum 70. Geburtstag für August Bettermann (1984), S. 53(55).

[21] *Seifert*, Das Recht der politischen Parteien (1975), S. 63.

parteiensystem in Art. 21 Abs. 1 GG; nicht mehr und nicht weniger. Das geht aus seiner wörtlichen, historischen und systematischen Auslegung hervor.

a) Wörtliche Auslegung

Dem Wortlaut nach gibt Art. 21 Abs. 1 Satz 1 GG den Parteien kein Privileg bei der politischen Willensbildung. Indem das Grundgesetz ausdrücklich "Mitwirkung" der politischen Parteien vorsieht, gibt es den Parteien eine Rolle im vorparlamentarischen politischen Prozeß neben anderen Instituten wie Medien, Verbände, Gewerkschaften, Kirchen, Bürgerinitiativen oder einzelnen Bürgern.

b) Historische Auslegung

Als Materialien zur Interpretation von Art. 21 GG dienen der Tätigkeitsbericht über den Verfassungskonvent auf Herrenchiemsee vom 10. bis 23. August 1948 und die Protokolle des Parlamentarischen Rats, der vom 1. September 1948 bis 5. Mai 1949 tagte[22]. Die vom Herrenchiemseer Verfassungskonvent formulierten Mindestanforderungen an ein Parteienrecht waren der Ausgangspunkt für die spätere Schaffung des Parteienartikels 21 GG. Unter Nr. 3 steht dort:

"Es darf keinem Land das Einparteiensystem erlaubt sein. Bei jeder Wahl zu einer Volksvertretung müssen mindestens zwei, nicht nur organisatorisch, sondern auch politisch und innerlich voneinander unabhängige Parteien mit eigenen Programmen und Kandidaten sich um die Mandate bewerben können." Der Verfassungskonvent schreibt weiter unter Punkt 4 in seinen Mindestanforderungen:

"In gewissen Ländern[23] hat sich das System herausgebildet, daß eine Partei unter der Tarnung demokratischer Verfassungen praktisch das Einparteiensystem errichtet hat. Das geschieht dadurch, daß die Parteileitungen mehr oder weniger gewaltsam für die Dauer zu einheitlichen Beschlüssen veranlaßt

---

[22] Beide Gremien wurden von den Ministerpräsidenten der westlichen Länder eingesetzt, aufgrund einer Ermächtigung der Militärgouverneure der drei westlichen Besatzungszonen vom 1. Juli 1948, die einen Beschluß der Londoner Sechsmächtekonferenz wiedergibt, nach dem die Ministerpräsidenten ermächtigt werden sollen, eine Versammlung zur Ausarbeitung einer Verfassung einzuberufen. Aufgabe des Herrenchiemseer Verfassungskonvents war es, Richtlinien für ein Grundgesetz auszuarbeiten, die dem Parlamentarischen Rat als Grundlage für seine Arbeit dienen sollte.

[23] Damit waren die Länder des Ostblocks und in erster Linie wohl die DDR mit ihrem Blockparteiensystem gemeint.

werden, die dann in den Volksvertretungen von allen Fraktionen einheitlich ausgeführt werden müssen. Dieses System soll von Bundes wegen in den Ländern verboten sein. Die üblichen Koalitionsabreden sollen dadurch nicht verboten werden"[24].

Dem Verfassungskonvent ging es demnach in erster Linie darum, ein Mehrparteiensystem zu erhalten. Nach Punkt 5 der Mindestanforderungen sollte dann auch das Verbot von politischen Parteien erschwert werden. Der Grundgesetzentwurf des Konvents sprach mit keinem Wort von einer Privilegierung der Parteien bei der politischen Willensbildung. Vorgesehen war vor allem ihre verfassungsmäßige Anerkennung und ihr Schutz gegenüber der Installation einer offenen oder verdeckten Einparteienherrschaft. Eine besondere Funktion sollten politische Zusammenschlüsse allein bei den Kandidatenvorschlägen für Wahlen erhalten. Der erste Absatz des auf Basis der Mindestanforderungen verabschiedeten Herrenchiemsee-Entwurfs macht allein das Wahlvorschlagswesen zu einem Vorrecht der Parteien. Es folgen in den Absätzen 2 bis 5 die Sicherung des Mehrparteiensystems[25]. Lediglich in Absatz 3 findet sich die Formulierung über die Mitwirkung der Parteien bei der politischen Willensbildung als ein Gesetzgebungsauftrag für den einfachen Gesetzgeber. Man ging demnach wie selbstverständlich davon aus, daß Parteien nur "mitwirken", und die Konkretisierung der Mitwirkung Gegen-

---

[24] Verfassungsausschuß der Ministerpräsidenten-Konferenz der westlichen Besatzungszonen. Bericht über den Verfassungskonvent auf Herrenchiemsee vom 10. bis 23. August 1948, S. 27, 215.

[25] Der Artikel 47 des Verfassungskonvents lautete:

(1) Wahlvorschläge können nur von Wählergruppen eingereicht werden, die sich den Vorschriften über politische Parteien unterstellen.

(2) Die Bildung politischer Parteien ist frei. Abreden der Parteien, durch die die Abgeordneten in ihrer Stimmabgabe so gebunden werden, als ob in der abstimmenden Körperschaft nur eine Partei vertreten sei, sind verboten.

(3) Durch Bundesgesetz können Rechtsverhältnisse der Parteien und ihre Mitwirkung bei der politischen Willensbildung näher geregelt werden. Das Gesetz kann insbesondere bestimmen, daß Wahlvorschläge einer Partei von den Mitgliedern im Wege der Vorwahl beschlossen sein müssen.

(4) Das Bundesverfassungsgericht kann Parteien, die sich nach Art ihrer Tätigkeit die Beseitigung der freiheitlichen und demokratischen Grundordnung zum Ziel gesetzt haben, auf Antrag der Bundesregierung, welcher der Zustimmung des Bundesrats (Senats) bedarf, für verfassungswidrig erklären. Das Gericht kann einstweilige Anordnungen gegen solche Parteien treffen. Ohne verfassungsgerichtliche Entscheidung kann keine Behörde gegen eine Partei wegen verfassungswidriger Betätigung einschreiten.

(5) Das Bundeswahlgesetz kann bestimmen, daß Parteien, die nicht wenigstens 5 v. H. aller gültigen Stimmen auf sich vereinigen, keinen Sitz erhalten und daß auf zusammengerechnete Reststimmen einer Partei nicht mehr Sitze entfallen, als die Partei in den Wahlkreisen unmittelbar erlangt hat.

stand eines Parteiengesetzes sein sollte. Anhaltspunkte für eine Privilegierung der Parteien über ihre Bestandsgarantie und die Durchführung der Kandidatenvorschläge hinaus sind daraus nicht ersichtlich. Diese Interpretation ergibt sich auch bei der Auswertung der Protokolle des Verfassungskonvents. Bei der Besprechung im zuständigen Unterausschuß III wird etwa von Dr. Brill und Dr. Suhr zunächst die besondere Rolle der Parteien für die Kandidatenvorschläge hervorgehoben[26]. In der folgenden Diskussion um den Parteienartikel stand die Sicherung des Mehrparteiensystems im Vordergrund[27]. In einem Beschluß führte der Unterausschuß I aus, "eine demokratische Staatspraxis ist ohne ein gut funktionierendes Parteiwesen unmöglich"[28]. Weiter "bestand Einverständnis darüber, daß das Grundgesetz nicht an der Wirklichkeit der politischen Parteien vorbeigehen dürfe"; "sie seien entscheidende Elemente allen staatlichen Lebens"[29]. Damit wurde aber noch keine Sonderrolle der Parteien geschaffen, sondern es war lediglich eine Anerkennung ihrer Existenz beabsichtigt. Der pathetische Satz von den Parteien als entscheidende Elemente allen staatlichen Lebens taucht später weder in den Protokollen des Verfassungskonvents, noch des Parlamentarischen Rats auf. Im darstellenden Teil zum Verfassungskonvent des Unterausschusses III wurde nur die Anerkennung der Parteien in den ersten Satz ausdrücklich hineingeschrieben[30].

Im Parlamentarischen Rat hielt man sich zunächst weitgehend an den Herrenchiemsee-Entwurf. Erst der Allgemeine Redaktionsausschuß, dessen Sitzungen nicht protokolliert wurden, schrieb die Mitwirkung der Parteien in Absatz 1. Daß damit eine andere Deutung beabsichtigt wäre als sie der Verfassungskonvent in seinem Abs. 3 des Art. 47 vornahm, ist nicht ersichtlich. Es war weiterhin allein eine Anerkennung von Parteien im Staat vorgesehen. Auch der Parlamentarische Rat befaßte sich in seinen Beratungen vornehmlich mit der Sicherung des Mehrparteiensystems. In den Beratungen zum freien Abgeordnetenmandat wurde die Frage der Parteienherrschaft im Parlamentarischen Rat virulent. Dokumentiert sind die unterschiedlichen Standpunkte in den Äußerungen von Dr. Selbert einerseits sowie Dr. Löwenthal und Dr. Schwalber andererseits. Dr. Selbert meinte: "Träger des politischen Lebens in einem Volk sind die Parteien, nichts anderes, und wenn wir uns zu diesen politischen Parteien bekennen, dann bleibt nichts anderes übrig, als daß derjenige, der durch eine politische Partei nominiert und nach oben getragen

---

[26] Protokolle der Sitzungen der Unterausschüsse, Unterausschuß III, S. 10.

[27] Protokolle der Sitzungen der Unterausschüsse, Unterausschuß III, S. 84f.

[28] Protokolle der Sitzungen der Unterausschüsse, Unterausschuß I, S. 180.

[29] Protokolle der Sitzungen der Unterausschüsse, Unterausschuß I, S. 217.

[30] Protokolle der Sitzungen der Ausschüsse, Unterausschuß III, Darstellender Teil, S. 1, Punkt I.2b: "Die Parteien sind im Grundgesetz als Organe der politischen Willensbildung anerkannt".

wird, dann auch - er soll nicht dogmatisch und nicht orthodox sein - im Rahmen dieser politischen Partei arbeitet. Sonst bekommen wir einen Schutz für Außenseiter und Einzelgänger"[31]. Dem entgegnete Dr. Löwenthal, das freie Mandat richte sich "gegen die Herrschaft des Parteienapparats"[32] und Dr. Schwalber meinte: "Das Verbot des imperativen Mandats schützt den Abgeordneten vor dem Parteienzwang. Er ist Vertreter des Volkes und nicht einer bestimmten Partei, und daher hat er ein selbständiges, verfassungsmäßig gewährleistetes Recht auf Ausübung seiner Abgeordnetentätigkeit"[33]. Das freie Mandat hat sich im Plenum durchgesetzt und die Abgeordneten haben sich gegen eine Parteiherrschaft im Parlament ausgesprochen, wie es die Abgeordnete Dr. Selbert befürwortete. Dies geschah offenbar nicht nur unter dem Eindruck der NSDAP-Diktatur, sondern auch vor dem Hintergrund der Parteienoligarchie im anderen Teil Deutschlands.

c) Systematische Auslegung, insbesondere das Verhältnis zu Art. 38 Abs. 1 Satz 2 GG

Aus der Stellung von Art. 21 Abs. 1 Satz 1 GG im Grundgesetz weit vorne und gleich hinter Art. 20 GG, der Grundnorm der Staatsorganisation, läßt sich nicht auf eine vom Grundgesetz vorgesehene besondere Bedeutung der Parteien schließen[34]. Art. 21 findet sich in dem Kapitel "Der Bund und die Länder", das eine Sammlung von wichtigen und weniger wichtigen (etwa: der nachfolgende Art. 22 GG, der die Farben der Bundesflagge regelt) Vorschriften enthält, die systematisch in kein anderes Kapitel passen. Der jetzige Art. 21 GG bekam seinen Platz, nachdem er unterschiedliche Positionen in den verschiedenen Verfassungsentwürfen eingenommen hatte. Im Herrenchiemsee-Entwurf stand der damalige Art. 47 im Kapitel "Der Bundestag" gleich hinter der Regelung des freien Mandats. Ein Zusammenhang läßt sich mit dem Wahlvorschlagsrecht der Parteien für Abgeordnete begründen. Im Parlamentarischen Rat empfahl der Allgemeine Redaktionsausschuß dagegen, den Parteienartikel wegen seiner generellen Bedeutung im Anschluß an die Vorschriften über die Ausübung der Staatsgewalt aufzuführen. Der Parteienartikel wurde sozusagen vor die Klammer in einen allgemeinen Teil geschrieben. Dies geschah vermutlich, weil sich keine Verbindung zu anderen Artikeln aufdrängte. Aus der Tatsache, daß er letztlich gleich hinter Art. 20

[31] Stenoprot., S. 54, vgl. auch sechste Sitzung v. 24. September 1948, Stenoprot. S. 14ff.

[32] Stenoprot. zweite Sitzung, S. 51.

[33] Stenoprot., sechste Sitzung, S. 14.

[34] A.A. v. *Münch*, Rn 20 zu Art. 21, in: v. Münch - GGK II (1983).

GG steht, kann aber kein Rückschluß auf eine vom Grundgesetz gewollte besondere Bedeutung von Parteien gezogen werden.

Art. 21 Abs. 1 Satz 1 GG ist vor allem im Verhältnis zu Art. 20 Abs. 2 Satz GG und Art. 38 Abs. 1 Satz 2 GG zu sehen. Art. 38 Abs. 1 Satz 2 GG hat in der repräsentativen Demokratie eine zentrale Rolle. Er soll gewährleisten, daß keine Abkoppelung des Repräsentanten von den Repräsentierten erfolgt. Der Vertreter vertritt das ganze Volk, nicht Partikular- und auch nicht Parteiinteressen[35]. Das freie Mandat ist eine Schranke, die die verständlichen Versuche der Parteien, in den Bereich der institutionalisierten Staatlichkeit vorzudringen, unterbinden soll[36]. Das freie Mandat zeigt die Grenzen des Parteieinflusses und die Verpflichtung des Abgeordneten dem Volk und nicht dem Wähler oder seiner Partei gegenüber. Hierbei gilt es für jeden Abgeordneten, gleich welcher Partei, den Volkswillen zu erkennen, indem er versucht, das Richtige aufgrund der Wahrheit zu verwirklichen. Allein dieser Prozeß beläßt dem Volk die Staatsgewalt entsprechend Art. 20 Abs. 2 GG und macht es frei unter allgemeinen Gesetzen[37]. Art. 38 Abs. 1 Satz 2 GG ist Garant der Freiheit nicht nur des Abgeordneten von seiner Partei, sondern auch des Volkes von Parteiinteressen, weil das Grundgesetz erkennt, daß ein Parteiwille nicht annähernd dem Volkswillen entspricht. Die angebliche Aufgabe der Parteien, "in den Bereich der institutionalisierten Staatlichkeit hineinzuwirken"[38], ist nicht mit dem freien Mandat zu vereinbaren, da es den Parteien einen direkten Zugriff auf die dem ganzen Volk gegenüber verpflichteten Abgeordneten gibt.

Ein Spannungsverhältnis zwischen Art. 21 Abs. 1 Satz 1 GG und Art. 38 Abs. 1 Satz 2 GG, wie es die herrschende Meinung konstatiert[39], gibt es zwar in der Verfassungswirklichkeit, in der Verfassung ist es jedoch nicht angelegt[40]. Wenn Art. 21 Abs. 1 Satz 1 GG den Parteien eine Tätigkeit bei der politischen Willensbildung zuweist, so macht Art. 38 Abs. 1 Satz 2 GG die Grenzen dieser Tätigkeit fest. Eine Einwirkung der Parteien auf das Abgeordnetenmandat entspricht nicht der Regelung des Abgeordnetenstatus durch das Grundgesetz. Erst die Entwicklung der Bundesrepublik zum Parteienstaat und damit der Angriff der Parteien auf die Parlamentsrechte der Abgeordneten macht es für viele Staatsrechtler notwendig, im Wege der praktischen Konkordanz einen Ausgleich zwischen beiden Prinzipien zu suchen, der

[35] *Badura* zu Art. 38 Rn 69f, in: Bonner Kommentar.

[36] *Köppler*, Die Mitwirkung bei der politischen Willensbildung des Volkes als Vorrecht der politischen Parteien (1974), S. 73f.

[37] *Schachtschneider*, Der Staat 28(1989), 173(194f); genauer *ders.*, Res publica res populi (1994), 8. Teil, 3. Kapitel.

[38] BVerfGE 20, 56(100f).

[39] BVerfGE 2,1(72ff); 5, 85(233); *Pieroth* Rn 24 zu Art. 38, in: Jarass / Pieroth, Grundgesetzkommentar; s. unter Abschnitt A.,II.,4.,d).

[40] AK-GGK-*Schneider*, Rn 18 zu Art. 38.

freilich in der Regel zu Lasten des freien Mandats geht[41]. Wird hingegen für eine Erfüllung des Satzes "Die Parteien wirken bei der politischen Willensbildung des Volkes mit" gesorgt, dann gibt es auch keinen Konflikt mit Art. 38 Abs. 1 Satz 2 GG[42].

Entgegen der Ansicht von Gerhard Leibholz bedarf es nicht der Parteien, um die Regierenden "mit dem Volk als politisch ideeller Einheit zu identifizieren und ihre Willensakte denen des Volkes, der volonté générale, gleichzusetzen"[43]. Vielmehr sichern das freie Mandat und der Auftrag, das ganze Volk zu vertreten, die Übereinstimmung mit und die Umsetzung des Volkswillens[44].

Die Bedeutung des Art. 38 Abs. 1 Satz 2 GG liegt nicht in der Abwehr der äußersten Konsequenzen des Art. 21 GG, wie es Gerhard Leibholz sieht, sondern sie liegt gerade in der Konsequenz dieses Artikels. Art. 38 Abs. 1 Satz 2 GG gewährleistet rechtlich die Selbständigkeit des Abgeordneten[45] und verbietet die Einwirkung von Parteien auf die Abgeordneten[46].

d) Ergebnis

aa) Teilnahmegarantie am öffentlichen Diskurs

Die Auslegung von Art. 21 Abs. 1 Satz 1 GG hat gezeigt, daß Parteien ein abgesichertes Mitwirkungsrecht am politischen Willensbildungsprozeß haben. Zweck von Art. 21 Abs. 1 Satz 1 GG ist es, die Tatsache der Existenz von politischen Parteien anzuerkennen und zugleich eine Beherrschung des öffentlichen Diskurses durch nur eine Partei mittels Verbot oder Machtausübung oder durch mehrere zusammenwirkende Parteien zu verhindern.

Aus Art. 21 Abs. 1 Satz 1 GG geht nicht hervor, daß politische Parteien keine Sonderrechte haben dürfen, etwa indem sie finanzielle öffentliche Zu-

---

[41] S. unter Abschnitt A., II.,4.,d).

[42] *Schachtschneider*, Res publica res populi (1994), 8. Teil, 5. Kapitel, I.

[43] *Leibholz*, Das Wesen der Repräsentation (1929), S. 29.

[44] *Knöpfle*, Der Staat 9(1970), 321(331); vertretungsdogmatisch dazu *Schachtschneider*, Res publica res populi (1994), 8. Teil, 3. Kapitel.

[45] BVerfGE 7, 73; *Hesse* VVDStRL 17(1959), 11(31); *F. Klein* Rn 21f zu Art. 38, in: Schmidt-Bleibtreu / Klein; *Pieroth* Rn 24 zu Art. 38, in: Jarass / Pieroth, Grundgesetzkommentar; *Grimm*, Politische Parteien, in: HbdVerfR, S. 354; *H. H. Klein* § 41 Rn 2, in: HbdStR II (1987); *Köppler*, Die Mitwirkung bei der politischen Willensbildung des Volkes als Vorrecht der politischen Parteien (1974), S. 57.

[46] AK-GGK-*Schneider*, Rn 18 zu Art. 38; AK-GGK-*Preuß*, Rn 56 zu Art. 21; *H. H. Klein*, § 41 Rn 5, in: HbdStR II (1987); *Schachtschneider*, Res publica res populi (1994), 8. Teil. 5. Kapitel.

wendungen erhalten. Diese Rechte dürfen aber nicht dazu führen, daß die Parteien dadurch eine beherrschende Stellung auf dem Gebiet der politischen Willensbildung einnehmen.

bb) Wahlvorschlagsrecht

Aus der Entstehungsgeschichte des Art. 21 GG geht hervor, daß den Parteien ein Privileg für Wahlvorschläge zustehen sollte. Das bedeutet, die Parteien sollten Kandidaten für die Wahlen vorschlagen. Es besagt aber nicht, daß sie auch allein in einer parteiinternen Vorauswahl die Listenplätze bestimmen sollten. Zweck des Vorschlagsrechts ist es, Übersichtlichkeit über die Kandidatenaufstellung zu gewinnen, indem eine Vorauswahl völlig chancenlose Bewerber von vornherein nicht in das Wahlverfahren läßt.

Tatsächlich haben die Parteien eine besonders starke Stellung - faktisch einem Monopol vergleichbar - bei der Kandidatenaufstellung[47]. Die Kandidatenaufstellung ist die Wahlvorbereitung im engeren Sinne und der Kern der Transformationsaufgabe. Dieses Monopol der Parteien ergibt sich aus der Notwendigkeit von Zusammenschlüssen bei der Kandidatenaufstellung, für die die Parteien die besonderen Voraussetzungen erfüllen, da "schon rein faktisch in der massenstaatlichen Demokratie leistungsfähige Organisationen in Gestalt der politischen Parteien erforderlich (sind), da nur sie personell, finanziell, organisatorisch und technisch imstande sind, der politisch überwiegend nicht zusammengeschlossenen Wählerschaft geeignete Personen vorzuschlagen"[48]

---

[47] BVerfGE 41, 399(413ff); 44, 125(182) - Sondervotum *Rottmann*; *Maly-Motta*, Die Sicherung eines freien Zuganges zu den politischen Parteien ("Parteibürgerrecht") (1972), S. 17ff; *Stoklossa*, Der Zugang zu den politischen Parteien im Spannungsfeld zwischen Vereinsautonomie und Parteienstaat (1989), S. 36ff(39); *L. Kaiser*, Einführung begrenzt offener Listen für die Abgabe der Zweitstimme bei der Bundestagswahl (1982), S. 3; *Henke* zu Art. 21 Rn 91, 195, in: Bonner Kommentar (1991); *Jaspers*, Wohin treibt die Bundesrepublik? (1966), S. 130; *v. Arnim*, Entmündigen Parteien das Volk?, in: Aus Politik und Zeitgeschichte, B 21/1990, S. 31; *Mußgnug* JR1976, 353ff; *Wassermann*, Die Zuschauerdemokratie (1989), S. 87f, 166ff; *Hamm-Brücher* § 22, in: Parlamentsrecht und Parlamentspraxis (1989), S. 697; ein rechtliches Kandidatennominierungsmonopol von Parteien wäre verfassungswidrig, BVerfGE 41, 400, s. dazu *Schachtschneider* JR1975, 89ff; *Kleffmann* legt dar, daß weder das Erfordernis eines ordnungsgemäßen Ablaufs der Wahl noch die Sicherung der Aktionsfähigkeit des Parlaments, noch die Notwendigkeit eines gemeinsamen politischen Programms das Listenprivileg der Parteien rechtfertigen, in: Die Rechtsstellung parteiloser Kandidaten und Mandatsträger (1982), S. 40-51.

[48] *Köppler*, Die Mitwirkung bei der politischen Willensbildung des Volkes als Vorrecht der politischen Parteien (1974), S. 78; *Menzel* DÖV1966, S. 597; *v. Arnim*, Entmündigen die Parteien das Volk?, in: Aus Politik und Zeitgeschichte, B 21/1990, S.

und aus einigen die Stellung der Parteien bei der Kandidatenaufstellung fördernden gesetzlichen Regelungen[49]. Das Aufstellungsmonopol der Parteien wird einfach-gesetzlich von den §§ 17 PartG und 18ff BWG unterstützt und ist durch die Parteienfinanzierung anerkannt[50]. Nach § 28 BWG können Landeslisten nur von Parteien eingereicht werden. Bei Kreiswahlvorschlägen sind die in einem Parlament bereits vertretenen Parteien von der Pflicht eines Unterschriftenquorums gem. § 21 Abs. 2 BWG entbunden.

Doch nach Art. 21 GG soll den Parteien kein Monopol bei der Vorwahl eingeräumt werden. Nach dem Grundgesetz können die Parteien allein Kandidaten aufstellen, die Auswahl unter den Kandidaten ist ihnen aber nicht vorbehalten. Der Art. 47 des Herrenchiemsee-Entwurfs gab allein das Wahlvorschlagsrecht in die Hände von Parteien. Hiervon wurde auch in den nachfolgenden Debatten im Parlamentarischen Rat ausgegangen. In der Wirklichkeit stellen die Parteien aber nicht nur die Kandidaten auf, sie übernehmen auch den Prozeß der Vorauswahl. Von den später ausgestalteten Vorwahlen, die durch die Listenerstellung und die restriktive Teilhabe allein von Parteidelegierten zu reinen Parteiwahlen geworden sind, ist in der Verfassung nicht die Rede. Diese Ausgestaltung des "Wahlvorschlagsrechts" schafft faktisch das freie Mandat ab, weil es die Gewählten aufgrund ihres Abhängigkeitsverhältnisses gegenüber der Parteiorganisation zu Parteivertretern werden läßt[51].

Das faktische Monopol der Parteien bei der Kandidatenaufstellung ist Ausgangspunkt für die Deformation der Demokratie. Es ist Zuchtmittel für die Abgeordneten und schottet die Partei vom politischen Einfluß der Bürger ab. Im Fahrwasser der unerläßlichen Aufgabe der Wahlvorbereitung im engeren

---

25(26), für den die Parteien "durch Aufstellung von Wahlprogrammen und Kandidaten die unerläßliche Strukturierung der politischen Willensbildung bewirken"; *Schröder*, Die Kandidatenaufstellung und das Verhältnis des Kandidaten zu seiner Partei in Deutschland und Frankreich (1971), S. 35f(41): "Die Wahlen in der Bundesrepublik sind daher Parteiwahlen, wobei Ausnahmen die Regel bestätigen....Unabhängige Abgeordnete haben bei den Parteiwahlen in Deutschland keine Chance mehr....Jeder, der Abgeordneter werden will, muß den Weg über die politischen Parteien gehen".

[49] S. *Maly-Motta*, Die Sicherung eines freien Zuganges zu den politischen Parteien ("Parteibürgerrecht") (1972), S. 23ff; *Stoklossa*, Der Zugang zu den politischen Parteien im Spannungsfeld zwischen Vereinsautonomie und Parteienstaat (1989), S. 39; *Kleffmann*, Die Rechtsstellung parteiloser Kandidaten und Mandatsträger (1982), S. 52-58, rechtfertigt das Listenmonopol der Parteien mit ihrer verfassungsmäßigen Rolle.

[50] Zu der Notwendigkeit von Parteien bei der Kandidatenpräsentation s. *Köppler*, Die Mitwirkung bei der politischen Willensbildung des Volkes als Vorrecht der politischen Parteien (1974), S. 78; Zu der Kandidatenaufstellung in der Praxis s. *Schröder*, Die Kandidatenaufstellung und das Verhältnis des Kandidaten zu seiner Partei in Deutschland und Frankreich (1971), S. 97ff.

[51] S. unter Abschnitt A, III., 1.

Sinne mit Unterstützung durch die nach dem Krieg vorherrschende undifferenzierte Ansicht, daß Parteien allgemein notwendig sind[52], haben sich die Parteien insgesamt unentbehrlich gemacht. Die aus der Kandidatennominierung resultierende beherrschende Stellung wurde auf das ganze Gebiet der Staatsorganisation verfassungswidrig ausgedehnt. Weiter ist das Gebiet der Transformation expandiert und umfaßt heute nach dem Willen der Parteien fast jedes öffentliche Amt, wie in Abschnitt A unter III., 4., gezeigt wird. Im Gegenzug werden immer mehr Bürger an der Mitwirkung der Meinungsbildung und der Transformation dieser Meinung ausgeschlossen. Nicht, daß die Parteien die Kandidatenwahlen durchführen[53], sondern die Art, wie sie die durchführen und nach dem Bundeswahlgesetz durchführen dürfen, ist demokratiewidrig. Sie verstößt gegen Art. 21 Abs. 1 Satz 1 GG, den Grundsatz allgemeiner, unmittelbarer Wahl und das freie Mandat aus Art. 38 GG.

cc) Keine Mittlerrolle der Parteien

Die Funktion der politischen Parteien ergibt sich für die herrschende Meinung aus der Existenz von unterscheidbarem Volkswillen und Staatswillen im Gemeinwesen; die Parteien haben zwischen beiden zu vermitteln[54]. Sie schlagen demnach eine Brücke zwischen Volk und Legislative bzw. Exekutive und gewährleisten so die Transformation des Volkswillens in einen Staatswillen. Diese Mittlerrolle, die der Erfüllung einer angeblichen Transformationsaufgabe dient, sei exklusives Recht der Parteien. Sie ist Rechtfertigung für das Monopol der Parteien auf dem Gebiet der Kandidatenauslese und damit für die Parteienmacht.

Doch weder aus Art. 21 GG noch aus einer anderen Norm des Grundgesetzes geht hervor, daß Parteien als einzigen eingeräumt wird, ihre Vorstellungen und ihre Mitglieder direkt in das Parlament einzubringen mit der

---

[52] S. unter Abschnitt A,II.,1.,a).

[53] Insoweit hat der Verfassungskonvent in seinem Entwurf zu recht die Wahlvorschläge den Parteien zur Durchführung übertragen.

[54] BVerfG 3, 403; BVerfG DÖV1977, 285, st.Rspr.; *Hesse* VVDStRL 17(1959), S. 22; *Stern*, Das Staatsrecht der Bundesrepublik Deutschland, Band 1 (1984), § 13 IV 1., S. 457; *Grimm*, Die politischen Parteien, in: HbdVerfR (1983), S. 317, 323; *Maurer* JuS1991, 881(882); *Henke*, Das Recht der politischen Parteien (1972), S. 1; *ders.*, zu Art. 21 Rn 64, 90, 272, in: Bonner Kommentar (1991); *Seifert*, Die politischen Parteien im Recht der Bundesrepublik Deutschland (1975), S. 99ff; *Wolfrum*, Die innerparteiliche demokratische Ordnung nach dem Parteiengesetz (1974), S. 46; *Zimmermann*, Rechtsstaatsprinzip und Parteigerichtsbarkeit (1979), S. 11; *Grawert*, Parteiausschluß und innerparteiliche Demokratie (1987), S. 24; *v. Münch* Rn 21 zu Art. 21, in: v. Münch-GGK II (1983); *Schmidt-Bleibtreu / Klein* Rn 4 zu Art. 21.

Konsequenz, andere Gruppen und Einzelpersonen außer acht zu lassen. Im Gegenteil, Art. 20 Abs. 2 Satz 1 GG, die zentrale Norm des Grundgesetzes am Anfang des Kapitels Staatsorganisation, sagt: "Alle Staatsgewalt geht vom Volke aus" und bestimmt damit, daß Herrscher und Beherrschte identisch sind: beide sind das Volk[55]. Dieses Prinzip der Volkssouveränität schließt aus, einer bestimmten Gruppe ein Vorrecht bei der Transformation ihrer Ideen in den staatlichen Willen zu geben.

Damit entsprechend Art. 20 Abs. 2 GG die Staatsgewalt beim Volk bleibt, ist die repräsentative Demokratie nach René Marcic richtig dadurch gekennzeichnet, daß in ihr "ausnahms- und unterschiedslos sämtliche Ordnungsakte der Gemeinschaft und in der Gemeinschaft unmittelbar auf einen Auftrag des Volkes (Mandat), seine Anregung (Initiative) oder auf seine Zustimmung (Konsens) zurückgehen, welchen Auftrag, welche Anregung oder Zustimmung das Volk entweder organmäßig oder auf außerorganmäßige Weise, als öffentliche Meinung, gibt"[56]. Es erfolgt eine permanente Interaktion zwischen Volk und ihren Vertretern und nicht zwischen dem durch die Parteien vermittelten Volkswillen und den von Parteien entsandten Volksvertretern, wie es die Lehre von der Mittlerrolle der politischen Parteien vorsieht.

Aufgabe der Staatsorgane ist es, als Volkswillen das Richtige zu erkennen und zu beschließen. Repräsentation bedeutet Vertretung des Volkes und Handeln im Namen des Volkes. Rechtsakte der Staatsgewalt sind der Wille des Volkes, erlassen durch seine Vertreter[57]. Parteien bringen ihre Ideen in den öffentlichen Diskurs mit ein, sie haben nach dem Grundgesetz aber nicht das Recht auf bevorzugte Umsetzung ihrer Ideen im Parlament oder in anderen öffentlichen Körperschaften. Vielmehr haben die Staatsorgane von Wettbewerbsverzerrungen und überproportionaler Vertretung von einzelnen Bürgern und Gruppen, insbesondere politischer Parteien, bei der Bildung der öffentlichen Meinung zu abstrahieren.

dd) Kein faktisches Parteienmonopol

Neben anderen Organisationen, so ist es auch Aufgabe der Parteien, den öffentlichen Diskurs über die allgemeinen Dinge zu fördern, indem sie daran teihaben, eigene Vorstellungen entwickeln und die Teilnehmer informieren.

---

[55] "In unserem Staat soll das Volk sein eigener Herr sein", AK-GG-*Stein* Art. 20 Abs. 1-3 Rn 9, 13.

[56] *Marcic*, Festschrift für Adolf Arndt (1969), S. 267(271).

[57] *Schachtschneider*, Res publica res populi (1994), 8. Teil, 3. Kapitel und 1. Teil, 3. Kapitel, I.

Doch sind sie dabei weder unerläßlich noch wird ihnen ein Monopol eingeräumt. Insbesondere ist auch ein kollusives Zusammenwirken der Parteien zum Zweck eines gemeinsamen Vorteils verboten[58].

Nicht zuzustimmen ist der Meinung, nach der die Parteien auf dem Feld der Willensbildung ein Vorrecht qua Verfassung haben[59]. Zwar sind die Parteien gegenüber einigen anderen Faktoren der Meinungsbildung verfassungsmäßig privilegiert. Doch diese Privilegierung bezieht sich nur auf die Bestandsgarantie von Parteien, nicht auf ihre von der Verfassung vorgesehene Rolle. Art. 21 Abs. 1 Satz 1 GG ist Existenz- und Mitwirkungsgarantie, er ist keine die Parteien privilegierende Aufgabenzuweisung[60]. Das macht das Wort "mitwirken" in Art. 21 Abs. 1 Satz 1 GG deutlich. Im Kanon der Meinungs- und Willensbildner haben Parteien kein Vorrecht. Bürgerinitiativen, Medien, Gewerkschaften, Arbeitgeberverbände, Kirchen, Verbände, politische Stiftungen und jede Art politischer Organisation erfüllen diese Aufgaben ebenso gut[61] und haben teilweise eine ähnlich gestaltete Mitwirkungs- und Bestandsgarantie wie die Parteien (etwa die Presse nach Art. 5 Abs. 1 Satz 2 GG oder die Koalitionen nach Art. 9 Abs. 3 GG). Die Verfassung gibt den politischen Parteien kein Recht, andere Formen politischer Äußerung zu beherrschen oder gar unmöglich zu machen[62]. Aus den Erfahrungen der Weimarer Republik läßt sich nicht der Schluß ziehen, daß Parteien mehr Einfluß als andere politische Gruppen haben sollen, sondern, daß sie Teil des demokratischen Staates sind, weil sich in einer komplexen Massendemokratie erfahrungsgemäß politische Zusammenschlüsse bilden, deren Ziel die Durchsetzung gemeinsamer politischer Vorstellungen oder, realistischer, die Erlangung politischer Macht ist[63].

---

[58] Dieses Problem tritt besonders bei der unmittelbaren und mittelbaren Parteienfinanzierung auf.

[59] So aber *Köppler*, Die Mitwirkung bei der politischen Willensbildung des Volkes als Vorrecht der politischen Parteien (1974), S. 10, 121 m.w.Nw. in Fn 5, 6; BVerfGE 1, 225; *Zimmermann*, Rechtsstaatsprinzip und Parteigerichtsbarkeit (1979), S. 27; *Jäger*, Die Parteien als Prügelknaben, in: Die politische Meinung 1/1993, S. 23; im Ergebnis trifft das für alle zu, die die gegenwärtigen Regelungen des Parteiengesetzes und des Wahlgesetzes mit ihrer bevorzugten Behandlung der Parteien befürworten.

[60] *Hennis*, Der "Parteienstaat" des Grundgesetzes. Eine gelungene Erfindung, DER SPIEGEL Dokument 5, Oktober 1992, S. 3ff(7).

[61] Zu weitgehend deshalb *Köppler*, Die Mitwirkung bei der politischen Willensbildung des Volkes als Vorrecht der politischen Parteien (1974), S. 64, wenn er sagt, "angesichts dieser verfassungsrechtlichen Situation erweisen sich die Parteien als die einzigen Mittler, die auch zwischen den Wahlen zum Deutschen Bundestag imstande sind, die im Staatsvolk vorhandenen Bestrebungen im Bereich der institutionalisierten Staatlichkeit zur Geltung zu bringen".

[62] *Grawert*, Parteiausschluß und innerparteiliche Demokratie (1987), S. 23.

[63] S. unter Abschnitt A, II., 1.

Auch die vom Bundesverfassungsgericht in seinem Parteienfinanzierungsurteil von 1966 vorgenommene Trennung der Aufgaben der Parteien in solche der Wahlvorbereitung und sonstige Tätigkeiten, ist nicht von Art. 21 Abs. 1 Satz 1 GG gedeckt. Während die Wahlvorbereitung nach dem Bundesverfassungsgericht eine staatspolitische Aufgabe sei, in die der Staat eingreifen dürfe, seien die sonstigen Aufgaben staatsfrei zu halten, damit eine Willensbildung von "unten nach oben"[64] erfolgen könne.

Diese Trennung spaltet die Parteien auf in Organe mit staatlichen Aufgaben, die auch vom Staat finanziert werden dürfen und gesellschaftliche Aufgaben, die auch finanziell unabhängig bleiben müssen.

Zunächst einmal spricht gegen diese Vorstellung, daß die beiden Tätigkeiten, Wahlvorbereitungen und sonstige Aufgaben, inhaltlich nicht zu trennen sind. Dies hat das Gericht in seiner jüngsten Parteienfinanzierungsentscheidung erkannt[65]. Die Wahlvorbereitung umfaßt ein Bündel von Handlungen, die ebenso zu den sonstigen Aufgaben gehören[66]. Im Wahlkampf als dem Höhepunkt des Wirkens einer Partei werden lediglich alle in der Legislaturperiode verwendeten Propagandamittel verstärkt eingesetzt[67]. Doch zeigt diese Trennung den Ansatz des Gerichts, den Parteien Aufgaben zuzuschreiben, die sie allein erfüllen können und dürfen. Das hat um so schwerwiegendere Folgen als diese Privilegierung der erste Schritt zu einer beherrschenden Stellung der Parteien im Staat ist.

Diese Privilegierung der Parteien wird auch in der Literatur vorgenommen. Es wird zwischen den Aufgaben des Einwirkens auf und des Mitwirkens bei der politischen Willensbildung getrennt[68]. Während beim Mitwirken viele andere Organisationen teilnähmen, sei das Einwirken ausschließliches Parteienrecht. Es wird getrennt in Tätigkeiten, bei denen die Parteien ein Monopol besitzen (Transformation) und in Aufgaben, die sie neben anderen gesellschaftlichen Gruppen erfüllen (Vorformung). Während die Parteien in Konkurrenz zu den Medien und anderen politischen Organisationen bei der Vorformung der Willensbildung stehen, ist es anders bei der Transformation des Volkswillens bzw. auf der Ebene der institutionalisierten Staatlichkeit. Mit Hilfe dieser Trennung wird den Parteien dort, wo der Volkswille in allgemeinverbindliche Sätze transformiert wird, im Parlament und teilweise abge-

---

[64] BVerfGE 20, 56(99).

[65] BVerfG DÖV1992, 664.

[66] *Tsatsos / Morlok*, Parteienrecht (1982), S. 30.

[67] *Häberle* JuS1967, 64(67).

[68] *Grimm*, Politische Parteien, in: HbdVerfR, S. 325f; *Grawert*, Parteiausschuß und innerparteiliche Demokratie (1987), S. 24f; *Köppler*, Die Mitwirkung bei der politischen Willensbildung des Volkes als Vorrecht der politischen Parteien (1974), S. 117.

leitet in der Regierung, ein Monopol zuerkannt[69]. Ergebnis ist, daß jeder politische Beschluß von den Parteien entwickelt oder zumindest vorher geprüft und letztlich von ihnen eingebracht wird[70].

Charakteristisch für die zwei getrennten Aufgaben ist, daß die Parteien im einen Fall unprivilegiert und mit gewissem Abstand zur Transformation des Volkswillens stehen, während sie im zweiten Fall direkt durch die Vorauswahl der möglichen Abgeordneten an der zukünftigen Zusammensetzung der Volksvertretung teilhaben. Die Parteien kommen einfach-gesetzlich privilegiert in Berührung mit den Staatsorganen. Anhand einer Zuordnung dieser beiden Aufgaben zu zwei voneinander getrennten Systemen, die sich tatsächlich bei den unterschiedlichen Aufgaben überlappen, beschreibt Michael Stolleis diese beiden Aufgaben zutreffend: "Im geschlossenen, formstrengen System, in dem sie als Monopolisten auftreten, durch ihre klassischen Aufgaben der Programmpräsentation, Kandidatenauswahl und Listenbildung, durch Wahlkampf und Wahl, Fraktions-, Koalitions- und Regierungsbildung.....Im offenen, nichtförmlichen System sind die Parteien lediglich "Mitwirkende" in Konkurrenz zu Verbänden, Bürgerinitiativen, Kirchen, Massenmedien und anderen Mitgestaltern der öffentlichen Meinung"[71], insbesondere den einzelnen Bürgern[72].

Diese Trennung entspricht zwar der Verfassungswirklichkeit, in der die Parteien allein in die Staatsorgane hineinwirken. Durch die Erfindung der angeblichen von Art. 21 Abs. 1 Satz 1 GG vorgesehenen Transformationsaufgabe der Parteien, wird dieser Zustand sanktioniert. Doch wie oben ausgeführt, ist bereits das Monopol bei der Kandidatenaufstellung als Keimzelle der Machtentfaltung politischer Parteien und Kern der Transformationsaufgabe nicht Art. 21 Abs. 1 Satz 1 GG zu entnehmen. Im Gegenteil, Art. 21 Abs. 1 Satz 1 GG sieht für die Parteien allein die Tätigkeit der Vorformung der politischen Willensbildung im Verein mit anderen Instituten vor.

2. *Der Begriff "politische Partei"*

a) Definition

Das Gesetz über die politischen Parteien (Parteiengesetz) von 1967 enthält in § 2 Abs. 1 Satz 1 eine Definition von politischen Parteien, wonach sie

---

[69] *Schmitt Glaeser* § 31 Rn 15, in: HbdStR II (1987).

[70] *Sontheimer*, Grundzüge des politischen Systems der Bundesrepublik Deutschland (1992), S. 176f.

[71] *Stolleis* VVDStRL 44(1986), 7(15).

[72] *Kunig*, § 33 Rn 17, in: HbdStR II (1987).

"Vereinigungen von Bürgern (sind), die dauernd oder für längere Zeit für den Bereich des Bundes oder eines Landes auf die politische Willensbildung Einfluß nehmen und an der Vertretung des Volkes im Deutschen Bundestag oder einem Landtag mitwirken wollen, wenn sie nach dem Gesamtbild der tatsächlichen Verhältnisse, insbesondere nach Umfang und Festigkeit ihrer Organisation, nach der Zahl ihrer Mitglieder und nach dem Hervortreten in der Öffentlichkeit eine ausreichende Gewähr für ihre Ernsthaftigkeit dieser Zielsetzung bieten."

Die Definition des Parteibegriffs stellt die Weichen für das Erscheinungsbild des politischen Systems. Sie entscheidet darüber, welche Position die Parteien im Staat einnehmen. Deshalb muß sich § 2 Abs. 1 PartG an Art. 21 Abs. 1 GG, der sich mit der Rolle der Parteien im Staat befaßt, messen lassen[73]. Das Bundesverfassungsgericht hat § 2 Abs. 1 PartG für verfassungsmäßig erklärt[74]. In § 2 Abs. 1 PartG fließt das Bild von geschlossenen Parteien als Kampforganisationen ein, die in einem Mehrparteiensystem um die Macht konkurrieren. Fraglich ist, ob Art. 21 Abs. 1 GG diese Vorstellung von Parteien deckt. Dem könnte ein offenes System freier Meinungsbildung gegenüber gestellt werden, in dem ein wirklich offener Diskurs stattfände, der nicht durch den alles beherrschenden Machtanspruch von Parteien und seine negativen Folgen ("Demoskopie-Demokratie", Parteiklüngel, Negativauslese, Proporzsysteme)[75] behindert würde. Abgeordnete wären dann keine Parteivertreter mehr, sondern wahre Volksvertreter. Es gäbe keine Fraktionsdisziplin und keine Parteiwahlen. Der politische Diskurs fände in offenen Gesprächskreisen statt, in denen die besseren Argumente entscheiden würden[76]. Das Modell würde Art. 38 Abs. 1 GG voll zur Geltung bringen.

Das Grundgesetz entscheidet sich für einen Mittelweg. Es erkennt die deutsche Parteitradition an, indem es in Art. 21 Abs. 1 Satz 1 GG den Parteien Bestandsschutz gewährt. Das Grundgesetz will das Mehrparteiensystem[77], weil sich in Deutschland das Einparteiensystem als demokratiefeindlich herausgestellt hat. Zugleich spricht es sich gegen Parteiherrschaft aus. Das wird deutlich an dem Wort "mitwirken" in Art. 21 Abs. 1 Satz 1 GG und der zentralen Bedeutung von Art. 38 Abs. 1 Satz 2 GG. In den Art. 2 (allgemeine

---

[73] *v. Münch* Rn 4 zu Art. 21, in: v. Münch-GGK II (1983); *Cassebaum*, Die prozessuale Stellung der politischen Parteien und ihrer Gebietsverbände (1988), S. 12ff.

[74] BVerfGE 23, 260(264f); 47, 198(222), st. Rspr.

[75] S. unter Abschnitt A, III.

[76] In diesem Sinne ansatzweise *Jaspers*, Wohin treibt die Bundesrepublik? (1966), S. 200, der sich aber in Antwort, S. 113f, zur Demokratie mit reformierten Parteien bekennt; dezidiert gegen eine Demokratie mit Parteien *Schachtschneider*, Res publica res populi (1994), 10. Teil.

[77] BVerfGE 2, 1(13); *v. Münch* Rn 22 zu Art. 21, in: v. Münch-GGK II (1983); AK-GG-*Preuß* (1989), Art. 21 Abs. 1 u. 3 Rn 12.

Handlungsfreiheit), 3 Abs. 1, Abs. 2 (keine Benachteiligung wegen politischer Anschauung), 5 Abs. 1 Satz 1 (Meinungsfreiheit), 8 Abs. 1 (Versammlungsfreiheit), 20 Abs. 2 Satz 1 (Volkssouveränität), 33 Abs. 2 (gleicher Zugang zu öffentlichen Ämtern), spricht es sich für eine individuelle Meinungsbildung und gleiche Teilhabe am politischen Willensbildungsprozeß und gegen jeden Gruppenzwang und jede Okkupation der demokratischen Mitwirkungsrechte durch Parteien aus.

Ein Ausgleich zwischen einem System konkurrierender Parteien, die in sich den Hang zur Machtpolitik und zur Konzentration bergen[78], und der Verwirklichung des demokratischen Gebots freier und gleicher Teilnahme des einzelnen an der politischen Willensbildung, kann auf zwei Wegen erreicht werden. Entweder werden die politischen Parteien konsequent im privaten Bereich situiert[79]. Das bedeutet private Finanzierung, keine Wahlprivilegien und keine öffentlich-rechtliche Sonderbehandlung. Parteien hätten dann einen Status wie jede andere politische Gruppierung. Oder sie werden, indem man sie einem öffentlich-rechtlichen Regime unterstellt, kontrolliert und dadurch an der Schaffung von Parteipfründen gehindert. Durch Gesetz müßte dann die Rolle der Parteien auf die von Art. 21 Abs. 1 Satz 1 GG vorgesehene Mitwirkung begrenzt werden.

Das Grundgesetz entscheidet sich für eine öffentliche Kontrolle der Parteitätigkeit, in dem es sie einem innerparteilichen Demokratiegebot unterstellt, sie einer öffentlichen Rechenschaftspflicht unterliegen läßt und einen Gesetzesauftrag zum Erlaß eines Parteiengesetzes aufgibt, das ihre Rechtsverhältnisse regeln soll. Es überläßt die Einschränkung des Parteiwesens auf bloße Mitwirkung nicht dem freien Markt. Von Anfang an sollten Parteien einer öffentlich-rechtlichen Regelung unterstehen ("Das Nähere regeln Bundesgesetze"; Art. 21 Abs. 3 GG). Davon ausgehend, ist die parteiliche Tätigkeit durch Gesetz auf das "Mitwirken" zu beschränken.

Dieser Weg scheint mir realistischer zu sein. Er ist der geringere Einschnitt in das bestehende politische System und berücksichtigt die über einhundertjährige Parteientradition in Deutschland sowie die wohl unausweichliche Tatsache, daß sich freie Gesprächskreise zu fester organisierten politischen Einheiten entwickeln. Der Machtwille und Expansionsdrang des Menschen, der

---

[78] Schon *Michels*, Zur Soziologie des Parteiwesens in der Demokratie (1911), 2. Auflage 1925, S. 316ff, 369ff.

[79] Mit diesem Ansatz konsequent *Schachtschneider*, Res publica res populi (1994), 10. Teil, der die Parteien dem offenen Bereich zuordnet; ähnlich *Cassebaum*, Die prozessuale Stellung der politischen Parteien und ihrer Gebietsverbände, S. 200ff, der den Parteien das Organstreitverfahren gem. Art. 93 I Nr. 1 GG versagt; ebenso *Halbe*, Analyse der verfassungsrechtlichen Stellung und Funktion der politischen Parteien in der Bundesrepublik Deutschland (1991), S. 93ff.

zu der heutigen Machtfülle der Parteien führte, werden ja nicht mit der Abschaffung von Parteien gleichfalls verschwinden. Nachfolgend gegründete politische Gruppierungen oder Gesprächskreise würden nach einiger Zeit das Erscheinungsbild heutiger Parteien erlangen[80]. Zu befürchten wäre, daß extremistische Richtungen, die traditionell zu straffer Organisation neigen, die Form des offenen Diskurses zuerst verlassen und neue unkontrollierte Machtstrukturen aufbauen.

Die Definition des § 2 Abs. 1 PartG geht hingegen von einem Demokratieverständnis aus, das den Parteien den Staat überantwortet. Das Gebot der bloßen Mitwirkung findet keinen Niederschlag. Im Gegenteil, in Absatz 2 werden die Aufgaben der Parteien ausdrücklich als allumfassend beschrieben. Schranken sind nicht vorgesehen.

Da Parteien auch Machtinstrumente sind, hätte § 2 Abs. 1 PartG eine Begrenzung der Parteienmacht im Rahmen der im Grundgesetz vorgesehenen Mitwirkung enthalten müssen. Das Vertrauen in die innerparteiliche Demokratie zeigt, wie sehr das Parteiengesetz sich entgegen der Intention des Grundgesetzes mit dem Parteienstaat abgefunden hat. Nach dem Parteiengesetz dürfen Parteien, solange sie innerparteilich demokratischen Grundsätzen entsprechen, den Staat okkupieren. Die Gefahr einer Parteienoligarchie, in der durch eine starke, subventionierte Stellung der Parteien das gemeinsame Interessen der Gesamtheit übergeordnet wird, wird durch eine innerparteiliche Demokratisierung nur unzureichend gebannt. Dieser Umstand ist damit zu erklären, daß in dem Parteiengesetz die Parteien sich selbst ihren status quo zementiert haben.

b) Das Gemeinwohlprinzip

Nach der Meinung einer Minderheit ist ein notwendiges Kriterium für politische Parteien, daß sie sich am Gemeinwohl orientieren[81]. Diese Ansicht hat sich unter dem Eindruck des Aufstieges der NSDAP gebildet. Ihre Vertreter meinen, "eine echte politische Partei muß die Überzeugung haben, daß ihre Gesamtauffassung für die Mehrzahl der Staatsbürger das Beste

---

[80] Ebenso *R. Herzog* in seiner Rede zur Einweihung des neuen Plenarsaals am 30. Oktober 1992, S. 10.

[81] *Grewe*, Festschrift für Erich Kaufmann (1950), S. 78ff; *Bergsträsser*, Geschichte der politischen Parteien in Deutschland (1965), S. 13f; *Henke* zu Art. 21 Rn 28f, in: Bonner Kommentar (1991); *ders.* schon, Das Recht der politischen Parteien (1972), S. 33f, 40; *Menger* AöR 78(1952/53), 156; *Rabus* AöR 78(1952/53), 206f; *Krüger*, Allgemeine Staatslehre (1966), S. 375f; *Köppler*, Die Mitwirkung bei der politischen Willensbildung als Vorrecht der Parteien (1974), S. 18; *Ridder*, Diskussionsbeitrag, in: VVDStRL 17(1959), 110.

schafft"[82]. Die Argumente der herrschenden Meinung dagegen sind, daß der Gemeinwohlbegriff nicht objektivierbar und damit nicht justitiabel sei[83] und daß darüber hinaus das Wesen der Parteienkonkurrenz gerade darin bestehe, daß "Minderheiten durch Wahlen dazu legitimiert werden, Interessen und Wertungen für die Allgemeinheit verbindlich zu machen"[84].

Dagegen wendet Wilhelm Henke ein, der Gemeinwohlbegriff sei "für die Staatsrechtslehre neuerdings auf die in geschichtlicher Erfahrung wurzelnden, aus dem Grundgesetz zu erschließenden 'Grundwerte' gestützt und so in relativer Objektivität neu entfaltet worden"[85]. Für Herbert Krüger folgt die notwendige Gemeinwohlförderung von politischen Parteien aus seinem Staatsbegriff: "Wenn der Staat die Gesamtheit schlechthin ist, wenn daher die Bürger für den Staat nur in ihrer Allgemeinheit in Betracht kommen, dann müssen die Politischen Parteien als die letzte und höchste Vorstufe zu dieser Gesamtheit und Allgemeinheit auf diese Punkte wenigstens bezogen sein. Das heißt, daß als Politische Partei nur Gebilde angesprochen werden dürfen, die sich die Förderung des Gemeinwohls zum Ziel gesetzt haben, wenn auch natürlich auf diejenige Art und Weise, die sie im besonderen für die richtige halten"[86]. Das Recht zur Überprüfung der Gemeinwohlbezogenheit einer Partei gibt er aber allein dem Wahlbürger[87].

Zu Recht ist das Gemeinwohlmerkmal nicht in die Definition des § 2 Abs. 1 Satz 1 Parteiengesetz eingeflossen, da eine institutionalisierte Überprüfung der Behauptung einer Partei, sie verfolge das Gemeinwohl, schlechthin unmöglich ist, will sie nicht zu einer Gesinnungsüberprüfung werden, die zur Bekämpfung potentieller Gegner bedienen könnte[88]. Zwar kann das Gemeinwohl definiert oder zumindest umschrieben werden. Aber der Nachweis, daß eine Partei nicht die Förderung des Gemeinwohls bezweckt, wenn sie

---

[82] *Bergsträsser*, Geschichte der politischen Parteien in Deutschland (1965), S. 13.

[83] *v. Münch*, Rn 15 zu Art. 21, in: v. Münch-GGK II (1983); *Kleffmann*, Die Rechtsstellung parteiloser Kandidaten und Mandatsträger (1982), S. 50; *Cassebaum*, Die prozessuale Stellung der politischen Parteien und ihrer Gebietsverbände (1988), S. 33f.

[84] AK-GGK-*Preuß* (1989), Art. 21 Rn 34.

[85] *Henke* zu Art. 21 Rn 28, in: Bonner Kommentar (1991); *v. Arnim*, s. Fn 53 bei Henke, aaO.

[86] *Krüger*, Allgemeine Staatslehre (1966), S. 375.

[87] *Krüger*, Allgemeine Staatslehre (1966), S. 375.

[88] *Maurer* JuS1991, 881(884); wie dies funktioniert haben die Versuche gezeigt, der Partei "Die Grünen" den Parteienstatus abzusprechen, um sie als Konkurrenten auszuschließen, etwa durch *Scholz*, Krise der parteienstaatlichen Demokratie? "Grüne" und "Alternative" im Parlament (1983), S. 33ff; *Kimminich* DÖV1983, 217: dagegen *Sendler* NJW1985, 1425 sowie *Stolleis* VVDStRL 44(1986), 7(29); für die Überprüfung der Verfassungstreue grüner Beamter: *Stober*, ZfP1983, 209.

Partikularinteressen vertritt, ist nicht möglich[89]. Auch eine Frauen- oder Seniorenpartei[90] hat eine Befriedung der Gesellschaft durch den Ausgleich von Benachteiligungen zum Ziel und damit die Förderung des Gemeinwohls zu ihrer letzten Aufgabe. Ebenfalls trifft es nicht zu, daß die Verpflichtung zum Gemeinwohl das Hauptkriterium für die Unterscheidung von politischen Parteien und Verbänden sei, wie Wilhelm Henke meint[91]. Einerseits, weil das entscheidende Abgrenzungsmerkmal die beabsichtigte Teilnahme an einer Wahl ist und andererseits, weil alle Politik dem Sittengesetz und damit dem Gemeinwohl verpflichtet ist.

Das bedeutet jedoch nicht, daß Parteien nicht dem Gemeinwohl verpflichtet sein müssen. Im Gegenteil, die Verwirklichung des Gemeinwohls und Schaffung einer gerechten Gesellschaft ist Ziel von Politik und jeder politischen Betätigung. Das betrifft den Bürger, wenn er seine politischen Mitwirkungsrechte als citoyen ausübt ebenso wie die Parteien als Vereinigung von Bürgern mit dem Zweck politischer Betätigung[92].

Aus den genannten Praktikabilitätsgründen handelt es sich bei dem Gemeinwohlmerkmal um eine ungeschriebene Voraussetzung, die sich der Überprüfung durch Staatsorgane entzieht und damit rechtlich irrelevant ist. Die Überprüfung der Erfüllung dieser Voraussetzung obliegt allein dem Wähler.

3. Der Status der Öffentlichkeit von politischen Parteien

Nach Konrad Hesse ist die Bestimmung des rechtlichen Status der politischen Parteien notwendig, um sie in den Stand zu versetzen, ihre Funktionen optimal zu erfüllen[93]. Dieser Aussage ist zuzustimmen, doch sie ist dahingehend zu ergänzen, daß der rechtliche Status der Parteien dem Staat auch die Möglichkeit geben muß, ihre Tätigkeit auf die verfassungsrechtlichen Aufgaben beschränken zu können.

Das Bundesverfassungsgericht hat in seinem ersten Parteienurteil angedeutet, politische Parteien als Verfassungsorgane einzuordnen[94]. Verfassungs-

---

[89] Zutreffend *Cassebaums* Kritik zum Argument der fehlenden Objektivierbarkeit des Gemeinwohls, in: Die prozessuale Stellung der politischen Parteien und ihrer Gebietsverbände (1988), S. 34.

[90] Beispiele bei *Henke* zu Art. 21 Rn 28, 30, in: Bonner Kommentar (1991), für keine Parteien.

[91] *Henke*, Das Recht der politischen Parteien (1972), S. 33.

[92] *Böckenförde*, Nicht Machterhalt ist Ziel der Politik, sondern Gerechtigkeit, FAZ-Magazin v. 12. Februar 1993, S. 23f.

[93] *Hesse* VVDStRL 17(1959), 11(27).

[94] BVerfGE 1, 208(225); zustimmend *Giese*, AöR 80(1971), S. 379.

organe sind in der Verfassung genannte oberste Staatsorgane. Zu Recht werden Parteien nach ganz h.M. nicht als Verfassungsorgane angesehen. Zwar werden Parteien in der Verfassung genannt, ihre Rechtsverhältnisse sind jedoch nicht so ausgestaltet, wie im Kapitel über den Bundestag, den Bundesrat oder etwa den Bundespräsidenten. Insbesondere ihre in Art. 21 Abs. 1 Satz 1 GG wage beschriebene Aufgabe zeigt, daß sie nicht mit den den Staat konstitutierenden Verfassungsorganen zu vergleichen sind. Über eine knappe Beschreibung ihres Tätigkeitsfeldes und eine Nennung der Rechenschaftspflicht und des Gebots innerparteilicher Demokratie sowie der Sicherung des Mehrparteiensystems kommt Art. 21 GG nicht hinaus. Das Nähere soll gem. Abs. 3 ein Bundesgesetz regeln. Die Aufgaben und Befugnisse der oben genannten Verfassungsorgane werden hingegen in eigenen Kapiteln des Grundgesetzes ausführlich beschrieben. Darüberhinaus sind Parteien nicht mit einer Rechtsetzungsbefugnis gegenüber dem Bürger ausgestattet, wie es für Staatsorgane üblich ist. Parteien üben keine öffentliche Gewalt i. S. d. Art. 19 Abs. 4 GG aus[95]. Die einhellige Meinung in der Lehre lehnt die Einstufung von politischen Parteien als Verfassungsorgane aus den genannten Gründen ab[96]. Das Bundesverfassungsgericht hat sich dann auch in ständiger Rechtsprechung auf den allerdings unklaren Begriff der "verfassungsrechtlichen Institution" für politische Parteien zurückgezogen[97].

In diesem Zusammenhang ist auch die von Christian-Friedrich Menger den Parteien zugeschriebene Rechtsfigur des "Beliehenen" für die Erfüllung der "öffentlichen Aufgabe" der Wahlvorbereitung[98] abzulehnen, da den Parteien keine staatliche Aufgabe mit Durchsetzungsbefugnissen gegenüber dem Bürger übertragen wird[99]. Ihnen wurde nicht von einem anderen Staatsorgan die Aufgabe der Mitwirkung an der politischen Willensbildung übertragen; sie erfüllen originäre Aufgaben im öffentlichen Interesse. Daher paßt das Modell des "Beliehenen" hier nicht.

Obwohl die Parteien als privatrechtliche Vereine auftreten, wird ihnen ein darüber hinausgehender besonderer Status zugesprochen[100]. Dieser Status wird

[95] *v. Münch*, Rn 21 zu Art. 21, in: v. Münch-GGK II (1983); *Pieroth* Rn 1 zu Art. 21, in: Jarass / Pieroth, Grundgesetzkommentar.

[96] *Hesse*, Grundzüge des Verfassungsrechts (1991), Rn 177; *Zimmermann*, Rechtsstaatsprinzip und Parteigerichtsbarkeit (1979), S. 11; *Seifert*, Die politischen Parteien im Recht der Bundesrepublik Deutschland (1975), S. 77 Anm. 63; *v. Münch* Rn 20 zu Art. 21, in: v. Münch-GGK II (1983); *Schmidt-Bleibtreu / Klein* Rn 4 Art. 21; *Pieroth* Rn 1 zu Art. 21, in: Jarass / Pieroth, Grundgesetzkommentar.

[97] BVerfGE 1, 208(225); 3, 383(393); 20, 56(100).

[98] *Menger* AöR 78(1952), S. 161.

[99] *Heimann*, Die Schiedsgerichtsbarkeit der politischen Parteien in der Bundesrepublik Deutschland (1977), S. 22 m.w.Nw.

[100] *v. Münch* Rn 20 zu Art. 21, in: v. Münch-GGK II (1983).

teilweise nach Konrad Hesse als Status der Öffentlichkeit bezeichnet[101]; sie bewegen sich in einem Bereich des Öffentlichen[102]. Begründet wird dieser öffentliche Status bzw. die besondere Behandlung der Parteien hinsichtlich ihrer Rechtsstellung zum einen mit ihrer aus Art. 21 Abs. 1 Satz 1 GG herausgelesenen besonderen verfassungsrechtlichen Aufgabe. Etwa, weil sie allein es seien, "welche die auf diese Weise formierten Bestrebungen auf der nächsten Stufe, der institutionalisierten Willensbildung in Parlament und Regierung, zur Geltung zu bringen haben"[103]. Aus dieser vorgeblich in Art. 21 Abs. 1 Satz 1 GG verfassungsrechtlich bestätigten Rolle der Parteien, als Elemente an den Legitimationsprinzipien der Gesamtordnung teilzuhaben[104], folge eine Verantwortung gegenüber dem Gemeinwesen[105]. Zum anderen wird die daraus angeblich gerechtfertigte beherrschende Stellung der politischen Parteien im politischen Willensbildungsprozeß der Bundesrepublik angeführt[106], um den Parteien besondere Pflichten und Rechte zu geben, die sich dann in einem besonderen Status der Parteien widerspiegeln soll.

Beide Begründungen können nicht überzeugen. Die Parteien haben nach den obigen Ausführungen keine besondere Stellung im vorparlamentarischen Raum der Willensbildung[107]. Sie haben insbesondere nicht das Recht oder gar die exklusive Aufgabe, "in den Bereich der institutionalisierten Staatlichkeit

---

[101] *Hesse* VVDStRL 17(1959), 11(15); zustimmend *Köppler*, Die Mitwirkung bei der politischen Willensbildung des Volkes als Vorrecht der politischen Parteien (1974), S. 126; *Heimann*, Die Schiedsgerichtsbarkeit der politischen Parteien in der Bundesrepublik Deutschland (1977), S. 28ff(30); *Schachtschneider*, Res publica res populi (1994), 10. Teil, 1. Kapitel, bezeichnet diesen Bereich als staatlichen im weiteren Sinne; *Grawert*, Parteiausschluß und innerparteiliche Demokratie (1987), S. 27f; unklar *Zimmermann*, Rechtsstaatsprinzip und Parteigerichtsbarkeit (1979), S. 31f.

[102] *Häberle*, Formen und Grenzen normierender Kraft der Öffentlichkeit in gemeinwohlhaltigen Fragen der Praxis (1971), in: Verfassung als öffentlicher Prozeß, S. 480(492); *ders.*, Verfassungsrechtlicher Abgeordnetenstatus und Grunddiätenbesteuerung in der egalitären Demokratie (BVerfGE 40, 296) (1978), in: Verfassung als öffentlicher Prozeß, S. 503(519); *Scheuner* DÖV1968, 88(89f).

[103] *Hesse* VVDStRL 17(1959), 11(23).

[104] *Häberle* JuS1967, 64, 73.

[105] *Hesse* VVDStRL 17(1959), 11(43f); *Böckenförde* zählt die Inhaber politischer Entscheidungs- und Führungsmacht in den politischen Parteien gar zu den Regierenden im weiteren Sinne und gibt ihnen als solche Verantwortung im Hinblick auf das Erreichen von Gemeinwohl und Gerechtigkeit, FAZ-Magazin v. 12. Februar 1993, S. 23.

[106] *Martens*, Öffentlich als Rechtsbegriff (1969), S. 37ff; *Zimmermann*, Parteigerichtsbarkeit und Rechtsstaatsprinzip (1979), 25f; *v. Münch* Rn 20 zu Art. 21, in: v. Münch - GGK II (1983).

[107] S. unter Abschnitt A, I., 1.

hineinzuwirken"[108]. Aus diesen Gründen kann auch ihre tatsächlich vorhandene beherrschende Stellung im parlamentarischen System der Bundesrepublik keine Rechtfertigung für einen besonderen Rechtsstatus sein.

Ein besonderer Status der Parteien ergibt sich aber schon daraus, daß es ihre Aufgabe ist, im vorparlamentarischen Raum bei der politischen Willensbildung mitzuwirken. Ihre Tätigkeit umfaßt "das gesamte Verfahren zum Gesetz, also den Diskurs um die Erkenntnis des Gesetzes und die Entscheidung, welche das Gesetz verbindlich macht"[109]. Sie wirken in der Öffentlichkeit an dem Zustandekommen der Gesetze mit[110], ihre Aufgabe ist damit gemeinwohlbezogen, da die Gesetze Ausdruck des Gemeinwohls sind. Dieser Aufgabe im Bereich des Öffentlichen oder des Staatlichen im weiteren Sinne[111] folgt der besondere Status der Parteien, der besondere Rechte und Pflichten beinhaltet. Damit die Parteien ihre Aufgabe erfüllen können und zugleich den Willensbildungsprozeß nicht beherrschen, ist ihnen ein besonderer Status zu verleihen, der Umfang und Grenzen der Mitwirkung bestimmt. Dieser Status soll sie einerseits in die Lage versetzen, ihre Aufgaben wahrnehmen zu können und andererseits den anderen Teilnehmern am öffentlichen Diskurs die Möglichkeit gleicher Teilhabe sichern. Parteien stehen ebenso wie die Presse, die Gewerkschaften und die Kirchen unter einem besonderen "öffentlichen" Regime, das ihnen die Möglichkeit gibt, ihre ihnen zugewiesene Aufgabe zu erfüllen und zugleich gewährt, daß sich die daraus entstehende spezifische Gefahr für den offen Prozeß der gleichen und freien Meinungsbildung nicht verwirklicht. Dieser Status ist ebenso wie die Aufgaben und Verpflichtungen der in der Verfassung genannten Institutionen verschieden. Der Begriff Status der Öffentlichkeit ist lediglich ein Oberbegriff für die im einzelnen zu bestimmenden Rechte und Pflichten der Teilnehmer am Willensbildungsprozeß. Aus ihm kann, wie anfangs gesagt, nicht ein Recht hergeleitet werden, sondern er ist ein Sammelbegriff für alle aus der Verfassung abgeleiteten Rechte und Pflichten. Der Begriff Status der Öffentlichkeit bietet sich

---

[108] BVerfGE 20, 56(100f).

[109] *Schachtschneider*, Res publica, res populi (1994), 10. Teil, 1. Kapitel.

[110] *Habermas*, Strukturwandel der Öffentlichkeit (1962, Neuauflage 1990), S. 310, nennt dies die Staatsbezogenheit der Parteien: "Unter den veränderten Verhältnissen kann die Intention der klassischen Publizitätsforderungen vor einer Verkehrung ins Restaurative bewahrt werden, wenn sich, in Ergänzung durch unorthodoxe Publizitätsforderungen, Publizität auch auf Einrichtungen erstrecken soll, die bislang eher von der Öffentlichkeit der anderen leben, als selbst deren Aufsicht unterstehen: in erster Linie Parteien, dann aber auch auf politisch effektive Massenmedien und öffentliche Verbände. Sie alle sind Institutionen der staatsbezogen agierenden gesellschaftlichen Mächte - private Organisationen der Gesellschaft, die öffentliche Funktionen innerhalb der politischen Ordnung ausüben".

[111] *Schachtschneider*, Res publica res populi (1994), 10. Teil, 1. Kapitel.

deshalb an, weil es sich um Rechte und Pflichten handelt, die sich aus der Teilnahme am öffentlichen Diskurs und damit im Vorfeld des Zustandekommens der allgemeinen Gesetze ergeben. Jeden Teilnehmer an der Diskussion über die Entscheidungen in allgemeinen Dingen treffen besondere Pflichten und Rechte. Für die Presse wird das besondere öffentliche Regime zum Erhalt ihrer Aufgabe und Sicherung allgemeiner Teilnahme durch die Rechtsprechung zu Art. 5 GG und die Landespressegesetze gebildet. Die besonderen Rechte der Wirtschaftsverbände werden vor allem durch Art. 9 Abs. 3 GG die Rechtsprechung der Arbeitsgerichte geregelt. Für die Parteien ist das Parteiengesetz derbisher unzulängliche Versuch, eine Balance zwischen Aufgabenerfüllung und Machtbegrenzung zu finden.

Der Inhalt des Status der Parteien ist hier nicht im ganzen zu bestimmen. Allein der Inhalt und die Grenzen der Pflicht zur Offenheit ist Gegenstand dieser Arbeit. Sie ist aber nur ein Mosaikstein im Status der Öffentlichkeit politischer Parteien, der sich aus ihrer Teilnahme am öffentlichen Diskurs ergibt. Andere Elemente sind die Rechenschaftspflicht, das innerparteiliche Demokratiegebot sowie das Recht auf Parteiautonomie.

Die einzelnen Verpflichtungen der Parteien hinsichtlich ihrer Offenheit gegenüber den Bürgern, die diesen Status sui generis der Parteien ausmachen, werden unter II. und III. des Abschnitts B dieser Arbeit behandelt.

II. Ausgestaltung des Parteienrechts durch Rechtsprechung und herrschende Lehre

Zunächst folgt in diesem Teil eine Auseinandersetzung mit der These, starke Parteien seien Garanten für die Demokratie, da sie Ausgangspunkt der rechtlichen Ausgestaltung des bundesdeutschen Parteienrechts ist. Die folgenden Erläuterungen werden zeigen, daß sich diese These nicht durch die deutsche Geschichte belegen läßt und von Rechtsprechung und Lehre nicht als Argument für die Privilegierung der Parteien herhalten durfte (1.). Danach soll gezeigt werden, daß auf der Grundlage der Parteienstaatstheorie von Gerhard Leibholz (2.) die Rechtsprechung des Bundesverfassungsgerichts (3.) und die Staatsrechtslehre (4.) es zuvörderst als ihre Aufgabe ansahen, die Stellung der Parteien zu stärken und damit ungewollt den Grundstein für eine Deformation der Demokratie[112] legten. Während die Rechte der Parteien stetig ausgebaut wurden, erfuhr die Pflichtenseite[113] eine starke Reduzierung bzw. wurde nie

[112] Die Merkmale dieser Deformation s. unter Abschnitt A, III., 1.

[113] Neben der Rechenschaftspflicht und dem Gebot innerpartlicher Demokratie eben auch das Publizitätsgebot.

entwickelt[114]. Indem den Parteien ein Zwitterstatus als privatrechtliche Vereine und verfassungsrechtliche Institutionen zugesprochen wurde, gab man ihnen die Möglichkeit, nach dem Motto "best of both worlds" die Vorteile beider Seiten zu ziehen und zugleich deren Nachteile zu vermeiden[115]. Erst die einseitige Auslegung von Art. 21 Abs. 1 Satz 1 GG zugunsten der Parteien[116] durch die Rechtsprechung und Lehre machte den Weg frei für großzügige "In-sich-Geschäfte" der Parteienvertreter im Bundestag.

1. Ausgangslage 1949: Parteien als Garanten des demokratischen Staats

In diesem Teil soll ein kursorischer Abriß der Entstehungsgeschichte der Parteien in Deutschland gegeben werden, da sie den Hintergrund für die Interpretation von Art. 21 Abs. 1 Satz 1 GG durch Rechtsprechung und Lehre bildet. Die Analyse wird zeigen, daß nicht die monarchische Bekämpfung der Parteien und die im Kaiserreich angelegte deutsche Skepsis gegenüber politischen Parteien in Verbindung mit der geringen Akzeptanz der Demokratie in der Weimarer Republik in die Diktatur führte, wie es als Begründung für die rechtliche Stärkung der Parteien in der Bundesrepublik nach dem 2. Weltkrieg angeführt wurde. Vielmehr war die fehlende Akzeptanz der Demokratie in Deutschland die Ursache für den Zusammenbruch der Weimarer Republik. Diesen Umstand hat die NSDAP - auch eine Partei - ausgenutzt.

a) Die vorherrschende These von der Unentbehrlichkeit politischer Parteien in Massendemokratien

Aufgrund der Erfahrungen aus der Weimarer Republik und dem Dritten Reich, sollte die Bundesrepublik ein starkes, geschütztes Parteiensystem erhalten, um dem Anti-Parteien-Effekt von der rechtlichen Seite jede Basis zu nehmen[117]. "Anders als in früheren deutschen Verfassungen und anders als in

---

[114] Ebenso *v. Arnim*, Entmündigen die Parteien das Volk?, in: Aus Politik und Zeitgeschichte, B 21/1990, S. 25(36); *ders.*, Staatsversagen: Schicksal oder Herausforderung, in: Aus Politik und Zeitgeschichte, B 48/1990, S. 17(27f).

[115] Deutlich zu sehen bei *Henkes* Kommentierung zu Art. 21 im Bonner Kommentar (1991), der unter dem Titel "Parteien im Privatrecht", Rn 219-227, nur Parteirechte aufzählt und unter dem Titel "Parteien im Verwaltungsrecht", Rn 228-247, ebenfalls nur die Segnungen des Öffentlichen Rechts den Parteien zuspricht.

[116] S. hierzu auch *Hennis*, Der "Parteienstaat" des Grundgesetzes. Eine gelungene Erfindung, DER SPIEGEL Dokument 5, Oktober 1992.

[117] *Kaack*, Geschichte und Struktur des deutschen Parteiensystems (1971), S. 365.; *Apel*, Die deformierte Demokratie (1991), S. 41, 307.

vielen gegenwärtigen Verfassungen ausländischer Staaten zieht das GG eine Konsequenz aus der Tatsache, daß eine freiheitliche Demokratie im modernen großflächigen Industriestaat die Existenz und die Tätigkeit politischer Parteien notwendig voraussetzt"[118]. Die Unausweichlichkeit einer Demokratie mit Parteien erkannten bereits die fortschrittlichen Kräfte in der Weimarer Demokratie[119]. Doch nach 1945 wurden die Parteien nicht nur als politische Faktoren anerkannt, sie wurden als unentbehrliche Garanten der Staatsform Demokratie gesehen[120]. Von dieser bedingungslosen Bejahung des Parteienstaats ausgehend hat sich das weitere Parteienrecht entwickelt. Der Glaube an den Parteienstaat ist auch die Ursache für die anfangs fehlende und sich später nur zögernd artikulierende Kritik an dem unkontrollierten Machtzuwachs der Parteien im Staat[121]. Hinzu kommt, daß die Staatslehre in einigen Teilen selbst die Distanz

---

[118] *Krüger*, Allgemeine Staatslehre (1966), S. 368f; ebenso *Henke* zu Art. 21 Rn 40, in: Bonner Kommentar (1991); *C. Schmitt*, Verfassungslehre (1928), S. 247; *Hesse*, Grundzüge des Verfassungsrechts (1991), Rn 166; *v. Münch*, Rn 1 zu Art. 21, in: v. Münch-GGK II (1983); *v. Arnim* DÖV1985, 593(604); *Grimm*, Die politischen Parteien, in: HbdVerfR (1983), S. 317(318); *Schmidt-Bleibtreu / Klein* Rn 4 zu Art 21; *Wassermann*, Die Zuschauerdemokratie (1989), S 102; *Grawert*, Parteiausschluß und innerparteiliche Demokratie (1987), S. 20; trotz vehementer Kritik auch *Jaspers*, Antwort (1967), S. 113f.

[119] *Lietzau*, Die staatliche Stellung der politischen Partei (1934), S. 2f; *Thoma*, Der Begriff der modernen Demokratie in seinem Verhältnis zum Staatsbegriff, Erinnerungsgabe für Max Weber (1923), S. 63; *Waldecker*, Allgemeine Staatslehre (1927), S. 579; *Lebenstein*, Die Rechtsstellung der Parteien und Fraktionen nach deutschem Reichsstaatsrecht (1925), S. 13ff; *Kelsen*, Vom Wesen und Wert der Demokratie (1929), S. 19.

[120] BVerfGE 1, 208(223ff); 11, 266(273); 20, 56, 56(101, 113f), st. Rspr.; *Leibholz*, Das Wesen der Repräsentation (1929), S. 118ff, 240ff; *ders.*, Der moderne Parteienstaat, S. 68ff; *Friesenhahn* VVDStRL 16 (1958), S. 9(19); *Krüger*, Allgemeine Staatslehre (1966), S. 368f; *Stern*, Das Staatsrecht in der Bundesrepublik Deutschland (1984), § 13 IV 2, S. 340; *Wassermann*, Die Zuschauerdemokratie (1989), S. 84, 102; *Kelsen*, Das Wesen und der Wert der Demokratie (1929), S. 20; *Radbruch*, Hb d D StR, 1. Band (1930), S. 285ff; *Heller*, Staatslehre, S. 187; *Badura*, Die Stellung des Abgeordneten, in: HbdStR I (1987), S 495; *Mintzel*, Großparteien im Parteienstaat der Bundesrepublik, in: Aus Politik und Zeitgeschichte, B 11/1989, S. 3ff; *Wildenmann*, Volksparteien - Ratlose Riesen? (1989), S. 8, 124, 157; *C. Arndt* § 21 in: Parlamentsrecht und Parlamentspraxis, Schneider / Zeh (Hrsg.) (1989), S. 644ff; *Grawert*, Parteiausschluß und innerparteiliche Demokratie (1987), S. 17, 20; *v. Arnim*, Entmündigen die Parteien das Volk?, in: Aus Politik und Zeitgeschichte, B 21/1990, S. 25; *R. Herzog* in seiner strukturelle Schwächen des Parteienstaats ignorierenden Rede zur Einweihung des neuen Plenarsaals am 30. Oktober 1992, in: Der neue Plenarsaal. Eine Dokumentation (1992), S. 10; *Sontheimer*, Grundzüge des politischen Systems der Bundesrepublik, S. 182, spricht gar von der Unentbehrlichkeit des Parteienstaats.

[121] Ebenso *Schachtschneider*, Res publica res populi (1994), 10. Teil, 2. Kapitel.

zum Parteiensystem verloren hat und so einen Teil ihrer Kritikfähigkeit eingebüßt hat[122].

So werden die Parteien heute allgemein als die "daseinsnotwendigen Faktoren für den modernen Staat"[123] gesehen. Dem trägt das Parteiengesetz von 1967 in § 1 Abs. 1 Satz 1 Rechnung, wenn es sagt, "die Parteien sind ein verfassungsrechtlich notwendiger Bestandteil der freiheitlichen demokratischen Ordnung."

b) Fehlende Bestätigung dieser These durch die deutsche Parteiengeschichte

Die Entstehungsgeschichte der Parteien in Deutschland bestätigt die Auffassung von Parteien als "notwendige Bestandteile der freiheitlichen demokratischen Ordnung" (PartG) nicht. Die Parteien sind in der Auseinandersetzung mit der herrschenden Schicht aus dem Bewußtsein heraus entstanden, daß dem Staatsbürger eine Beteiligung am politischen Leben zustehe. Parteien bildeten sich da, wo das Volk ein politisches Mitbestimmungsrecht einfordert, das in einer komplexen Gesellschaft nur über das Mittel der Repräsentanz und damit in einem Parlament zu verwirklichen ist[124]. Mit zunehmender Industrialisierung und der sich damit vollziehenden Öffnung der starren inneren Ordnung der Gesellschaft, setzte eine Ausprägung des Parteienwesens ein. In Deutschland traten die Parteien Mitte des 19. Jahrhunderts als Vereinigungen von Trägern und Anhängern bestimmter Ideenrichtungen und Mitgliedern einzelner Gesellschaftsschichten in Erscheinung, um die vier großen Aufgaben des neuzeitlichen Staates zu lösen. Diese waren die Schaffung der nationalen Einheit, die Beteiligung des Volkes an der Staatsleitung, die Einordnung des Staates in die weltwirtschaftliche Organisation und die Lösung der sozialen Frage[125]. Im Vergleich zu Frankreich, England und Italien wurden in Deutschland diese Aufgaben, insbesondere die ersten beiden, allerdings mit 50-100-jähriger Verspätung angegangen[126].

---

[122] S. unter Abschnitt A, III., 1. d).

[123] *Hesse* VVDStRL 17(1959), S. 19; ebenso *Grewe*, Der Monat VI/1951, S. 563ff.

[124] *Stern*, Das Staatsrecht in der Bundesrepublik Deutschland, Band 1 (1984), § 13 I 1, S. 324.

[125] *Bergsträsser*, Geschichte der politischen Parteien in Deutschland (1965), S. 38.

[126] In England wie Frankreich wird der Einheitsstaat schon im 16. und 17. Jahrhundert begründet. In England wurde die Freiheitsfrage schon 1688 (Bill of Rights) gelöst. Die Lösung der sozialen Frage beginnt mit Owen Anfang des 19. Jahrhunderts, die Einordnung in die Weltwirtschaft in gewissem Sinne mit Cromwells Schiffsakte (1651), *Bergsträsser*, Geschichte der politischen Parteien in Deutschland (1965), S. 38.

Bei der Erfüllung dieser Aufgaben haben zwei Umstände den Erfolg der politischen Parteien bedingt. Es waren die Schaffung des parlamentarischen Regierungssystems[127], das seinen Anfang 1848 fand, und die Einführung des Verhältniswahlrechts[128] in der Weimarer Republik.

So war die Nationalversammlung die Initialzündung für die Bildung von politischen Parteien. Einmal, weil alle politischen Fragen von nun an in breitem Rahmen in der Öffentlichkeit diskutiert wurden, und zum anderen, weil sich Fraktionen bildeten, die durch die enge parlamentarische Arbeit zusammenwuchsen und zu ihren Anhängern systematisch, etwa durch Zeitungen und Rechenschaftsberichte, Kontakt aufbauten[129]. Die durch das Scheitern der Frankfurter Nationalversammlung im Mai 1848 und dem damit verbundenen Rückschlag für die Liberalen erfolgte Polarisierung der politischen Kräfte, ließ schließlich Parteien in Deutschland entstehen[130].

Die ablehnende Haltung der Staatsführung im Kaiserreich gegenüber den Parteien galt letztlich ihren Forderungen nach mehr Beteiligung der Bürger an der Entscheidungsfindung und damit den demokratischen Bestrebungen generell. Die stärkste Bedrohung für die Machthaber des Kaiserreichs ging bald von den Vertretern der neuen sozialen Bewegung aus. Sie verkörperten für die Machthaber und diejenigen, die an den Machtverhältnissen profitierten, wie der Adel, Beamte, Richter usw. eine Bedrohung durch Demokratisierung.

Größter Feind Bismarcks waren dann auch die Sozialisten. Sie waren die einzige ernstzunehmende politische Kraft, die eine völlige Reform des Staates wollte. In dem Eisenacher Programm der Sozialdemokratischen Arbeiterpartei von 1869 ist als Ziel die "Errichtung des freien Volksstaates" formuliert worden. Die politischen und sozialen Zustände werden darin als "im höchsten Grade ungerecht" bezeichnet. Sie seien daher "mit der größten Energie zu bekämpfen". Es wurden die "Einführung der direkten Gesetzgebung durch das Volk" und die "Aufhebung aller Vorrechte des Standes, des Besitzes, der Geburt und der Konfession" gefordert[131]. Ähnlichen Inhalt hatte das Gothaer Programm von 1875 nach dem Zusammenschluß der Sozialistischen Arbeiterpartei mit dem Allgemeinen Deutschen Arbeiterverein[132].

---

[127] *Krüger*, Allgemeine Staatslehre (1966), S. 368.

[128] *Schmitt*, Der Hüter der Verfassung (1931), S. 83ff; *Radbruch*, Hb d D StR (1930), 1. Band, S. 290; *Leibholz*, Das Wesen der Repräsentation (1929), S. 114ff; *Jaspers*, Wohin treibt die Bundesrepublik? (1966), S. 134; *v. Arnim*, Entmündigen die Parteien das Volk?, in: Aus Politik und Zeitgeschichte, B 21/1990, S. 25(31).

[129] *Bergsträsser*, Geschichte der politischen Parteien in Deutschland (1965), S. 98.

[130] *Kaack*, Geschichte und Struktur des deutschen Parteiensystems (1971), S. 28.

[131] *S. W. Mommsen*, Deutsche Parteiprogramme (1960), S. 311f; *Kaack*, Geschichte und Struktur des deutschen Parteiensystems (1971), S. 32f.

[132] *S. W. Mommsen*, Deutsche Parteiprogramme (1960), S. 313f; *Kaack*, Geschichte und Struktur des deutschen Parteiensystems (1971), S. 47f.

Die Haltung der Monarchie gegenüber den Parteien spiegelt sich am deutlichsten wider in einer Äußerung des Reichskanzlers Bismarck vor dem Reichstag von 1884: "Die politischen Parteien sind der Verderb unserer Verfassung und der Verderb unserer Zukunft". Bismarck sah es, stellvertretend für die Obrigkeit, als seine Aufgabe an, die Parteien, insbesondere die Sozialisten, zu schwächen, wo es möglich war[133].

Bismarcks größter Erfolg hierbei war das Verbot der Sozialdemokraten. Am 18. Oktober 1878 wurde das "Gesetz gegen die gemeingefährlichen Bestrebungen der Sozialdemokratie" mit 221 zu 149 Stimmen angenommen[134]. Zwar behielten die soziademokratischen Abgeordneten ihre Mandate. Doch wegen des Versammlungsverbotes mußten sie auf Arbeitersport- und -gesangsvereine ausweichen und ihre Kongresse im Ausland abhalten.

Als Strategie gegen den Anspruch der Parteien auf Beteiligung an der Macht wurde ein Gegensatz Staat - Parteien kreiert, der sich fortan durch die deutsche Geschichte zieht[135]. Ihr kritisches Verhalten gegenüber der Regierung wurde gleichgesetzt mit einer Ablehnung des nationalen Gedankens. Große Teile der Bevölkerung sahen die Parteien als destruktive Elemente, die die Einheit des Staates spalten wollten und undurchsichtige internationale Kontakte hatten. Verstärkt wurde diese Überzeugung besonders durch die eindeutige Betonung des internationalen Charakters der Sozialistischen Arbeiterbewegung[136].

Neben der Schaffung des Parlamentes war 1919 die Einführung des Verhältniswahlrechts am Anfang der Weimarer Republik für die Stabilisierung und Weiterentwicklung des Parteiensystems und die Heranbildung einer Parteiendemokratie von zentraler Bedeutung. Im Verhältniswahlrecht liegt nicht nur eine mittelbare Anerkennung der Parteien, die als einzige in der Lage waren, eine Wahl zu organisieren und Kandidatenlisten zu erstellen[137],

---

133 Den Grundkonflikt schildern *Tsatsos* und *Morlok*, Parteienrecht (1982), S. 4f: "Die neutralisierende, die gesellschaftlichen Konflikte "auflösende" oder "ausgleichende" Funktion des Monarchen mußte deshalb mit der Ideologie vieler Parteien, man kann sogar sagen: mit der Partei als politischer Erscheinung überhaupt unvereinbar sein. Denn die Partei setzt die Legalität des gesellschaftlichen Konfliktes voraus. Das monarchische Prinzip hingegen stellt die Verneinung desselben dar".

134 *Pack*, Das parlamentarische Ringen um das Sozialistengesetz Bismarcks 1878-1890 (1961), S. 79ff(108ff); *Kaack*, Geschichte und Struktur des deutschen Parteiensystems (1971), S. 50.

135 *Kloepfer*, Zum 70. Geburtstag für August Bettermann (1984), S. 53(55f).

136 S. dazu *Nollau*, Die Internationale, Wurzeln und Erscheinungsformen des proletarischen Internationalismus (1961); Kaack, Geschichte und Struktur des deutschen Parteiensystems (1971), S. 51f.

137 *Radbruch*, Handbuch des Deutschen Staatsrechts, Band 1 (1930), S. 290; *C. Schmitt*, Der Hüter der Verfassung (1931), S. 86f; *Lebenstein*, Die Rechtsstellung der

sondern auch eine Verlagerung des Gewichts vom direkt gewählten Abgeordneten zur Partei, die ihn ins Parlament entsendet.

Doch wird das Faktum "politische Parteien als wichtigste politische Kräfte der Republik" in der durch die Nationalversammlung am 11. August 1919 geschaffenen Reichsverfassung nur beiläufig erwähnt[138]. Eine direkte verfassungsmäßige Anerkennung erfolgte nicht.

In der Weimarer Republik wurde die Parteienablehnung von den konservativen Kräften weiterbetrieben[139]. Von einer Ignorierung der Parteien, wie es Heinrich Triepel 1928 in seiner oft zitierten Rektoratsrede[140] behauptete, kann jedoch nicht die Rede sein. Die Parteien wurden indirekt in der Verfassung anerkannt, wenn auch nicht ausdrücklich erwähnt. Das Verhältniswahlrecht war ohne Parteien nicht durchführbar. Im Parlament wurden Fraktionen, die aus den Parteien bestanden, mit besonderen Rechten ausgestattet. Fast alle bedeutenden Verfassungsrechtler schrieben über die politischen Parteien[141]. Die Parteien waren eine feste Größe im politischen Leben der Republik.

Parteien und Fraktionen nach deutschem Reichsstaatsrecht (1925), S. 27f; dementsprechend entspricht das Verhältniswahlsystem der "inneren Logik" des Parteienstaates für *Badura* zu Art. 38 Anh. Rn 21, in: Bonner Kommentar (1991); *Henke* zu Art. 21 Rn 195, in: Bonner Kommentar (1991); *Schachtschneider*, Res publica res populi (1994), 10. Teil, 8. Kapitel.

[138] Art. 130 I WR lautete: "Die Beamten sind Diener der Gesamtheit, nicht einer Partei"; allerdings wurden die Parteien auch in der Geschäftsordnung des Weimarer Reichstages von 1922 genannt, in der die Redezeiten und Ausschußsitze nach Parteistärke verteilt wurden.

[139] Von Hindenburg gab nach seiner Wahl zum Reichspräsidenten 1925 eine Gedenkmünze mit der Prägung heraus: "Für das Vaterland beide Hände, aber nichts für die Parteien".

[140] *Triepel*, in: Die Staatsverfassung und die politischen Parteien (1928), S. 12: "Geschichtlich gesehen hat sich das Verhalten des Staates gegenüber den politischen Parteien in einer vierfachen Stufenfolge bewegt: Wir können von einem Stadium der Bekämpfung, dann von einem Stadium der Ignorierung sprechen. An dieses schließt sich die Periode der Anerkennung und der Legalisierung und als letzte würde die Ära der verfassungsmäßigen Inkorporation folgen, die freilich noch in Existenz und Eigenart problematisch ist".

[141] *S. Lebenstein*, Die Rechtstellung der Parteien und Fraktionen nach deutschem Reichsstaatsrecht (1925), S. 17f m. w. Nw.; *Radbruch*, in: Hb d D StR, 1. Band, Anschütz-Thoma (Hrsg.) (1930), S. 288; *Triepel*, Die Staatsverfassung und die politischen Parteien (1928), S. 13, 24ff; *G. Jellinek*, Allgemeine Staatslehre (1919), S. 114; *Lietzau*, Die staatliche Stellung der politischen Partei 1932(1934), S. 2f; ebenso *Thoma*, Der Begriff der modernen Demokratie in seinem Verhältnis zum Staatsbegriff, Erinnerungsausgabe für Max Weber (1923), S. 63; *Waldecker*, Allgemeine Staatslehre (1927), S. 579; *Lebenstein*, Die Rechtsstellung der Parteien und Fraktionen nach

Wenngleich die Weimarer Verfassung "zögernd war, die Parteien zu erwähnen,....daß der Verfassungsgeber selbst keine zu hohe Meinung von den Parteien gebildet hatte"[142] führte der Staatsgerichtshof für das Deutsche Reich am 17. Dezember 1927 in einer Entscheidung, in der er den Parteien die Parteifähigkeit in Verfassungsstreitigkeiten zuerkannte, aus: "Die Volksvertreter der neuzeitlichen Verfassungen setzen aber das Vorhandensein von Parteien voraus, die Durchführung von Wahlen für Volksvertretungen ist ohne sie nicht denkbar"[143].

Wie fest die Parteien im Regierungssystem verankert waren, zeigt sich insbesondere an der Tatsache, daß die NSDAP mit den Mitteln der politischen Parteien soviel Macht an sich zu reißen vermochte, daß sie die Staatsform ändern konnte. Der konstruierte Gegensatz, schwache politische Parteien auf der einen Seite gegen antiparteiliche Kräfte auf der anderen, entspricht nicht dem Zustand von 1932/33. Eine Stärkung der rechtlichen Stellung von politischen Parteien wäre der NSDAP genauso zugute gekommen wie den Sozialisten, dem Zentrum und den anderen Parteien. Der Gegensatz bestand in demokratischen und faschistischen Kräften. Beide Kräfte traten als Parteien auf.

Insgesamt waren die Ursachen für das Scheitern der Weimarer Republik und damit der ersten parlamentarischen Parteiendemokratie in Deutschland vielfältig. Die unbestreitbar vorhandene Parteienabneigung spielte aber weit weniger eine Rolle als die fundamentale Abneigung gegen die Demokratie.

Die von Bismarck für seine Ziele ausgenutzte Abneigung der deutschen Bevölkerung gegen Streit und ihre Sehnsucht nach Harmonie in der Politik, indem er die Parteien, die seine Macht bedrohten, als Urheber von Chaos und Streit darstellte, hatte zwar Früchte getragen. Der Erfolg der NSDAP beruhte unter anderem darauf, daß sie Partei und Staat als Einheit anstrebte und 1933 rechtlich festschrieb[144]. Aber es war nicht die Abneigung gegen das Organisationsprinzip "politische Partei", die das Scheitern der Weimarer Republik begünstigte. Vielmehr war es die Skepsis gegenüber dem demokratischen Organisationsprinzip und dem Erscheinungsbild des Mehrparteiensystems, das die Bürger nicht annahmen.

---

deutschem Reichsstaatsrecht (1925), S. 13ff; s.a. *Stern*, Staatsrecht der Bundesrepublik, Band I (1984), § 13 II 1, 2, S. 436f; *Scheuner* DÖV1958, 641(642).

[142] *Leibholz*, Strukturwandel der modernen Demokratie, in: Strukturwandel der modernen Demokratie (1958), S. 71(84); *ders.* DVBl1951, 1(2).

[143] RGZ 118, Anh. 29.

[144] Nach § 1 Abs. 1 des Gesetzes zur Sicherung der Einheit von Partei und Staat vom 1. Dezember 1933 war die NSDAP "die Trägerin des deutschen Staatsgedankens und mit dem Staat unlöslich verbunden".

Aus der chronischen Handlungsunfähigkeit der ständig wechselnden Regierungen folgte die fehlende Akzeptanz des Regierungssystems beim Volk. Der fehlende Grundkonsens über die Staatsform verhinderte ein kämpferisches Eintreten der Demokraten gegen die Nationalsozialisten, die mit dem erklärten Ziel antraten, die Demokratie abzuschaffen.

Das Anwachsen der innerstaatlichen Wirtschaftsprobleme, verbunden mit dem außenpolitischen Druck der Siegerstaaten, führte dann dazu, daß den antidemokratischen Kräften die Wähler scharenweise zuliefen. Eine abstrakte Stärkung der politischen Parteien hätte das nicht verhindert, wohl aber eine Stärkung der demokratischen Haltung der Menschen[145], also deren Moralität, mit der auch eine Sicherung gegen die Schaffung eines Einparteiensystems verbunden wäre. Aus der Geschichte läßt sich deshalb nicht ableiten, daß eine generelle starke Stellung der Parteien notwendig ist oder gar, daß für die Demokratie politische Parteien unentbehrlich sind, weil sie Garanten der demokratischen Staatsform seien. Vielmehr muß nach den Erfahrungen mit der NSDAP-Diktatur ein Ein-Parteien-Staat sowie die Gleichsetzung einer Partei oder mehrerer Parteien mit dem Staat ausgeschlossen werden. Aufgabe des demokratischen Staates ist es aufgrund der Feststellung, nach der sich Parteien in einem modernen Staat zwangsläufig bilden, Maßnahmen zu ergreifen, die ein echtes Mehrparteiensystem gewährleisten. Das Parteienrecht muß nach den Erfahrungen mit der Hitler-Diktatur so gestaltet sein, daß es eine Übernahme des Staates durch eine oder mehrere zusammenwirkende Parteien verhindert. Diese Schlüsse entsprechen den historischen Erfahrungen in Deutschland und sind vom Verfassungskonvent und dem Parlamentarischen Rat so auch gezogen worden[146]. Nicht zu diesen Erfahrungen gehören hingegen, wie oben gesagt, die Doktrin von der Unentbehrlichkeit politischer Parteien in der Massendemokratie[147], das Recht oder gar die Pflicht zur staatlichen Alimentierung von Parteien sowie die Sicherung von Sonderrechten der Parteien auf dem Gebiet der politischen Willensbildung, die ihnen eine beherrschende Stellung bei der Transformation des Volkswillens geben.

---

[145] *Jaspers*, Wohin treibt die Bundesrepublik? (1966), S. 141: "Daß 1933 kam, so war die Meinung, lag an den Institutionen. Daß es nicht wiederkehre, verlangt solche Institutionen, die es unmöglich machen. Die Voraussetzung dieser Absicht ist, daß für das Unheil nicht die Menschen, sondern die Institutionen verantwortlich gemacht werden müssen. Aber es ist eher umgekehrt. Entscheidend lag es an den Menschen. Die besten Institutionen machen es nicht, wenn die Menschen versagen, die sie nutzen".

[146] S. unter Abschnitt A, I., 1., b).

[147] *Schachtschneider*, Res publica res populi (1994), 10. Teil, 2. Kapitel.

2. *Die Parteienstaatstheorie von Gerhard Leibholz*

Am engsten wird die Verknüpfung von Parteien und Demokratie in der Parteienstaatstheorie von Gerhard Leibholz gesehen. Basierend auf einer zutreffenden Analyse (a) der Stellung von Parteien im Staat hat Gerhard Leibholz eine realitätsferne Lehre entwickelt (b), die die Parteien zum ausschließlichen Träger der demokratischen Willensbildung macht. Diese Theorie ist hier darzustellen, weil sie enormen Einfluß auf das Parteienverständnis in Deutschland nach dem 2. Weltkrieg hatte. Insbesondere fand sie Eingang in die Rechtsprechung des Bundesverfassungsgerichts, dem Gerhard Leibholz von 1951-71 angehörte.

Ausgehend von der These, daß es seit Mitte des 19. Jahrhunderts einen Strukturwandel in den westlichen Demokratien gab, entwickelte Gerhard Leibholz seit 1928 seine Theorie vom Parteienstaat.

a) Die Analyse von Leibholz

Nach Gerhard Leibholz vollzog sich im 19. Jahrhundert ein Strukturwandel weg von der liberal-repräsentativen Demokratie hin zum modernen demokratischen Parteienstaat. Beide sind für ihn völlig verschiedene Strukturprinzipien, die jeweils nicht zu harmonisierende Elemente enthalten[148].

Die liberal-repräsentative Demokratie entspricht nach Gerhard Leibholz den westlichen Staatsverfassungen des 19. Jahrhunderts, die von der Vorstellung ausgingen, daß das zu repräsentierende Volk eine Einheit sei. Die Abgeordneten repräsentierten danach das Volk als politisches Ganzes, so daß sie die "Qualitäten eines Herren und nicht eines Dieners" besaßen[149]. Kennzeichen der liberal-repräsentativen Demokratie sei der liberale Freiheitsgedanke und das Verständnis von Gleichheit als einer relativen.

"Diese sog. proportionale Gleichheit soll die Menschen grundsätzlich entsprechend ihrer Anlagen, ihrem Charakter, ihrem Intellekt verschieden behandeln....es ist diese proportionale oder relative Gleichheit, die dem Liberalismus und damit auch der liberalen Demokratie dort, wo sie sich politisch durchzusetzen vermocht hatte, den ihr eigenen, zugleich aristokratischen Charakter vermittelt hat"[150].

Begründet mit der Unterschiedlichkeit der Menschen, gab es Wahlrechtsbeschränkungen. "Durch die Beschränkungen des Wahlrechts auf seiten der Aktivbürgerschaft glaubte man, die größtmögliche Gewähr für die Wahl von

---

[148] *Leibholz*, Strukturwandel (1958), S. 72.

[149] *Ders.* DVBl1951, 1.

[150] *Leibholz*, Strukturwandel (1958), S. 80.

nur staatsmännisch begabten Persönlichkeiten in das Parlament schaffen zu können. So erklärte sich die der liberal-repräsentativen Demokratie eigene Vorstellung, daß die parlamentarischen Körperschaften aus den "Honoratioren", d.h. den Besten, der Elite, der geistigen Aristokratie des Volkes, aus den durch "Geist, Scharfsinn und Bildung ausgezeichneten Persönlichkeiten" bestehen müssten"[151]. Merkmal dieser Staatsform sei eine starke Stellung des Abgeordneten, die Vertretung des ganzen Volkes durch den Abgeordneten und der persönliche Charakter der Wahl gewesen[152]. Ausdruck der liberal-repräsentativen Demokratie sei Art. 38 Abs. 1 S. 2 GG, das freie Mandat des Abgeordneten.

Nach Gerhard Leibholz hat jedoch in den letzten einhundertfünfzig Jahren eine fortschreitende politische Emanzipation dem demokratischen Gleichheitsgedanken zum Durchbruch verholfen. "Nicht mehr die proportionale Gleichheit, bei der die Staatsbürger nach dem Grundsatz des suum cuique verschieden behandelt werden, sondern die arithmetische-mathematische Gleichheit ist die Gleichheit, die diesem Begriff heute ihr entscheidendes Gepräge gibt und eine absolut gleiche Behandlung der Staatsbürger zumindest bei der staatlich-politischen Willensbildung fordert"[153]. Mit dem Schritt zur absoluten Gleichheit kam auch die Wandlung zum modernen Parteienstaat.

Konsequenz der politischen Demokratisierung durch die Emanzipation des Bürgertums sei die Entstehung des Parteienstaates. Die Bedeutung, die Gerhard Leibholz den Parteien im Parteienstaat zuschreibt wird in folgender Passage deutlich:

"Die Parteien sind es, die in den großen Flächenstaaten heute allein die Möglichkeiten haben, die Millionen der Wähler zu politisch-aktionsfähigen Gruppen zusammenzuschließen. Sie sind das Sprachrohr, dessen sich das mündig gewordene Volk bedient, um politische Entscheidungen fällen und sich artikuliert äußern zu können. Ohne Zwischenschaltung dieser Organisationen würde das Volk heute als amorphe Masse politisch ohnmächtig und hilflos hin- und hervegetieren und würde nicht in der Lage sein, einen Einfluß auf das staatliche Geschehen auszuüben und so selber als handelnde Einheit in der politischen Sphäre zu verwirklichen"[154].

Aus dem Strukturwandel zum modernen Parteienstaat folge, daß das Parlament zum Ort wird, an dem sich gebundene Parteibeauftragte treffen, um anderweitig bereits getroffene Entscheidungen registrieren zu lassen[155]. Der

---

151 Ebenda; *ders.* DVBl1951, 1(2).

152 *Leibholz*, Strukturwandel (1958), S. 81.

153 *Leibholz*, Strukturwandel (1958), S. 86.

154 *Ders.* DVBl1951, 1(3).

155 *Ders.*, Strukturwandel (1958), S. 94f.

Abgeordnete werde zu einem "organisatorisch-technischen Zwischenglied"[156] innerhalb der Partei. Er sei dem imperativen Mandat und Fraktionszwang unterworfen, denn seine einzige Funktion sei es, den Parteiwillen, der für Gerhard Leibholz dem Volkswillen entspricht, zu verwirklichen. Gerhard Leibholz charakterisiert den Abgeordneten als einen "Funktionär" seiner Parteiorganisation[157].

Dementsprechend habe sich auch die Funktion des Parlaments verändert und sei zu einer Stätte geworden, an der sich die gebundenen Parteibeauftragten träfen und längst in Parteizirkeln getroffene Entscheidungen registrierten. Das Parlament sei zu einer Fassade geworden, in der nicht mehr schöpferisch von freien Abgeordneten diskutiert würde, sondern die Abgeordneten wie Statisten die Parteiorder ausführen würden[158].

Die Wahlen tendieren nach Gerhard Leibholz "in zunehmendem Maße dahin, zu einem rein plebiszitären Akte zu werden, in dem die durch die Parteien zusammengefaßte Aktivbürgerschaft ihren politischen Willen zugunsten der von den Parteien benannten Mandatsbewerber und der von ihnen unterstützten Parteiprogramme kundgibt und über die Parteien Macht und Einfluß in den nächsten vier oder fünf Jahren entschieden wird"[159].

Die Wahlen seien grundsätzlich entpersonifizierte Parteiwahlen[160]; die Abgeordneten erhielten ihre Stimme nur noch wegen ihrer Parteizugehörigkeit[161]. Folgerichtig sei daher die Einführung der Verhältniswahl im Zuge des Strukturwandels, denn diese begünstige die Entwicklung einheitlich organisierter, zentralistischer Parteien[162].

Für Gerhard Leibholz ist dieser Wandel zum Parteienstaat in der Verfassungswirklichkeit längst eingetreten. In Art. 21 GG sieht er die verfassungsmäßige Anerkennung dieses Wandels. Abweichungen vom Idealbild eines Parteienstaates sind für Gerhard Leibholz lediglich "strukturelle Unebenmäßigkeiten" und "korrekturbedürftige Defekte unserer heutigen Verfassung"[163].

---

[156] *Ders.*, Strukturwandel (1958), S, 97.

[157] *Ders.* DVBl1950, 194(195).

[158] *Ders.* DVBl1951, 1(4).

[159] *Ders.*, Der Gestaltwandel der Demokratie, in: Das Wesen der Repräsentation und der Gestaltwandel der Demokratie im 20. Jahrhundert (1966), S. 211(231).

[160] *Ders.*, Parteienstaat, S. 3; *ders.*, Strukturwandel (1958), S. 90; *ders.* DVBl1951, 1(4).

[161] *Ders.* DVBl1951, 1(4).

[162] *Ders.* DVBl1951, 1(4).

[163] *Ders.*, Strukturwandel (1958), S. 105.

b) Die Theorie von Leibholz

Wie sich Freiheit und Gleichheit ausschließen, so schließen sich nach Gerhard Leibholz ebenso liberal-repräsentative Demokratie und moderner Parteienstaat aus[164]. Der moderne Parteienstaat, definiert als eine Demokratie, "die auf den Parteien als den politischen Handlungseinheiten aufgebaut ist und in ihnen die unentbehrlichen Bestandteile des politischen Integrationsprozesses erblickt"[165], ist nach Gerhard Leibholz eine Form der identitären, unmittelbaren Demokratie. Die Parteiendemokratie sei "eine rationalisierte Erscheinungsform der plebiszitären Demokratie im modernen Flächenstaat[166]...Hieraus ergibt sich, daß der Volks- oder Gemeinwille, d.h. die volonté générale in der parteienstaatlichen Demokratie durch die Parteien gebildet wird. Nicht das politische Prinzip der Repräsentation, sondern das Prinzip, das in der plebiszitären Demokratie zur volonté générale führt, führt auch in der parteienstaatlichen Demokratie zur Gemeinwillensbildung. Wie in der plebiszitären Demokratie der Wille der Mehrheit der Aktivbürgerschaft mit dem jeweiligen Gesamtwillen des Volkes identifiziert wird, wird in einer funktionierenden parteistaatlichen Demokratie der Wille der jeweiligen Parteienmehrheit in Regierung und Parlament mit der volonté générale, dem Volkswillen, identifiziert[167].

"Der Gemeinwille kommt in der parteienstaatlichen Demokratie allein mit Hilfe des Identitätsprinzips ohne Beimischung repräsentativer Strukturelemente zur Entstehung"[168], und "in der modernen Form der Demokratie identifizieren sich die Parteien mit dem Volke oder anders ausgedrückt, sie erheben den Anspruch, "das" Volk zu "sein"[169]. Die Funktion der Parteien in der parteienstaatlichen Demokratie sei, "das Volk zu organisieren und aktionsfähig zu machen"[170]. Den Parteien obliege es, das Volk zu mediatisieren.

Größere Schwierigkeiten hat Gerhard Leibholz allerdings mit dem freien Mandat, mit dem das Grundgesetz das Symbol der liberal-repräsentativen Demokratie weiterführe. Denn das imperative Mandat und der Fraktionszwang seien die Mittel der Partei, den in ihnen verkörperten Volkswillen durchzusetzen. Als "Hüterin des Volkswillens" soll die Partei den Abgeordne-

---

[164] *Ders.*, Strukturwandel (1958), S. 88; *ders.* DVBl1951, 1(1, 3).
[165] *Ders.*, Strukturwandel (1958), S. 90.
[166] *Ders.*, Strukturwandel (1958), S. 93f; *ders.* DVBl1951, 1(4).
[167] *Ders.* DVBl1951, 1(4).
[168] *Ders.*, Strukturwandel (1958), S. 94.
[169] Ebenda, S. 121; *ders.* DVBl1951, 1(4).
[170] *Ders.* DVBl1951, 1(4).

ten nicht nur aus der Partei ausschließen, sondern damit zugleich das Mandat entziehen dürfen[171]:

"Gesehen unter dem Blickpunkt einer logisch zu Ende gedachten parteienstaatlichen Demokratie können nämlich tatsächlich die Parteien den Anspruch erheben, sich auch gegenüber ihren eigenen Mitgliedern durchzusetzen. In einer solchen Demokratie erscheint nämlich der Abgeordnete als grundsätzlich fremdem Willen unterworfen, und kann er nicht mehr als Repräsentant, der in Freiheit unter Einsatz seiner Persönlichkeit seine politischen Entscheidungen fällt, angesprochen werden. In dieser Demokratie fehlt dem Abgeordneten im Grunde genommen die letzte Legitimität, eine von den Parteien und Fraktionen abweichende Linie in Fragen von politischer Wichtigkeit zu verfolgen. In ihr sind nicht die Abgeordenten, sondern die Parteien in ihren Entschließungen frei und an Aufträge und Weisungen nicht gebunden. Letztlich wird so der Abgeordnete in dem modernen Parteienstaat zu einem organisatorisch-technischen Zwischenglied"[172].

Art. 38 Abs. 1 Satz 1 GG, dieses "systemfremde konstante Ärgernis"[173] habe allein die Bedeutung, "gewisse äußerste Konsequenzen des Parteienstaates abzuwehren"[174]. So verhindere er ein Monopol der Parteien bei der Kandidatenaufstellung, mache den Fraktionszwang unzulässig und kopple das Abgeordnetenmandat von der Parteizugehörigkeit ab[175].

Im Ergebnis macht Gerhard Leibholz in seiner Theorie die Parteien, die Jean-Jacques Rousseau noch als Fremdkörper in der unmittelbaren Demokratie wertete[176], zum Garanten dieser Staatsform. Um weiterhin zu gewähren, daß der Parteiwille dem Volkswillen entspricht, fordert Gerhard Leibholz die innerdemokratische Verfassung der Parteien[177]. Erst wenn gewährleistet ist, daß die Willensbildung innerhalb der Parteien von den Parteimitgliedern ausgeht, könne verhindert werden, daß die Parteien ein Staat im Staate würden und oligarchische Herrschaftstendenzen entstünden[178].

---

[171] *Ders.* DVBl1951, 1(3).

[172] *Ders.*, Strukturwandel (1958), S. 228.

[173] *Leibholz / Rinck / Hesselberger* Art. 21 Rn 3; auch BVerfGE 2, 72.

[174] *Leibholz*, Strukturwandel (1958), S. 117.

[175] *Ders.* DVBl1951, 1(6).

[176] *Rousseau*, Gesellschaftsvertrag (1762), Reclam 1977, S. 31.

[177] *Leibholz*, Strukturwandel (1958), S. 124.

[178] *Ders.* DVBl1951, 1(5). *Leibholz* gibt das Beispiel der Kandidatenauswahl durch die Parteimitglieder als gelungenes Vorbild für die Demokratisierung der Parteien an, ebenda Fn 14b.

Die ganz herrschende Meinung in der Literatur lehnt heute die Parteienstaatstheorie von Gerhard Leibholz zu Recht ab[179]. Ihr wird vorgeworfen, mit "der Absicht der Schöpfer des Grundgesetzes wenig gemein zu haben"[180]. Dazu wird angeführt, Art. 20 Abs. 2 GG unterscheide Träger und Ausübende der Staatsgewalt, dies sei mit der Vorstellung Gerhard Leibholz' von einer unmittelbaren Demokratie nicht zu vereinbaren[181]. Auch spreche Art. 21 Abs. 1 Satz 1 GG von "Mitwirkung", womit ein Monopol der Parteien, wie es die Parteienstaatstheorie vorsehe, nicht zu vereinbaren sei[182] und das von Gerhard Leibholz faktisch unterstellte und befürwortete imperative Mandat gegen Art. 38 Abs. 1 Satz 2 GG verstieße. Weiter decke sich die Gleichsetzung von Parteiwille und Volkswille bei dem geringen Stand der parteilichen Organisation nicht annähernd mit der Wirklichkeit[183]. Allen Argumenten gegen die Parteienstaatstheorie ist zuzustimmen.

3. Die Rechtsprechung des Bundesverfassungsgerichts

Zuständig für Parteifragen ist der Zweite Senat des Bundesverfassungsgerichts, lediglich über Parteiverbote entscheidet der Erste Senat. Von 1951 bis 1971 gehörte Gerhard Leibholz dem Zweiten Senat an und beeinflußte die Parteienrechtsprechung nachhaltig. Obwohl nicht gänzlich der geschlossenen

---

[179] *Henke*, Das Recht der politischen Parteien (1972), S. 7; *Wolfrum*, Die innerparteiliche demokratische Ordnung nach dem Parteiengesetz (1974), S. 25; *Haungs* ZParl. 4(1973), 502(508f); *ders.*, Parteiendemokratie in der Bundesrepublik (1981), S, 12ff; *Hennis*, Die Rolle des Parlaments und die Parteiendemokratie, in: Die Zweite Republik (1979), Löwenthal / Schwarz (Hrsg.); *Badura*, in: Bonner Kommentar Rn 26ff zu Art. 38; *Achterberg*, Parlamentsrecht (1984), S. 83ff; *Hering*, Zur Frage der politischen Anerkennung der politischen Parteien (1960), S. 64ff; *Hesse* VVDStRL 17(1959), 11(31); *Trautmann*, Innerparteiliche Demokratie im Parteienstaat (1975), S. 29; *Schachtschneider*, Der Staat 28(1989), 173(188f); *ders.*, Res publica res populi (1994), 10. Teil; *Grimm*, Die politischen Parteien, in: HbdVerfR (1983), S. 332f m.w.Nw.

[180] *Grimm*, Die politischen Parteien, in: HbdVerfR (1983), S. 332f; Zu den einzelnen Argumenten s. *Wolfrum*, Die innerparteiliche demokratische Ordnung nach dem Parteiengesetz (1974), S. 22ff; *Haungs*, Die Bundesrepublik - ein Parteienstaat?, in: Parteienstaat und Abgeordnetenmandat, Veen / Guggenberger (Hrsg.) (1976), S. 59.

[181] *Hesse*, VVDStRL 17(1959), S. 21; *v. Mangoldt / Klein* zu Art. 20 Anm. V 3 d; *Sternberger*, Nicht alle Gewalt geht vom Volke aus (1971), S. 28.

[182] *Seifert*, Die politischen Parteien im Recht der Bundesrepublik Deutschland (1975), S. 1.

[183] *W. Weber*, Spannungen und Kräfte im westdeutschen Verfassungssystem (1951), S. 55; *Wenner*, Grundgesetz und Parteienstaat, in: Sozialwissenschaftliche Informationen für Unterricht und Studium 13(1984) H. 4, S. 24.

Konzeption Gerhard Leibholz' folgend - insbesondere in späteren Entscheidungen wurden Abweichungen deutlich[184] - steht die Rechtsprechung des Bundesverfassungsgerichts der Parteienstaatstheorie sehr nahe.

Grundpfeiler der Parteienstaatstheorie des Bundesverfassungsgerichts sind insbesondere zwei Entscheidungen: bereits im 1. Band in seiner Entscheidung über politische Parteien und Wahlgrundsätze hat das Gericht die Weichen für die weitere Entwicklung des Parteienrechts gestellt[185]. Etwas modifiziert, doch in den Grundsätzen kaum abweichend, hat das Gericht die Rolle der Parteien in seinem Parteispendenurteil 1966 beschrieben[186]. An dem Parteispendenurteil hat Gerhard Leibholz nicht mitgewirkt, da er wegen Besorgnis der Befangenheit abgelehnt wurde.

In weitgehender Übereinstimmung mit der Parteienstaatstheorie von Gerhard Leibholz meinte das Gericht 1952, die Bundesrepublik sei, wie jede moderne Demokratie heute, zwangsläufig ein Parteienstaat[187]. Die Entscheidung des Verfassungsgebers für einen Parteienstaat käme in Art. 21 GG deutlich zum Ausdruck[188], der bezwecke, "die in der Weimarer Verfassung zwischen der politischen Wirklichkeit und dem geschriebenen Verfassungsrecht bestehenden Spannungen zu beheben"[189]. Durch Art. 21 GG sei der moderne demokratische Parteienstaat legalisiert[190]. "Art. 21 GG hat die politischen Parteien als verfassungsrechtlich notwendige Instrumente für die politische Willensbildung des Volkes anerkannt und ihnen auch einen verfassungsrechtlichen Status zuerkannt. Sie sind die politischen Handlungseinheiten, deren die Demokratie bedarf, um die Wähler zu politisch aktionsfähigen Gruppen zusammenzuschließen und ihnen so überhaupt erst einen wirksamen Einfluß auf das staatliche Geschehen zu ermöglichen"[191] und "die Parteien gehören nicht zu den obersten Staatsorganen. Sie sind vielmehr frei gebildete, im gesellschaftlich-politischen Bereich wurzelnde Gruppen, dazu berufen, bei der politischen Willensbildung des Volkes mitzuwirken und in den Bereich der institutionalisierten Staatlichkeit hineinzuwirken"[192].

Die Rolle der Parteien beschreibt das Gericht dann auch mit den gleichen Worten wie Gerhard Leibholz "als das Sprachrohr, dessen sich das mündig

---

[184] *Stern*, Das Staatsrecht der Bundesrepublik Deutschland, Band I (1984), S. 339, charakterisiert die Parteienrechtsprechung des Bundesverfassungsgerichts zutreffend als "schlingernd".

[185] BVerfGE 1, 208.

[186] BVerfGE 20, 56.

[187] BVerfGE 1, 208(224).

[188] BVerfGE 1, 298(226).

[189] BVerfGE 1, 208(225).

[190] BVerfGE 1, 208(225).

[191] BVerfGE 1, 208(223f); 52, 63(82).

[192] BVerfGE 20, 56(100).

gewordene Volk bedient, um sich artikuliert zu äußern und politische Entscheidungen fällen zu können"[193]. Sie seien "verfassungsmäßige Institutionen", "Kreationsorgane" im Sinne Georg Jellineks und zu "integrierenden Bestandteilen des Verfassungsaufbaus und des verfassungsrechtlich geordneten politischen Lebens" geworden[194], die in die Verfassung eingebaut seien. Das Gericht spricht von der "Inkorporation" der Parteien in das Verfassungsgefüge[195]. Sie seien ihrem Wesen und ihrer Struktur nach in erster Linie am Staatsganzen orientiert[196].

Ebenfalls in voller Übereinstimmung mit Gerhard Leibholz sieht der Erste Senat des Gerichts ohne Mitwirkung von Leibholz Art. 38 GG[197] als "einen Satz aus dem gesicherten ideologischen Bestand des Verfassungsrechts der liberalen Demokratie..., den der Verfassungsgesetzgeber als herkömmlich und daher unbedenklich übernommen hat, ohne daß ihm dabei die prinzipielle Unvereinbarkeit mit Art. 21 GG voll deutlich geworden wäre"[198] an. Weiter der Zweite Senat: "Es mag in der logischen Konsequenz eines radikal zu Ende gedachten Parteienstaates liegen, daß sich die Willensbildung des Volkes auf allen Stufen....durch das Medium der Parteien vollzöge...Diese äußerste Konsequenz des Parteienstaates wird jedoch vom Grundgesetz auf der Bundesebene durch das Bekenntnis zu dem repräsentativen Status der Abgeordneten in Art. 38 GG und auf der kommunalen Ebene durch die institutionelle Garantie der Selbstverwaltung in Art. 28 GG verfassungskräftig abgewehrt"[199]. Folgerichtig entschied das Bundesverfassungsgericht, daß ein Abgeordneter und Parteimitglied sein Mandat verliert, wenn seine Partei während der Legislaturperiode verboten wird[200], sowie daß fraktionslosen Abgeordneten das Stimmrecht verweigert werden kann in den Ausschüssen, in denen sie Rede- und Antragsrecht haben[201].

Im Parteispendenurteil von 1966 entwickelte das Gericht aus einer Gegenüberstellung von Volkswille und Staatswille den Grundsatz der "Staatsfreiheit" der Parteien aus Art. 21 Abs. 1 Satz 1 GG, mit dem "eine Finanzierung der gesamten politischen Tätigkeit der Parteien von Staats wegen nicht zu

[193] BVerfGE 1, 208(224); *Leibholz*, Strukturwandel (1958), S. 90 in Fußnote 26 Verweis auf Recht, Staat und Wirtschaft, Bd. 3 (1951), S. 104.

[194] BVerfGE 1, 208(225); 4, 27(30); 5, 85(134,388); 11, 266(273); 12, 296(304, 306); 17, 155(166); 20, 56(100, 108); 24, 260(264); 40, 287(292).

[195] BVerfGE 2, 1(73).

[196] BVerfGE 11, 266(276).

[197] BVerfGE 11, 266(273).

[198] Entscheidung des Ersten Senats: BVerfGE 2, 1(72).

[199] BVerfGE 11, 266(273).

[200] BVerfGE 2, 1 LS 7(74).

[201] BVerfGE 80, 188(217ff).

vereinbaren (ist)"[202]. Parteien werden von dem Bundesverfassungsgericht als Vereine nach bürgerlichem Recht eingeordnet[203].

Als Folge dieser Unterscheidung zwischen Volkswille und Staatswille beschreibt das Gericht die Rolle der Parteien als Mittler zwischen Volk und Staat und ihre Aufgabe als Gewährleistung der Willensbildung von "unten nach oben". Damit wird der Akzent im Vergleich zum Urteil von 1952 etwas verschoben und Abstand von der Parteienstaatstheorie gewonnen. Obwohl die Bezeichnungen "verfassungsrechtliche Institutionen" und "Sprachrohr" nochmals wiederholt werden, werden die Parteien als "freie Gebilde von den Staatsorganen" beschrieben, die als im gesellschaftlich-politischen Bereich wurzelnde Gruppen "in den Bereich der institutionalisierten Staatlichkeit hineinwirken"[204] und denen jede staatlich-institutionelle Verfestigung verwehrt sei[205]. "Die Parteien sind keine Staatsorgane, sondern Gruppierungen, die sich im offenen Mehrparteiensystem frei bilden, aus eigener Kraft entwickeln und, gebunden an die Verpflichtungen des Art. 21 Abs. 1 Sätze 3 und 4 GG, im Rahmen der freiheitlichen Grundordnung an der politischen Willensbildung des Volkes mitwirken. Wohl erfüllen die politischen Parteien eine ihnen nach dem Grundgesetz obliegende und von ihm verbürgte öffentliche Aufgabe. Als frei gebildete Gruppen von Bürgern, die sich zusammengeschlossen haben, um auf die politische Willensbildung mit eigenen Zielvorstellungen und Programmen Einfluß zu nehmen und in den Bereich der institutionalisierten Staatlichkeit hineinzuwirken"[206].

Auch wird die Wahlvorbereitung als ihre vornehmliche, öffentliche Aufgabe genannt[207]. "Wenn sich die Tätigkeit der politischen Parteien auch nicht auf die Beteiligung an den Parlamentswahlen beschränkt, so ist doch diese ihnen durch Art. 21 Abs. 1 Satz 1 GG zugewiesene Aufgabe besonders hervorgehoben und von besonderer Bedeutung, weil sie für das Funktionieren einer demokratischen Ordnung des Gemeinwesens schlechthin unerläßlich und entscheidend ist"[208].

Mit dem Zugeständnis einer Eigenständigkeit in zweifacher Hinsicht, nämlich mit der Loslösung vom Volkswillen und von der Staatsgewalt, hat sich das Bundesverfassungsgericht auch von der Parteienstaatstheorie gelöst[209].

---

[202] BVerfGE 20, 56(97f, 99, 102, 105, 111).
[203] BVerfGE NJW80 443.
[204] BVerfGE 20, 56(101).
[205] BVerfGE 20, 56(102).
[206] BVerfGE 52, 63(83).
[207] BVerfGE 20, 56(96, 113); 8, 51ff; 12, 276(280); 52, 63(82).
[208] BVerfGE 20, 56(114).
[209] S. *Häberle* JuS67, 64ff.

In seiner jüngsten Entscheidung vom 9. April 1992[210] zur Parteienfinanzierung ist der Zweite Senat des Gerichts von der bisher angenommenen besonderen Bedeutung der Wahlvorbereitung abgewichen. Zu der unmittelbaren Wahlvorbereitung führt es aus: "Diese bildet lediglich einen allenfalls in organisatorischer Hinsicht selbständigen Teil ihrer Aufgabe; sachlich-inhaltlich fügt sich die Beteiligung an Wahlen in die ständige Wirksamkeit der Parteien bruchlos ein...Bezieht man diese Abgrenzung auf die den Parteien von der Verfassung zugewiesene Aufgabe der Mitwirkung an der politischen Willensbildung des Volkes, so entbehrt sie der sachlichen Berechtigung"[211]. Zugleich mit der Aufgabe der Unterscheidung in allgemeine Tätigkeiten und unmittelbare Wahlvorbereitung entfiel für das Gericht auch die Wahlvorbereitung als Anknüpfungspunkt für die Parteienfinanzierung. Das Gericht stellt vielmehr fest, daß "der Staat verfassungsrechtlich nicht gehindert (sei), den Parteien Mittel für die Finanzierung der allgemein ihnen nach dem Grundgesetz obliegenden Tätigkeit zu gewähren"[212]. Damit sanktioniert das Gericht die "Wahlkampfkostenpauschale", die tatsächlich die Wahlkampfausgaben der Parteien regelmäßig überschritt und sich so zu einer allgemeinen Parteienfinanzierungsmaßnahme entwickelt hatte[213]. Dies bedeutet einerseits mehr Ehrlichkeit im Umgang mit den Parteien, andererseits ist es aber ein weiterer Schritt in Richtung einer Verstaatlichung der Parteien, für die das Gericht eine Art Fürsorge- bzw. Unterhaltspflicht des Gemeinwesens entwickelt[214].

Zwar unterstreicht das Gericht wieder den Grundsatz der Staatsfreiheit der Parteien und folgert daraus die Begrenzung der Finanzierung der allgemeinen politischen Tätigkeit der Parteien aus staatlichen Mitteln. Das Problem der wachsenden mittelbaren Parteienfinanzierung als Folge begrenzter unmittelbarer Alimentierung bezieht das Gericht nicht in seine Überlegungen ein. Betont wurde diesmal jedoch nicht nur die tatsächlich nicht vorhandene mögliche Einflußnahme des Staates auf die Parteien, wie in früheren Urteilen, sondern auch die Gefahr einer Abkoppelung der Parteien von ihren Mitgliedern[215]. Die tatsächlich bestehende augenfällige Abhängigkeit der

---

[210] BVerfG DÖV92, 664 = BVerfG NJW92, 2545.

[211] BVerfG DÖV92, 664(665).

[212] BVerfG DÖV92, 664 LS 2.

[213] BVerfG DÖV92, 664(665).

[214] Der ehemalige Bundespräsident v. Weizsäcker hat in Folge des Urteils eine Kommission unter Vorsitz des ehemaligen Präsidenten des Bundesverwaltungsgerichts, Horst Sendler, beauftragt, Empfehlungen für eine Neuordnung der Parteienfinanzierung zu unterbreiten. Die Empfehlungen wurden am 19. Februar 1993 als Bundestagsdrucksache 12/4425 veröffentlicht.

[215] BVerfG DÖV92, 664(665) und LS 2.

Staatsorganisation von den Parteien wird allerdings wieder einmal nicht berücksichtigt.

4. Die rechtliche Privilegierung der Parteien durch die herrschende Lehre

In der staatsrechtlichen Literatur werden verschiedene fundamentale Grundsätze des Parteienrechts von der Mehrheit gegen nur vereinzelte Stimmen vertreten. Sie sind in über 40 Jahren demokratischen Parteienrechts entwickelt worden. Ausgehend von der These der Unerläßlichkeit und demokratiewahrenden Kraft der Parteien[216], wurden deren Kompetenzen immer weiter ausgedehnt und so Vorschub für die Deformation der Demokratie geleistet. Die einzelnen Elemente der Parteienrechtslehre, die zu dem heutigen Erscheinungsbild der Parteien und damit zum verfassungswidrigen Parteienstaat führten, sind:

- die Rolle der Parteien als Mittler zwischen Volk und Staat (a);
- der Status der Parteien als privatrechtliche Vereine und verfassungsrechtliche Institutionen (b);
- kein Parteienmonopol; aber Vorrechte (c);
- das angeblichen Spannungsverhältnis zwischen Art. 21 Abs. 1 GG und Art. 38 Abs. 1 S. 2 GG (d).

Zuletzt folgt eine Auseinandersetzung mit der These, die Bundesrepublik sei nach der Verfassung ein Parteienstaat (e).

a) Die Parteien als Mittler zwischen Volk und Staatsgewalt

Das größte Einfallstor für die Parteien in die Staatsorganisation ist die mehrheitlich unterstützte Ansicht von den Parteien als Mittler zwischen Volk und Staat[217]. Diese Anschauung hat den Parteien die Möglichkeit gegeben, sich

---

[216] S. unter Abschnitt A, II., 2., a).

[217] So *Hesse* VVDStRL 17(1959), S. 22; *Stern*, Das Staatsrecht der Bundesrepublik Deutschland, Band 1 (1984), § 13 I 4, S. 435 und § 13 IV 3, S. 459; *Grimm*, Die politischen Parteien, in: HbdVerfR (1983), S 317, 323; *v. Münch*, Rn 21 zu Art. 21, in: GGK II - v. Münch; Maurer JuS1991, 881(882); *Henke* DVBl1979, 369; *ders.*, Das Recht der politischen Parteien (1972), S. 1; *ders.* zu Art. 21 Rn 64, 90, 272, in: Bonner Kommentar (1991); *Seifert*, Die politischen Parteien im Recht der Bundesrepublik Deutschland (1975), S. 99ff; *Wolfrum*, Die innerparteiliche demokratische Ordnung nach dem Parteiengesetz (1974), S. 46; *Halbe*, Analyse der verfassungsrechtlichen Stellung und Funktion der politischen Parteien in der Bundesrepublik Deutschland (1991), S. 37f; s. a. § 1 II PartG "Die Parteien wirken an der Bildung des politischen

gegenüber Eingriffen der Staatsorganisation auf ihre gesellschaftliche Verwurzelung und das Dogma der Staatsfreiheit zurückzuziehen, gleichzeitig aber öffentliche Leistungen mit dem Hinweis auf ihre öffentliche Aufgabenerfüllung zu beanspruchen. Diese Doppelstrategie hat für die Parteien auch den Vorteil, sich dem Mitspracherecht von Bürgern, mit dem Einwand, man lebe nach Bürgerlichem Recht und genieße Vertragsfreiheit sowie Vereinsautonomie widersetzen zu können, und zugleich die Rechte der Bürger, mit dem Hinweis auf die ihnen zugewiesene öffentliche Aufgabe der politischen Willensbildung okkupieren zu können.

Teils auf der Trennung von Staat und Gesellschaft[218] und der vom Bundesverfassungsgericht vorgenommenen Unterscheidung zwischen Volkswille und Staatswille basierend, teils aufgrund der Vorstellung von der Einheit des Staates[219] wird den Parteien diese Mittlerrolle zwischen Volk und Staat zugesprochen.

Aufgabe der Parteien sei es, eine Brücke zwischen diesen beiden grundsätzlich getrennt bestehenden Systemen zu schlagen: "Da die Verfassung staatliche Herrschaft zwar auf das Volk zurückführt, aber nicht von ihm selbst ausüben läßt, stellt sich das Problem der Vermittlung. Es erscheint nur lösbar, wenn Zwischenglieder existieren, die die komplexen gesellschaftlichen Vorstellungen und Bedürfnisse reduzieren, die Reduktionsleistungen in Gestalt generalisierter Handlungsprogramme für den Staat zur Auswahl stellen und auf der Grundlage des vom Volk mehrheitlich ausgewählten Programms den staatlichen Entscheidungsprozeß instruieren, wobei die ausgeschiedenen Alternativen präsent bleiben müssen, damit der Handlungsauftrag widerrufen

---

Willens des Volkes mit, indem sie insbesondere für eine ständige, lebendige Verbindung zwischen dem Volk und den Staatsorganen sorgen".

[218] Hierzu *Böckenförde*, Die verfassungstheoretische Unterscheidung von Staat und Gesellschaft als Bedingung der individuellen Freiheit (1973), S. 21ff; *Seifert*, Die politischen Parteien im Recht der Bundesrepublik Deutschland (1975), S. 70ff; *Grimm*, Die politischen Parteien, in: HbdVerfR (1983), 317(328ff); *Halbe*, Analyse der verfassungsrechtlichen Stellung und Funktion der politischen Parteien in der Bundesrepublik Deutschland (1991), S. 32; kritisch *Schachtschneider*, Res publica res populi (1994), 3. Teil.

[219] *C. Schmitt*, Der Begriff des Politischen (1932), S. 24; *Scheuner* DÖV1958 641(642f); *Ehmke*, Festgabe für Smend (1962), S. 24; *Lipphardt*, Die Gleichheit der politischen Parteien vor der öffentlichen Gewalt (1975), S. 551; *Häberle* JuS1967, 64ff; *Zimmermann*, Rechtsstaatsprinzip und Parteigerichtsbarkeit (1979), S. 15ff; *Schmitt Glaeser*, § 31 Rn 2, in: HbdStR II (1987); *Tsatsos / Morlok*, Parteienrecht (1982), S. 33, für die "gerade in dieser Überwindung des Gegensatzes von Staat und Gesellschaft der verfassungspolitische Sinn der Institutionalisierung der politischen Parteien zu sehen (ist)".

und anderweitig vergeben werden kann. Diese Vermittlerrolle, die notwendig grenzüberschreitend ist, nehmen die politischen Parteien wahr"[220].

Wilhelm Henke beschreibt die durch Art. 21 gegebene Rolle der Parteien als Versöhnung von Legitimität und Legalität des Staates wie folgt: "Art. 21 GG gibt damit die Möglichkeit, einerseits die Parteien aus ihrem wildgewachsenen, unberechenbaren Verhältnis zum Staat herauszunehmen und sie in das Legalitätssystem der verfassungsmäßigen Ordnung zu integrieren, andererseits aber das Verdorren ihrer Wurzeln im Volk, das Absterben ihrer Legitimität zu verhüten, also Legalität und Legitimität in ein gewiß nicht spannungsloses, aber doch grundsätzlich verfassungsrechtlich institutionalisiertes Verhältnis zueinander zu bringen und damit den inneren Frieden haltbarer zu machen"[221].

Er zeigt weiterhin auf, inwieweit dieses Parteienverständnis Ergebnis der deutschen Geschichte ist: "War die Weimarer Verfassung zu neutral gewesen, um sich gegen ihre Feinde zu behaupten, sie überhaupt als solche zu erkennen, so durchdrang die nationalsozialistische Partei mit ihrer ideologisch bestimmten politischen Entscheidung das öffentliche Leben bis in die letzten Winkel...Diese Entwicklung zeigt, daß ein System, in dem eine Partei als einzige Quelle der Legitimität bleibt und zwischen Staat - im Sinne von Ämterapparat - und Volk die Aufgabe der politischen Führung übernimmt, zum totalitären Staat führt...Darum kommt es darauf an, die Legitimitätsquelle, die heute unbestreitbar allein beim Volk liegt, dadurch offen zu halten, daß man die Parteien in ihrer Stellung außerhalb der freien Gesellschaft oder des Volkes und über ihnen erkennt und sie in den Staat integriert, statt sie blind für die Realität, mit Volk oder Gesellschaft zu identifizieren und ihnen als unbeschränkt "freien gesellschaftlichen Kräften" die absolute und souveräne Entscheidung allein zu überlassen. Eine Partei ist nicht das Volk, sondern hat Macht über das Volk. Darum muß sie rechtlich geordnet, institutionalisiert, legalisiert werden. Sie ist aber auch nicht nur Staat. Darum muß sie nach unten offen' bleiben"[222].

Zugehörig ("verwurzelt im") zum gesellschaftlichen Bereich wirken die Parteien in die staatliche Sphäre hinein. Daraus folgen Bezeichnungen wie "Kreationsorgane"[223] oder "Zwitterwesen"[224], die sich in einer "Doppelrolle"[225]

---

[220] *Grimm*, Die politischen Parteien, in: HbdVerfR (1983), S. 323f.

[221] *Henke* DÖV1958, 646(647, 650).

[222] *Henke* DÖV1958, 646(649).

[223] Von *G. Jellinek*, Allgemeine Staatslehre (1913), S. 545, übernommene Charakterisierung.

[224] *v. Alemann*, in: Demokratie als Teilhabe (1981), S. 112.

[225] *Ellwein / J. J. Hesse*, Das Regierungssystem der Bundesrepublik Deutschland (1987), S. 186.

befänden und einen "janusköpfigen Status"[226] hätten. Die Parteien seien das Bindeglied, das Volk und Staatsgewalt miteinander verknüpft[227]. Doch dies geschehe nicht starr, ohne eigenen Beitrag der Parteien. Der Volkswille werde nicht unverfälscht auf die Parteien übertragen und dann unbeeinflußt von legislativer und exekutiver Seite umgesetzt, sondern es finde ein Austausch zwischen Wählerschaft und Partei statt, ebenso wie zwischen Regierung und Partei. "Den Parteien wird die Mitwirkung an der Volkswillensbildung zugewiesen. Das deutet auf eine instrumentelle, keine beherrschende Funktion hin. Die Willensbildung bleibt diejenige des Volkes, die Parteien ersetzen es darin nicht. Andererseits beschränkt sich ihre Tätigkeit im demokratischen System aber nicht auf den Bereich der Volkswillensbildung, ohne es ausdrücklich auszusprechen, setzt das Grundgesetz doch voraus, daß sie auf Grund eines Volksauftrages auch den Staatswillen bilden....Der Willensbildungsprozeß verläuft also beidseitig"[228].

Die Parteien seien die Instrumente, die trotz Erhaltung der komplexen Struktur des Gemeinwesens, eine entscheidungs- und handlungsfähige Selbstverwaltung unter größtmöglicher Partizipation des Bürgers ermöglichten[229]. Diese Rückkopplung von Volkswille und Staatswille über die Parteien bestehe nicht nur zu Wahlzeiten, sondern sei ein permanenter Prozeß, der während der ganzen parlamentarischen Arbeit abliefe. Wobei der Impuls und die Vermittlerrichtung vom Volk zur Staatsgewalt auszugehen habe und nicht umgekehrt[230]. Nur so werde Art. 20 Abs. 2 GG erfüllt, und das Volk bleibe im Besitz der Staatsgewalt.

Tatsächlich bietet die Annahme der Mittlerfunktion von politischen Parteien die Voraussetzung für die Übernahme der Staatsgewalt der Parteien vom Volk mithilfe des oben genannten Verfahrens. Es wurde bereits oben dargestellt, daß diese Mittlerrolle nicht durch Art. 21 Abs. 1 Satz 1 GG gedeckt ist, da die "Theorie vom Zwitterwesen" den Parteien die Möglichkeit zu unbeschränkter Machtentfaltung gibt. Mit ihrer Mittlerrolle und der strikten Trennung von gesellschaftlicher Verwurzelung und staatlichem Wirkungsbereich wird der gespaltene rechtliche Status, in einen privatrechtlichen Verein - und gleichzeitig in ein verfassungsrechtliches Organ gerechtfertigt.

---

[226] *Schnorr*, Öffentliches Vereinsrecht (1965), S. 85.
[227] Ebenda, S. 325.
[228] Ebenda, S. 327.
[229] *Ehmke* ZfP1954, 337(346).
[230] Willensbildung von unten nach oben, "Staatsfreiheit", BVerfGE 20, 56(99).

b) Politische Parteien als privatrechtliche Vereine und verfassungsrechtliche Institutionen

Ein aus der Zwitterstellung der Parteien im Staat abgeleiteter Zwitterstatus gibt ihnen die rechtlichen Voraussetzungen zum bereits erwähnten Doppelspiel. Die Frage nach der Rechtsform politischer Parteien beantworten diese selbst, indem sie als nichteingetragene (etwa CDU, SPD) oder eingetragene (etwa CSU, FDP) Vereine tätig werden. Dies bestätigt die herrschende Meinung[231]. Die Parteien gelten als Vereinigung im "freien gesellschaftlichen Bereich"[232]. Zusätzlich wird angeführt, daß § 11 Abs. 3 PartG für die Vertretung der Partei auf das BGB Bezug nimmt. Bestätigt werde diese Ansicht auch durch einen Umkehrschluß aus § 37 PartG, der die persönliche Haftung des Vorstands eines nichtrechtsfähigen Vereins (§ 54 Satz 2 BGB) und die Einspruchsbefugnis der Verwaltungsbehörde gegen die Eintragung eines Vereins (§§ 61-63 BGB) für Parteien ausschließt[233].

Die herrschende Lehre sieht Art. 21 GG als lex specialis[234] zu Art. 9 GG (Vereinigungsfreiheit), da politische Parteien als Sonderformen von Vereinen angesehen werden, und er sei als lex superior[235] Maßstab für die Auslegung des 1967 verabschiedeten Parteiengesetzes. So ergibt sich für die ganz herrschende Meinung eine Normhierarchie in der auf oberer Stufe zunächst Art. 21 GG ausgelegt und zugleich Art. 9 Abs. 1 GG verdrängt werde[236]. Auf unterer Stufe steht das Parteiengesetz mit Vorrang vor dem Vereinsrecht des BGB[237]. Begründet wird die subsidiäre Anwendung des Vereinsrechts mit den im

---

[231] *Maunz*, in: Maunz / Dürig Art. 21 Rn 44; *Kunig*, § 33 Rn 6, in: HbdStR II (1987); *Seifert*, Die politischen Parteien im Recht der Bundesrepublik Deutschland (1975), S. 75ff; *Henke* zu Art. 21 Rn 47, in: Bonner Kommentar (1991); *Roellecke* DRiZ1969, 117(118); *v. Münch*, Rn 38 zu Art. 21, in: v. Münch-GGK II (1983).

[232] *Henke* zu Art. 21 Rn 219, in: Bonner Kommentar (1991); *ders.*, Das Recht der politischen Parteien (1972), S. 55; *Maurer* JuS1991, 881(882,889); *Grimm*, Die politischen Parteien, in: HbdVerfR(1983), 317(331).

[233] *Henke* zu Art. 21 Rn 219, in: Bonner Kommentar (1991); *Maurer* JuS1991, 881(883).

[234] *Maunz*, in: Maunz / Dürig Art. 21 Rn 38; *Kunig*, § 33 Rn 60, in: HbdStR II (1987); *Maurer* JuS1991, 881(882); *Seifert*, Die politischen Parteien im Recht der Bundesrepublik Deutschland (1975), S. 54.

[235] *Kunig*, § 33 Rn 5, in: HbdStR II (1987).

[236] *Kunig*, § 33 Rn 60, in: HbdStR II (1987); *Seifert* DÖV1956, 5; *ders.*, Die politischen Parteien im Recht der Bundesrepublik Deutschland (1975), S. 54; *Maurer* JuS1991, 881(883).

[237] *Henke* zu Art. 21 Rn 219, in: Bonner Kommentar (1989); *Maurer* JuS1991, 881(883); *Seifert*, Die politischen Parteien im Recht der Bundesrepublik Deutschland (1975), S. 53; *Stoklossa*, Der Zugang zu den politischen Parteien im Spannungsfeld zwischen Vereinsautonomie und Parteienstaat (1989), S. 86.

gesellschaftlichen und damit dem Privatrecht unterworfenen Bereich wurzelnden politischen Parteien[238], die dann dem Privatrecht unterworfen sind.

Aus ihrem Status als bürgerlich-rechtlichen Verein wird gefolgert, daß die Parteisatzung eine Vereinssatzung im Sinne des § 25 BGB[239], das Rechtsverhältnis zwischen Partei und Parteimitglied bürgerlich-rechtlich sei[240] und Verträge zwischen einer politischen Partei und einem Dritten, dem Privatrecht zuzuordnen seien. Für Rechtsstreitigkeiten seien gem. § 13 GVG ausschließlich die ordentlichen Gerichte zuständig[241]. Aus diesem Grund wird eine inhaltliche gerichtliche Überprüfung von Parteisatzungen und Parteiausschlüssen mit dem Hinweis auf den privatrechtlichen Status abgelehnt.

Dem entgegen steht das reklamierte Recht auf öffentliche Finanzierung sowie das Recht zur Organklage als "ähnliche Organe" i.S.v. Art. 93 Abs. 1 Nr. 1 GG aufgrund ihres Status als "verfassungsrechtliche Institution". Beides wird mit der ausdrücklich in § 1 Abs. 1 Satz 2 PartG als "öffentlich" bezeichneten Aufgabe der Parteien begründet.

Die Lehre folgt dem Bundesverfassungsgericht, das nach einem Umweg über die Annahme, politische Parteien seien Verfassungsorgane, für diese den Begriff "verfassungsrechtliche Institutionen" kreierte[242]. Damit solle zum Ausdruck kommen, daß die Parteien einerseits im gesellschaftlichen Bereich verankert seien[243], andererseits aber einen Verfassungsauftrag zu erfüllen

---

[238] *Maurer* JuS1991, 881(883); a.A. *Hesse* VVDStRL 17(1959), 11(45); *Köppler*, Die Mitwirkung bei der politischen Willensbildung als Vorrecht der Parteien (1974), S. 126; ebenso *Grawert*, Parteiausschluß und innerparteiliche Demokratie (1987).

[239] *Henke*, Das Recht der politischen Parteien (1972), S. 60.

[240] *Henke*, Das Recht der politischen Parteien (1972), S. 85.

[241] *Maunz*, in: Maunz / Dürig, Rn 45 zu Art. 21; OLG Frankfurt NJW1970, 2250; BGH NJW1980, 443; *Grawert*, Parteiausschluß und innerparteiliche Demokratie (1987), S. 150 m. w. Nw.; a.A. *Schiedermair*, AöR 104(1979), 200(206ff).

[242] BVerfGE 2, 1(73); 5, 85(133f), st. Rspr.; *Tsatsos / Morlok*, Parteienrecht (1982), S. 1ff; *Stern*, Das Staatsrecht der Bundesrepublik Deutschland, Band 1 (1984), § 13 IV 1, S. 456 m.w.Nw in Fn 125; *Grimm*, Die politischen Parteien, in: HbdVerfR (1983), S. 317(333), nennt die Parteien Verfassungsorgane, dagegen *Henke* DVBl1979, 369 und *Hesse* VVDStRL 17(1959), 11(40); *Hering*, Zur Frage der Anerkennung der politischen Parteien als Staatsorgane (1960), S. 76f; *Köppler*, Die Mitwirkung bei der politischen Willensbildung als Vorrecht der Parteien (1974), S. 10; a.A. *Giese*, AöR 80(1955/56), 377(378); *Hamann* Anm. 2 zu Art. 21, in: Das Grundgesetz, Berlin / Neuwied / Darmstadt, 2. Aufl. 1960, der Parteien bis zur 2. Auflage für Staatsorgane hält; *W. Weber*, Spannungen und Kräfte im westdeutschen Verfassungssystem (1958), S. 21 und *Kaiser*, Repräsentation organisierter Interessen (1982), S. 26, 234, 238 ordnen die Parteien dem Ämter- und Behördenapparat zu.

[243] BVerGE 20, 56(100f), "Sie sind frei gebildete, im gesellschaftlich-politischen Bereich wurzelnde Gruppen, dazu berufen, bei der politischen Willensbildung des

haben. Sie seien weder Verfassungsorgane mangels fester Einbindung in das Staatsgefüge, noch wegen Art. 21 GG verfassungrechtlich ignoriert.

c) Kein Parteienmonopol, aber Vorrechte

Politische Parteien haben auch nach herrschender Auffassung kein Monopol auf die politische Willensbildung[244]. Sie wirken nur dabei mit, neben anderen Faktoren wie die Medien, Verbände, Kirchen usw. "Die Parteien genießen verfassungsrechtlich keinen Vorrang und keine Sonderstellung unter den Beteiligten an der Volkswillensbildung, sondern müssen sich im Wettbewerb mit anderen behaupten und durchsetzen"[245]. So sei die Mitwirkung mehrerer an der politischen Willensbildung eine "conditio sine qua non für die Demokratie"[246]. Durch die Garantie des Mehrparteiensystems in Art. 21 Abs. 1 Satz 1 GG, werde auch das Monopol nur einer Partei ausgeschlossen[247]. Dazu gehöre auch das Verbot, die bestehende Parteienlandschaft gegenüber Neugründungen zu sichern[248] und damit ein Verbot des Parteienoligopols. Die Ablehnung des Parteienmonopols findet sich in jedem Staatsrechtslehrbuch und stimmt mit dem Wortlaut und Zweck des Art. 21 Abs. 1 Satz 1 GG überein. Doch betrachtet man sich die rechtliche Ausgestaltung der parteilichen Mitwirkungsrechte, die von der ganz herrschenden Lehre für verfassungsmäßig gehalten wird, dann ist die Absage an ein Parteienmonopol eine Aussage, hinter der die Anerkennung einer rechtlich gesicherten beherrschenden Stellung der Parteien im politischen Willensbildungsprozeß steht, die sich bis zu einem Parteienoligopol hinsichtlich der Rekrutierung der politischen Elite ausgeweitet hat. Denn tatsächlich gibt die Lehre den Parteien ein Bündel von Vorrechten von der erwähnten Klagebefugnis für die Organklage nach Art. 93 Abs. 1 Nr. 1 GG bis zur bevorzugten Stellung bei der Kandi-

---

Volkes mitzuwirken"; *Menger*, AöR 78(1952/53), 147(160) bezeichnete die Parteien deshalb als "Beliehene"; dagegen *Scheuner* DÖV1958, 641(642).

[244] *Maunz*, in: Maunz / Dürig Art. 21 Rn 37; *Kunig*, § 33 Rn 17, in: HbdStR II (1987); *Seifert*, Die politischen Parteien im Recht der Bundesrepublik Deutschland (1975), S. 64, 94; *Stoklossa*, Der Zugang zu den politischen Parteien im Spannungsfeld zwischen Vereinsautonomie und Parteienstaat (1989), S. 35f; *Maurer* JuS1991, 881(882); a.A. *W. Weber*, Spannungen und Kräfte im westdeutschen Verfassungssystem (1958), S. 21.

[245] *Henke* zu Art. 21 Rn 72, in: Bonner Kommentar (1991).

[246] *Kaack*, Geschichte und Struktur des deutschen Parteiensystems (1971), S. 365; *Köppler*, Die Mitwirkung bei der politischen Willensbildung als Vorrecht der Parteien (1974), S. 127f.

[247] Bericht der Parteienrechtskommission, S. 125; *Köppler*, Die Mitwirkung bei der politischen Willensbildung als Vorrecht der Parteien (1974), S. 127.

[248] *Hesse* VVDStRL 17(1959), 11(33).

datenaufstellung und die Parteienfinanzierung. Eine weitere rechtliche Privilegierung ergibt sich aus der Auflösung eines angeblich in der Verfassung angelegten Spannungsverhältnisses zwischen Art. 21 und Art. 38 GG.

d) Das angebliche Spannungsverhältnis zwischen Art. 21 Abs. 1 GG und Art. 38 Abs. 1 Satz 2 GG

In Rechtsprechung und Literatur wird ein Spannungsverhältnis zwischen Art. 21 Abs. 1 GG und dem freien Mandat konstatiert[249]. Das angebliche Bekenntnis des Grundgesetzes zur Parteiendemokratie in Art. 21 Abs. 1 GG mit entpersonifizierter Parteienwahl und faktischer Entsendung der Abgeordneten durch die Parteien, impliziere den Einfluß von Parteien auf den Abgeordneten. Das stehe aber im Widerspruch zu Art. 38 Abs. 1 Satz 2 GG (freies Mandat), der den Abgeordneten scheinbar gerade von jedem äußeren Einfluß freizustellen beabsichtige. Ein im Grundgesetz angelegter Widerspruch wird darin gesehen, daß die enge Verbindung zu den politischen Parteien den Abgeordneten zum Repräsentanten seiner Partei mache, während das repräsentative Mandat ihn zum Vertreter des ganzen Volkes mache.

Dieser zwar in der Verfassung nicht enthaltene, aber in der Realität bestehende Konflikt, wird im Wege der unzulässigen Ableitung von der Verfassungswirklichkeit auf die Verfassung in letztere hineingelesen[250]. Er wird von der Staatsrechtslehre mehrheitlich zu Lasten des Art. 38 Abs. 1 Satz 2 GG und damit zugunsten der Parteienmacht gelöst.

Neben Lösungen, die entweder Art. 38 Abs. 1 Satz 2 GG[251] oder Art. 21 Abs. 1 Satz 1 GG[252] den Vorrang geben wollen, plädiert die Mehrheit für eine

---

[249] BVerfGE 2, 1(72f); 4, 144(149ff); 70, 324(350ff); 80, 188(217ff); *Friesenhahn* VVDStRL 16(1958), S. 22; *Badura* zu Art. 38 Rn 65ff(70); *ders.*, Die Stellung des Abgeordneten, in: HbdStR I (1987), S. 491ff; *v. Arnim*, Gemeinwohl und Gruppeninteressen, S. 388ff; Scholz, Krise der parteienstaatlichen Demokratie? (1983), S. 37ff; *Pieroth* Rn 24 zu Art. 38, in: Jarass / Pieroth, Grundgesetzkommentar; *Stolleis* VVDStRL 44(1986), S. 6ff; *C. Arndt*, § 21, in: Parlamentsrecht und Parlamentspraxis (1989), S. 650ff; *Henke* zu Art. 21 Rn 78ff, 119ff, 136, in: Bonner Kommentar (1989); *Hesse*, Grundzüge des Verfassungsrechts (1991), Rn 589ff; *Wassermann*, Die Zuschauerdemokratie (1989), S. 91ff, 120ff, 181; *Röhrich* NJW1980, 2674(2675); a.A. *Kunig*, § 33 Rn 56, in: HbdStR II (1987); *Schachtschneider*, Res publica res populi (1994), 8. Teil, 5. Kapitel, I; AK-GGK-*Schneider* Rn 18 zu Art. 38; AK-GGK-*Preuß* Rn 56 zu Art. 21; *H. H. Klein*, § 41 Rn 5, in: HbdStR II (1987); *Stern*, Das Staatsrecht der Bundesrepublik Deutschland I (1984), § 24 IV 20.

[250] S. unter Abschnitt A, I., 1., d).

[251] *v. Mangoldt / Klein* Anm. 4a,b zu Art. 38; *Hamann* Anm. 8c zu Art. 38, Grundgesetz; *Lohmann*, Fraktionszwang und Art. 38 GG (1957), S. 41; *Jerusalem*, Die

Abwägung im Einzelfall im Sinne einer praktischen Konkordanz[253]. Im Ergebnis ist diese Abwägung eine Bestätigung der herrschenden Praxis der Fraktionsdisziplin.

Für das Ergebnis der Abwägung entwickelte Peter Badura den Begriff "parteibezogenes Mandat"[254], der sich auch das Bundesverfassungsgericht angeschlossen hat[255]. Demgegenüber setzt Norbert Achterberg seinen Begriff "rahmengebundenes Mandat"[256], der zum Ausdruck bringen soll, daß der Abgeordnete nur an die Grundsatzprogramme und Wahlplattformen seiner Partei gebunden ist. Dabei steht der von Norbert Achterberg gewählte Begriff im Widerspruch zu seiner Ansicht, daß selbst die Fraktionsdisziplin des Abgeordneten rechtswidrig sei, denn der Begriff "rahmengebundenes Mandat" suggeriere eine verbindliche Beziehung zwischen Fraktion und Abgeordnetem. Hans-Peter Schneider betont mit seiner Vorstellung vom "gruppenbezogenen Mandat" die Vertretung von Partikularinteressen im Parlament durch den Abgeordneten und versucht so, die Verfassungswirklichkeit einer pluralistischen Gesellschaft im Mandat zum Ausdruck zu bringen[257]. Dabei wird darauf hingewiesen, daß Art. 38 GG nicht den Einfluß der Parteien auf "ihre" Abgeordneten verbiete, sondern lediglich die Grenzen dieses Einflusses aufzeige, nämlich keine verbindlichen Aufträge und Weisungen zu erteilen und den Abgeordneten auch bei unverbindlichen Empfehlungen von außen zur Erforschung seines Gewissens zu verpflichten[258]. Allen gemeinsam ist die Rechtfertigung der Fraktionsdisziplin und die Einschränkung des Art. 38 Abs. 1 Satz 2 GG durch Art. 21 Abs. 1 Satz 1 GG.

Zersetzung im Rechtsdenken (1968), S. 141; *Schachtschneider*, Res publica res populi (1994), 5. Teil, 5. Kapitel, I.

[252] *Leibholz*, aaO.; *Löwenstein* AöR 77(1951/52), S. 418; *Schröer*, Partei und Mandatsträger (1971), S. 62ff.

[253] *C. Arndt*, § 21 Rn 18, in: Parlamentsrecht und Parlamentspraxis (1989); *Hamm-Brücher*, § 22 Rn 78, in: Parlamentsrecht und Parlamentspraxis (1989); *Hesse* VVDStRL 17(1959), 11(31); *ders.*, Grundzüge des Verfassungsrechts (1991), Rn 598ff(602); *Böckenförde*, in: Zwischenbericht der Enquete-Kommission. Verfassungsreferat zur Sache I/73, S. 123(124); *Friesenhahn* VVDStRL 16(1958),.

[254] *Badura* zu Art. 38 Rn 70, 72, in: Bonner Kommentar (1991).

[255] BVerfGE 11, 266; 41, 399(416); 52, 63(83).

[256] *Achterberg*, Das rahmengebundene Mandat (1984); wohl ebenso *Schröer*, Partei und Mandatsträger (1971), S. 62ff, der das "parteigebundene Mandat" entwickelt.

[257] AK-GG-*Schneider* zu Art. 38 Rn 34.

[258] *Achterberg*, Parlamentsrecht (1984), S. 217f; *Badura* zu Art. 38 Rn 69, in: Bonner Kommentar (1991); *Hesse*, Grundzüge des Verfassungsrechts (1991), Rn 72; *F. Müller*, Juristische Methodik, S. 175f.

e) Die Bundesrepublik als "Parteienstaat"

Bereits Heinrich Triepel sprach 1928 vom Parteienstaat und definierte ihn als einen Staat, "der die politischen Parteien so fest in seine Organisation (!) einbaut, daß staatliches Wollen und Handeln in entscheidenden Dingen immer auf Wollen und Handeln von Parteigemeinschaften beruht"[259]. Entsprechend beschrieb Gerhard Leibholz die parteienstaatliche Demokratie allgemein als "Demokratie, die auf den Parteien als den politischen Handlungseinheiten aufbaut und in ihnen die unentbehrlichen Bestandteile des politischen Integrationsprozesses erblickt"[260]. Legt man diese ähnlichen Definitionen zugrunde, dann ist die Bundesrepublik de iure kein Parteienstaat. Denn das Grundgesetz selbst trifft keine Aussage darüber, daß es die in ihm enthaltene Ordnung auf Parteien aufbaut. Weder der Wortlaut von Art. 21 Abs. 1 GG noch seine Entstehungsgeschichte oder sein systematischer Zusammenhang rechtfertigen diese Annahme[261]. Umso mehr verwundert es, daß die Bundesrepublik häufig als Parteienstaat bezeichnet wird[262], wenngleich nicht immer klar wird, ob damit eine Auslegung der Verfassung oder eine Beschreibung der Verfassungswirklichkeit gemeint ist. Die notwendige Trennung beider Systeme wird oft nicht vorgenommen. Häufig wird die Verfassungswirklichkeit unreflektiert als Verfassungsauftrag angesehen und unzulässig vom Sein auf das Sollen geschlossen. Diese Annahme würde auch den Ausweg erklären, der in der Wissenschaft gewählt wurde, nämlich den Begriff des Parteienstaats

---

[259] *Triepel*, Die Staatsverfassung und die politischen Parteien (1928), S. 12; Ähnlich *Koellreutter*, Die politischen Parteien im modernen Staate (1926) S. 86; *Grewe*, Zum Begriff der politischen Partei, in: Festgabe für Erich Kaufmann (1950), S. 65.

[260] *Leibholz*, Strukturwandel (1958), S. 89f.

[261] Dazu s. *Hennis*, Der "Parteienstaat" des Grundgesetzes. Eine gelungene Erfindung, DER SPIEGEL Dokument 5, Oktober 1992; s. unter Abschnitt A, I., 1.

[262] *Leibholz*, Der moderne Parteienstaat, S. 68ff; *Grimm*, Die politischen Parteien, in: HbdVerfR (1983), S. 318ff(359, 370); *Grawert*, Parteiausschluß und innerparteiliche Demokratie (1987), S. 20; *Trautmann*, Innerparteiliche Demokratie im Parteienstaat (1975), S. 23; *Badura*, HbdStR I (1987), S. 982; *Mintzel*, Großparteien im Parteienstaat der Bundesrepublik, in: Aus Politik und Zeitgeschichte, B 11/1989, S. 3(8); *Wildenmann*, Volksparteien - Ratlose Riesen? (1989), S. 8, 157; aber auch *Stolleis* VVDStRL 44(1986), 7(9), der einen "negativen Beigeschmack" konstatiert; dagegen zutreffend *Hennis*, Der "Parteienstaat" des Grundgesetzes. Eine gelungene Erfindung, DER SPIEGEL Dokument 5, Oktober 1992; sehr kritisch auch *Schachtschneider*, Der Staat 28(1989), 189, 197f), der der verfassungswidrigen parteienstaatlich organisierten Demokratie die republikanisch repräsentative Demokratie gegenüberstellt, S. 190, 195ff); *ders.*, Res publica res populi (1994), 10. Teil, 1. Kapitel und 8. Teil, 5. Kapitel, I.

nicht als juristischen, sondern als politisch-soziologischen zu begreifen[263]. Tatsächlich handelt es sich aber um einen staatsrechtlichen Fachbegriff, der durch die Definition insbesondere von Gerhard Leibholz und durch dessen Parteienstaatstheorie genügend Schärfe bekommen hat, um seine Anwendung auf die Bundesrepublik ausschließen zu können. Die Verfassung sieht die Parteien eben nicht als staatstragende Organe. Jedenfalls steht dieser Annahme der schlichte Satz des Art. 21 Abs. 1 Satz 1 GG entgegen.

Wie oben bemerkt, ist damit nicht gesagt, daß die Bundesrepublik nicht im Laufe der Jahre das Erscheinungsbild eines Parteienstaats angenommen hat und sich die Parteien als unentbehrliche Staatsorgane gerieren. Jedoch sieht das Grundgesetz die Bundesrepublik nicht als Parteienstaat vor.

III. Die Deformation der Demokratie als Folge des bundesdeutschen Parteienrechts

Im folgenden Teil soll die These von der Deformation der Demokratie belegt werden. Sie meint, daß die Parteien aufgrund der von der Rechtsprechung und Staatsrechtslehre geschaffenen Voraussetzungen grundgesetzwidrig ihre Integration in die Staatsorganisation ausgebaut[264] (1.) und sich zugleich von den Bürgern entfernt haben[265] (2.).

Gerhard Leibholz' Analyse, nach der moderne Massendemokratien durch eine beherrschende Stellung der politischen Parteien, die die Abgeordneten zu Parteivertretern, das Parlament zu einem Parteienforum und die Wahlen zu personalisierten Parteiwahlen machen, gekennzeichnet sind, soll in dem folgenden Teil als für die Bundesrepublik zutreffend belegt werden[266] (ebenfalls 1.). Zugleich soll gezeigt werden, daß die von Gerhard Leibholz zur Rechtfertigung einer so beherrschenden Stellung der Parteien angeführte Übereinstimmung von Parteiwillen und Volkswillen nicht besteht[267] (ebenfalls 2.).

---

263 *Hering*, Zur Frage der Anerkennung der politischen Parteien als Staatsorgane (1960), S. 57.

264 *Vierhaus* ZRP1991, 468, spricht zutreffend von der Etatisierung der Parteien; ebenso *Jaspers*, Wohin treibt die Bundesrepublik? (1966), S. 133, 135; *Schachtschneider*, Res publica res populi (1994), 10. Teil, 5. Kapitel.

265 *Hennis*, Überdehnt und abgekoppelt, in: Graf Krockow (Hrsg.), Brauchen wir ein Parteiensystem? (1983), S. 32.

266 Ebenso *Schachtschneider*, Der Staat 28(1989), 173(188f).

267 Daß die von *Leibholz* aufgrund dieser Analyse entwickelte Parteienstaatstheorie nicht dem Grundgesetz entspricht, wurde bereits in Abschnitt A, II., 2., dargelegt.

1. "Parteienstaat" contra Bürgerbeteiligung

Eine Reihe von aktiven Politikern, insbesondere solche, die aus verschiedenen Gründen keine Repressionen mehr von ihren Parteien zu befürchten haben[268], äußerten sich in letzter Zeit kritisch über die Macht der Parteien. Der damalige Bundespräsident Richard von Weizsäcker meinte 1983: "Das Ansehen der Parteien ist erschüttert. Zwischen Macht der Parteien im Staat einerseits und ihrer Befähigung zur Lösung der Probleme andererseits hat sich eine tiefe Kluft aufgetan"[269]. 1989 meinte Kurt Biedenkopf, nicht das Parlament sei der Ort demokratischer Repräsentanz, sondern die politischen Parteien. Dies zeige sich auch im täglichen Sprachgebrauch, in dem Parteien und Volk gleichgesetzt werden, etwa wenn von den im Parlament vertretenen Parteien gesprochen wird[270]. Als Überschrift für die heftige öffentliche Diskussion über die Rolle der Parteien von 1992 könnten die Worte des Bundespräsidenten dienen, die Parteien seien "machtvergessen und machtversessen". Zu ähnlichen Schlüssen kommen die ehemaligen Mitglieder des Bundestages Hans Apel[271], Hildegard Hamm-Brücher[272], Rainer Barzel[273] sowie der ehemalige Bundespostminister Christian Schwarz-Schilling[274].

---

[268] Gerade dieser Umstand der Unabhängigkeit von seiner Partei wurde v. Weizsäcker nach seiner Parteienkritik im April 1992 vorgeworfen.

[269] *R. v. Weizsäcker*, Die deutsche Geschichte geht weiter (1983), S. 144.

[270] *Biedenkopf*, Zeitsignale (1989), S. 241; Als alltägliches Beispiel kann ein Artikel in der FAZ v. 5. April 1993, S. 1, zur Organklage gegen den Beschluß des Bundeskabinetts, Bundeswehrsoldaten in Awacs-Aufklärungsflugzeugen in Bosnien-Herzegowina einzusetzen, dienen. Darin heißt es: "Die FDP hat nach Verabredung mit der Union im Kabinett gegen den Einsatz gestimmt und in Karlsruhe eine einstweilige Anordnung gegen den Beschluß beantragt. Die SPD hat sich am Samstag der FDP-Organklage angeschlossen". Tatsächlich haben die FDP-Bundestagsfraktion und die SPD-Bundestagsfraktion geklagt. Auch haben nicht die FDP und die Union sich im Kabinett verabredet, weil sie nicht im Kabinett vertreten sind, sondern die der FDP-Fraktion und der Unionsfraktion zugehörigen Minister. Solche Ungenauigkeiten entlarven einerseits die Wirklichkeit, sie tragen aber auch zu einem nicht der Verfassung entsprechenden Staatsverständnis bei.

[271] *Apel*, Die deformierte Demokratie (1991), S. 307-311.

[272] *Hamm-Brücher*, § 21, in: Parlamentsrecht und Parlamentspraxis (1989), m.w. Nw. Rn 55ff; *dies.*, Der freie Volksvertreter - eine Legende?; interessant in diesem Zusammenhang ist der Streit zwischen Frau Hamm-Brücher und dem MdB Peter Conradi im Sommer 1992, dem von Frau Hamm-Brücher eine Klage angedroht wurde, weil er eine Schätzung der Versorgungsansprüche von Frau Hamm-Brücher veröffentlicht hat (ca. 18.000 DM/Monat), nachdem sie sich nicht bereit erklärte, diese im Zuge ihrer eigenen Forderung nach politischer Transparenz zu veröffentlichen.

[273] *Barzel*, So nicht!, Rainer Barzel im Gespräch mit Günther Scholz (1993), S. 172f.

[274] Schwarz-Schilling führte unter anderem den Einfluß der Parteien auf die Fraktions- und Regierungsarbeit als Begründung für seinen überraschenden Rücktritt als

Der Ausbau der Parteien zu quasi-Staatsorganen zeigt sich an mehreren Punkten. Das Abgeordnetenmandat wird von den Parteien weitgehend beherrscht, so daß die Abgeordneten nicht Vertreter des Volkes, sondern ihrer Partei sind (a). Die Kandidatenaufstellung haben die Parteien gänzlich übernommen, wobei auch nur ein kleiner Teil der Parteimitglieder an der Nominierung teilnimmt (b). Der Ausschluß von Bürgern bei der konkreten politischen Entscheidungsfindung zeigt sich an einer Vorverlagerung der politischen Entscheidungen von den gewählten Vertretern in Parlament und Regierung, die der Öffentlichkeit gegenüber verantwortlich sind, hin zu den Partei- und Fraktionsführungen (c). Die in einer parlamentarischen Demokratie mit Verhältniswahlrecht auftretende Spaltung des Parlaments in Oppositionsfraktionen, die hauptsächlich die Kontrolle der Regierung übernehmen und in regierungstützende Fraktionen wirkt über das Parlament hinaus in viele Bereiche des öffentlichen Sektors. Nach Parteienproporz werden öffentliche Ämter untereinander aufgeteilt (d). Über Jahre hinweg haben sich die Parteien durch immer weiter steigende direkte oder indirekte Alimentation vom Bürgerzuspruch finanziell unabhängig gemacht. Eine gut organisierte Partei käme heute finanziell fast ohne Mitglieder aus (e).

a) Die Einwirkung der Partei bzw. der Fraktion auf das Abgeordnetenmandat

aa) Fraktionen: Parteien im Parlament

Die Fraktions- und Parteiführung sind in hohem Maße gleichgeschaltet. Sie überlappen sich personell[275] und stehen in permanentem Austausch. Die Fraktionsführungen sind in der Regel entweder Mitglieder ihres Parteipräsidiums[276], oder sie werden obligatorisch zu jeder Präsidiumssitzung

---

Bundespostminister an: "Durch die Handhabung von Parteitagsbeschlüssen wie imperative Mandate, die in Koalitionsrunden geltend gemacht werden, ist die Regierungsfähigkeit in einer pluralistischen Demokratie vorprogrammiert. Die Abnutzung der großen Mehrheitspartei in der Koalition, also der CDU, und der Zwänge, die dardurch dem Kanzler auferlegt werden, machen jede schnelle Entscheidungsfähigkeit... unmöglich." zitiert nach FR v. 15. Dezember 1992, S. 4.

[275] *Hübner*, Partizipation im Parteienstaat (1976), S. 64ff.

[276] In der 13. Legislaturperiode sah es 1993 folgendermaßen aus: CDU: 15 Präsidiumsmitglieder; davon 9 MdB. Von diesen 9 MdB ist zwar nur einer (Geißler) zugleich stellvertretender Fraktionsvorsitzender. Doch bei einer Regierungspartei ist nicht unbedingt die Fraktionsführung die entscheidende Schaltstelle, sondern der Bundeskanzler. Der wiederum ist bei der CDU Kanzler und Parteivorsitzender in Personalunion.

geladen. Präsidiumssitzungen finden jeden Montag statt. In Sitzungswochen des Parlaments also noch vor der Sitzung des Fraktionsvorstandes und der gesamten Fraktion. Das gibt dem Parteipräsidium die Möglichkeit, mit der Fraktionsführung die politische Woche zu planen und ihr politisches Verhalten miteinander abzustimmen. So wird gewährleistet, daß die Fraktionen die Erscheinungsformen der politischen Parteien im Parlament sind[277]. Am deutlichsten wird dies in dem "Beschluß zum Selbstverständnis der Fraktion vom 23. Juni 1981" der SPD-Bundestagsfraktion, in dem es heißt: "Die SPD-Bundestagsfraktion ist die parlamentarische Vertretung der SPD. Sie hat den Auftrag, die sozialdemokratische Politik im Deutschen Bundestag zu vertreten"[278]. Dieses Selbstverständnis gilt für alle Fraktionen und spiegelt sich wider in den Fraktionsordnungen. So sind nach § 18 der Arbeitsordnung der CDU/CSU-Bundestagsfraktion die Fraktionsmitglieder verpflichtet, "für die laufenden Verbindungen zu ihrem Landesverband" zu sorgen. Nach § 10 Abs. 1 der Geschäftsordnung der Bundestagsfraktion der SPD führt der Fraktionsvorstand die Geschäfte der Fraktion "und plant ihre Arbeit in Überein-

---

SPD: 13 Präsidiumsmitglieder; davon 8 MdB. Darunter sind 3 der 4 stellvertretenden Fraktionsvorsitzenden (Dreßler, Thierse, Däubler-Gmelin).

FDP: 6 Präsidiumsmitglieder; alle MdB, inklusive des Fraktionsvorsitzenden und eines Stellvertreters.

[277] *Badura* zu Art. 38 Rn 77, in: Bonner Kommentar (1991); AK-GG-*Schneider*, Art. 38 Rn 36; *Henke*, Das Recht der politischen Parteien (1972), S. 110; *Schachtschneider*, Der Staat 28(1989), 173(175) m.w.Nw; *v. Münch*, Rn 33 zu Art. 21, in: v. Münch - GGK II (1983) nennt das Parlament zu Recht "Parteien-Versammlung".

[278] Abgedruckt in *Ritzel / Bückler*, Handbuch für die Parlamentarische Praxis, Loseblattsammlung, 17. Lieferung (Stand: Januar 1990); Ein gutes Beispiel für die Praxis ist der Richtungswechsel der SPD-Bundestagsfraktion in der Frage einer Asylgrundrechtsänderung. Zunächst hat das SPD-Präsidium auf einer Klausurtagung auf dem Petersberg am 21./22. August 1992 beschlossen, den Richtungswechsel zu vollziehen, wenn die Parteibasis zustimmt. Die Delegierten als Vertreter der Parteibasis stimmten dann auch einem von der Antragskommission der SPD und damit von der Parteispitze ausgefertigten Antrag zu, häufig widerwillig mit dem Argument, den Parteivorsitzenden und Kanzlerkandidaten Engholm nicht zu "beschädigen". In Ausführung dieses Parteiantrags wurde eine Delegation von SPD-Bundestagsabgeordneten und SPD-Ländervertretern in Verhandlungen mit der Koalition geschickt. Damit hat die Partei einen faktisch bindenden Auftrag erteilt, den die Fraktion sowie die SPD-Amtsinhaber der Länder anerkannten. Die schärfste Kritik, die das Verhandlungsergebnis aus Reihen der SPD-Politiker (etwa von Däubler-Gmelin, MdB (!)) erhielt, war folgerichtig die, daß es nicht von dem SPD-Parteiauftrag gedeckt sei. Dementsprechend dann auch der Vorschlag von einigen SPD-Politikern, das Verhandlungsergebnis der Fraktion (!) und der Amtsträger der Länder dem SPD-Parteipräsidium zur Prüfung und Bestätigung vorzulegen. An diesem Beispiel wird exemplarisch deutlich, daß richtungsweisende Entscheidungen nicht von den Abgeordneten im Parlament gefällt werden, sondern in den Parteien.

stimmung mit den Richtlinien der Partei" und gem. § 21 sorgen die Obleute, d.h. die Vorsitzenden der Fraktionsarbeitsgruppen, "für die Zusammenarbeit mit den Referenten des Parteivorstandes". In der Geschäftsordnung der Bundestagsfraktion der FDP findet die Partei nur in § 8 Erwähnung. Darin wird davon ausgegangen, daß in der Fraktion auch Belange der Partei beraten werden. Die fehlende ausdrücklich genannte Verbindung zur Partei läßt sich bei einer verhältnismäßig kleinen Partei dadurch erklären, daß die Fraktionsmitglieder in Personalunion fast alle wichtigen Parteiämter halten.

Ein Parteimitglied, das aus der Fraktion austritt, darf nicht mehr in der Partei mitarbeiten. Nach dem Statut der CDU gem. § 12 Nr. 3 gilt es als parteischädigend und ist damit ein Parteiausschlußgrund, wenn ein "Kandidat der CDU in eine Vertretungskörperschaft gewählt ist und der CDU-Fraktion nicht beitritt oder aus ihr ausscheidet". Eine ähnlich lautende Klausel enthält § 6 Abs. 2 Satz 3 der FDP-Bundessatzung. Umgekehrt sind nach § 6 Abs. 3 der FDP-Bundessatzung die "parlamentarischen Gruppen der Partei gehalten, ein rechtskräftig ausgeschlossenes oder ein ausgetretenes Parteimitglied aus ihrer Gruppe auszuschließen".

Gegen dieses "gleichgeschaltete" Wirken von Partei und Fraktion spricht nicht Peter Haungs' Ansicht, nach der keine Parlamentsfraktion in der Bundesrepublik von der ihr korrespondierenden Parteiorganisation gesteuert werde[279]. Fraktion und Partei sind in der Wirklichkeit nicht als zwei streng getrennte Systeme zu denken, die sich gegenseitig steuern könnten. Eher ist die Fraktion eine Teilmenge der Führungsschicht der Partei. Fraktion und Partei überlappen sich durch personelle Doppelstellungen. Die Parteipräsidien korrespondieren mit den Fraktionen. Mal entwickelt sich eine Idee in der Partei und wird von der Fraktion übernommen und mal umgekehrt. Entscheidend ist, daß beide Kreise so strukturiert sind, daß sie sich immer in die gleiche Richtung bewegen.

bb) Die faktische Dominanz des Art. 21 GG über Art. 38 Abs. 1 Satz 2 GG

Nach Art. 38 Abs. 1 Satz 2 GG sind Abgeordnete Vertreter des ganzen Volkes und an Aufträge und Weisungen nicht gebunden. Tatsächlich vertreten die Abgeordneten ihre Parteien, von denen sie in vielfältiger Weise abhängig sind. Zwar steht Art. 38 Abs. 1 Satz 2 GG abgestimmtem Verhalten der Fraktionsmitglieder nicht entgegen, weil er den Abgeordneten nur die Möglichkeit geben möchte, sich in Konfliktfällen auf ihr Gewissen zu-

---

[279] *Haungs*, Die Bundesrepublik - ein Parteienstaat?, in: Parteienstaat und Abgeordnetenfreiheit (1976), S. 59.

rückzuziehen[280]. Doch kommt abgestimmtes Verhalten häufig nicht aus freiem Entschluß zustande, sondern ist Folge einer Repression der Partei/Fraktion oder vorauseilender Gehorsam des Abgeordneten. Die Einschätzung der großen Bedeutung von fraktionskonformem Verhalten aus der Sicht der Abgeordneten zeigt die Untersuchung von Renate Mayntz und Friedhelm Neidhardt, nach der Abgeordnete sich weitaus stärker mit der eigenen Fraktion identifizieren als mit dem Bundestag[281]. Die Parteien streben nach Einigkeit und Geschlossenheit oder zumindest dazu, ein homogenes Bild von sich in der Öffentlichkeit zu vermitteln, von dem sie sich größere Wahlchancen ausrechnen[282]. Bei den Parteiführungen herrscht die Meinung vor, daß nur nach außen geschlossen wirkende Parteien Erfolg bei den Wählern haben[283]. Zu diesem Bild gehören auch geschlossene Fraktionen. Quertreiber würden den Erfolg des Ganzen gefährden.

Unabweisbar ist, daß sich in einem modernen Parlament immer Gruppierungen bilden. Für eine notwendige Gruppenbildung im Parlament spricht der Arbeitsaufwand[284], der vom einzelnen Abgeordneten nicht bewältigt werden kann. Es kommt, wie auf allen anderen Arbeitsgebieten, so auch bei der parlamentarischen Arbeit, aus Effizienz-Erwägungen zur Arbeitsteilung. Experten bilden sich heraus, die allein den Überblick über komplexe, Spezialkenntnisse erfordernde Arbeitsfelder haben. So meint das ehemalige MdB Claus Arndt, "kein einzelner Parlamentsabgeordneter ist in der Lage, alle regelungsbedürftigen Materien so zu überblicken, daß er zu jeder einzelnen Vorschrift, die zur Abstimmung steht, eine fundierte Stellungnahme abgeben und entsprechend abstimmen könnte"[285].

Doch über den Zweck der Arbeitsbewältigung hinaus wird von dem Abgeordneten Fraktionsdisziplin und Parteiloyalität erwartet. Das zeigt der bereits zitierte Beschluß zum Selbstverständnis der SPD-Bundestagsfraktion, nach dem "eine Einbringung von mit der Fraktion nicht abgestimmten Anträgen im Plenum der Fraktionssolidarität (widerspricht)". Mit seltener Klarheit hat der

---

[280] Zum Ganzen *Schachtschneider*, Res publica res populi (1994), 8. Teil, 5. Kapitel und 1. Teil, 3. Kapitel; *Kaltefleiter / Veen*, Zwischen freiem und imperativen Mandat, in: Parteienstaat und Abgeordnetenfreiheit (1976), S. 243.

[281] *Mayntz / Neidhardt* ZParl1989, 370(379ff, 381); deutlicher wird *Löwenstein*, der das freie Mandat für eine "faustdicke Lüge" hält, nach *Stolleis* VVDStRL 44(1986), 7(16).

[282] *Preuße*, Gruppenbildung und innerparteiliche Demokratie (1981), S. 85f.

[283] *Radunski*, Konzentration und Konfrontation - Krise und Konsens, in: Die Sonde 2/1974, S. 46(57); ebenso *Hättich*, Parteien als Integrationssysteme, in: Strukturprobleme des lokalen Parteiensystems (1975), S. 235-290(272).

[284] In einer Legislaturperiode werden zwischen 3000 und 6000 Drucksachen in das Plenum eingebracht.

[285] *C. Arndt*, § 21 Rn 5, in: Parlamentsrecht und Parlamentspraxis (1989).

damalige SPD-Parteivorsitzende Björn Engholm, der nicht Bundestagsabgeordneter war, auf dem Bremer SPD-Parteitag 1991 eine öffentliche Drohung gegenüber den SPD-Bundestagsabgeordneten ausgesprochen und damit seine Auffassung vom freien Mandat dargestellt, die so auch von den anderen Parteivorsitzenden stammen könnte: "Wenn es einen Abgeordneten, weiblichen oder männlichen Geschlechts, gäbe, der bei den Debatten über die Verfassungsreform von Beschlüssen dieses Parteitages abzuweichen wagte, der wäre beim nächsten Mal mit Sicherheit politisch tot und nicht mehr dabei"[286].

Ein Abgeordneter, der wiederholt von der in den Fraktionssitzungen vor den Debatten abgeschlossenen Fraktionslinie abweicht, gilt als unsicherer Kantonist, der dem gemeinsamen Ziel der Wiederwahl schadet und der innerhalb der Fraktionshierarchie nur schwer aufsteigen kann. Sprecherpositionen werden unerreichbar, die Wiederwahl in Frage gestellt. Ein Abweichler setzt so seine Zukunftschancen aufs Spiel[287]. Dieses Risiko reicht aus, um angepaßtes Verhalten zu fördern. Schließlich hat die Mehrheit der Abgeordneten nur den einen Beruf des Parteipolitikers erlernt oder ist solange in der Politik, daß eine Rückkehr in den erlernten Beruf sehr schwierig und mit großen finanziellen Verlusten sowie einem Prestigeverlust verbunden ist. Eine Nichtwiederaufstellung käme für viele einem sozialen Abstieg oder gar Berufsverbot gleich[288].

Der Vorwurf des Fraktionszwanges wird von Abgeordneten selten erhoben, er gilt als Nestbeschmutzung und gefährdet ebenso die Karriere wie abweichendes Stimmverhalten in wichtigen Entscheidungen. In der § 218 StGB-Entscheidung im Juni 1992 über einen interfraktionellen Entwurf haben Abgeordnete der CDU ihren Kollegen und Kolleginnen vorgeworfen, sie seien massiv unter Druck gesetzt worden, um gegen diesen Entwurf zu stimmen und den CDU-Fraktionsentwurf zu unterstützen.

Die Macht der Fraktionen über den Abgeordneten manifestiert sich in der Geschäftsordnung des Bundestages, welche den Fraktionen weitgehende Rechte auf Kosten der Abgeordnetenfreiheit gibt, die diese weiter in ihren Fraktionsordnungen ausbauen[289]. In den letzten 20 Jahren hatte die Geschäfts-

---

[286] Zitiert nach DER SPIEGEL Nr. 36/1992, S. 37.

[287] Ein Beispiel ist der Karriereknick des ehemaligen schleswig-holsteinischen Landtagsabgeordneten Graf Kerssenbrock (CDU), der nach seinem parteikritischem Verhalten als CDU-Obmann im Barschel-Untersuchungsausschuß des Kieler Landtages von seiner Partei fallengelassen wurde. Er verlor bei der folgenden Kandidatenwahl seinen sicheren Listenplatz. Zusätzlich wurde versucht, seine weiteren Berufschancen zu mindern, indem sein Doktortitel angefochten wurde, Flensburger Tageblatt v. 25. Mai 1991, SZ v. 27. März 1992 sowie Interview im STERN v. 29. Mai 1991.

[288] Bezeichnend der "Sozialfall" Barzel.

[289] S. dazu die Aufstellung bei *C. Arndt*, § 21 Rn 29, 49 und *Hamm-Brücher*, § 22 Rn 38, 40, in: Parlamentsrecht und Parlamentspraxis (1989).

ordnung des Bundestages weiter die Tendenz zur Stärkung der Stellung der Fraktion zu Lasten des Abgeordneten[290].

In der Geschäftsordnung des Bundestages werden den Fraktionen die Rederechte, die Antragsrechte und die Ausschußrechte zugesprochen. So bestimmen die Fraktionen, wer, wozu und wie lange im Plenum reden darf[291]. Sie bestimmen, welche Abgeordnete in welchen Ausschuß entsandt werden und haben die wichtigsten Antragsrechte[292]. Sie haben insbesondere das sogenannten Rückrufsrecht[293], nachdem ein Abgeordneter von der Fraktion jederzeit aus seinem Ausschuß abberufen werden kann. Da in den Ausschüssen der Hauptteil der inhaltlichen parlamentarischen Arbeit geleistet wird, ist der Ausschußsitz für den Abgeordneten von größter Bedeutung. Einem Abgeordneten, der keinen Rückhalt in der Fraktion hat, kann das Mandat durch den Rückruf der Fraktion auf ein Minimum an Mitwirkung reduziert und damit ausgehöhlt werden. Das Fraktionsprinzip als wichtigstes Organisationsprinzip des Bundestages und damit die Abwertung des einzelnen Abgeordneten wurde vom Bundesverfassungsgericht im Wüppesahl-Urteil bestätigt[294].

Ausgebaut wird die starke Stellung der Fraktion gegenüber den einzelnen Abgeordneten durch die jeweiligen Fraktionsordnungen. Sie stärken die Fraktionsführungen sowie die jeweiligen Fraktionsmehrheiten weiter zu Lasten des einzelnen Abgeordneten und der Minderheiten und hierarchisieren die Fraktionen. Der Fraktionsvorsitzende oder der Fraktionsvorstand erstellen die Tagesordnung[295], die in der Praxis kurz vor den Sitzungen den Fraktionsmitgliedern zugeleitet wird[296] und eine gezielte Vorbereitung der Abgeordneten erschwert. Über die Mitgliedschaft in einer Arbeitsgruppe entscheiden die Fraktion und der Fraktionsvorstand[297]. Eine Inhaltskontrolle ge-

---

[290] *Hamm-Brücher*, § 22 Rn 38, in: Parlamentsrecht und Parlamentspraxis (1989).

[291] I.V.m. § 8 Nr. 4 AO der CDU/CSU-Bundestagsfraktion bzw. § 3, 4 der GO der Bundestagsfraktion der SPD.

[292] Im einzelnen s. *C. Arndt*, § 21 Rn 29ff, in: Parlamentsrecht und Parlamentspraxis (1989).

[293] *C. Arndt*, § 21 Rn 14, 40, in: Parlamentsrecht und Parlamentspraxis (1989); Zuletzt wurde den CDU-Fraktionsmitgliedern der Gemeinsamen Verfassungskommission des Bundestags und Bundesrats mit ihrem Rückruf gedroht, falls sie dem Scholz-Kompromißvorschlag zum Staatsziel Umweltschutz zustimmen würden, FAZ v. 16. Februar 1993, S. 1.

[294] BVerfGE 80, 188, NJW1990, 373.

[295] § 7 Nr. 1 AO der CDU/CSU-Bundestagsfraktion; § 11 Abs. 1 GO der Bundestagsfraktion der SPD; § 6 Abs. 2 GO der Bundestagsfraktion der FDP.

[296] § 3 Nr. 3 AO der CDU/CSU-Bundestagsfraktion.

[297] § 8 Nr. 1 Satz 3 AO der CDU/CSU-Bundestagsfraktion; § 5 der GO der Bundestagsfraktion der SPD.

schieht mittels einer Meldepflicht für die Abgeordneten, die entgegen Fraktionsbeschlüssen in wichtigen Fragen zu stimmen gedenken[298], und jegliche Anträge sind vorher dem Parlamentarischen Geschäftsführer[299] oder dem Fraktionsvorstand[300] vorzulegen. In § 11 der Geschäftsordnung der FDP-Bundestagsfraktion, die ansonsten hinter der Regelungsdichte der Geschäftsordnungen der CDU/CSU und der SPD Fraktionen zurückbleibt, ist sogar die Hierarchie innerhalb der Fraktion medienbewußt in der Sitzordnung im Plenum festgeschrieben: "Im Plenarsaal des Bundestages werden die vorderen Plätze vom Fraktionsvorstand eingenommen"[301].

Ein weiterer Grund für fraktionskonformes Verhalten ist die unterschiedliche Verteilung von Know How im Bundestag. Während die Fraktionen in ihrer Gesamtheit viele Fraktionsmitarbeiter haben, nämlich einen oder mehrere Experten für jedes Politikfeld, sind die Möglichkeiten der einzelnen Abgeordneten sehr begrenzt. Die Mitarbeiterpauschale läßt nur die Anstellung eines wissenschaftlichen Mitarbeiters zu, der dem Arbeitspotential der Fraktion kaum etwas entgegenzusetzen hat. So wird der Abgeordnete mangels anderer Wissensquellen in der Regel auf die ausgearbeiteten Argumente der Fraktion zurückgreifen[302].

cc) Parteipolitik als Beruf[303]

Politik wird seit Entstehung der Bundesrepublik zunehmend professionell betrieben[304]. Diese Entwicklung hat seine Anerkennung und Beschleunigung durch das Diätenurteil des Bundesverfassungsgerichts von 1975 erfahren, nachdem Abgeordnete angemessen alimentiert werden müssen[305]. Es wurde der

---

[298] § 16 Nr. 1 Satz 2 AO der CDU/CSU-Bundestagsfraktion.

[299] § 19 Nr. 1 AO der CDU/CSU-Bundestagsfraktion.

[300] § 6 Abs. 1, 2 GO der Bundestagsfraktion der SPD; § 12 Abs. 1,3 GO der Bundestagsfraktion der FDP.

[301] In der FDP-Fraktion sind auch öffentliche Erklärungen für die Fraktion dem Fraktionsvorsitzenden vorbehalten, § 12 Abs. 4.

[302] Zu Recht spricht *Stolz* ZRP1992, 372, das Problem an, daß einige Abgeordnete sich auch noch um diese Möglichkeit selbständigen Arbeitens bringen, indem sie ihre Mitarbeiterpauschale rechtswidrig der Partei zur Verfügung stellen.

[303] Hierzu grundlegend, *M. Webers* Vortrag "Politik als Beruf" von 1918/19, Reclam 1992.

[304] S. hierzu *D. Herzog*, Der moderne Berufspolitiker (1990), S. 28ff.

[305] BVerfGE 40, 296(312f, 314) mit einer Relativierung in BVerfGE 76, 256(341ff) ohne vom Grundsatz der Vollalimentierung abzuweichen; s. dazu *v. Arnim*, Entschädigung und Amtsausstattung, in: Parlamentsrecht und Parlamentspraxis (1989); *ders.*, Die Partei, der Abgeordnete und das Geld (1991), S. 135; *Badura*, Die Stellung des Abgeordneten, in: HbdStR I (1987), S. 508f.

Begriff Parteikarriere geprägt, die erst zu einem öffentlichen Amt berechtigt. Der Beginn der Parteikarrieren wird rechtlich und organisatorisch immer mehr nach vorn verlagert[306]. Sie richten sich nicht nur auf die Mandatserlangung, sondern auch auf Posten im öffentlichen Sektor, in den Medien und der Verwaltung, die der Politik an sich fernliegen. Die Professionalisierung des Politikers macht diejenigen, die allein diesen Beruf gelernt haben bzw. nur in diesem Beruf Praxis haben, von ihrer Partei existentiell abhängig, da nur ihre Partei ihren Status gewähren kann.

Mit der Professionalisierung der Politik hat sich die durchschnittliche Dauer der Mitgliedschaft der Abgeordneten im Bundestag erhöht. War der Anteil der neuen Abgeordneten 1953 noch bei 48,1 %, so sank er 1976 auf 22,3 % und lag 1983 bei lediglich 17,6 %[307]. Damit korrespondiert die steigende Zahl der Wiedergewählten: In der 2. Wahlperiode wurden ca. 56 %, in der 10. Wahlperiode bereits ca. 80 % der Abgeordneten wiedergewählt. Zum zweitenmal wiedergewählt wurden in der 3. Wahlperiode ca. 40 %, in der 10. Wahlperiode schon ca. 70 % der Abgeordneten. Mindestens zum drittenmal wiedergewählt wurden ca. 26 % der Abgeordneten in der 4. Wahlperiode, während dies für ca. 52 % der Abgeordneten in der 10. Wahlperiode zutraf[308].

Ein Parteikarrierist lernt zwangsläufig, wie er die Stimmen der anderen Parteimitglieder und den Zuspruch der höheren Parteiamtsinhaber erwirbt und sichert. Der Kampf um den Erhalt seines Mandats absorbiert bei dem Berufspolitiker einen großen Teil seiner Zeit und Arbeitskraft[309]. Zu seiner Überlebensstrategie gehört es, eine Hausmacht aufzubauen und so vielen potentiellen Wählern wie möglich den Eindruck zu vermitteln, sich für sie einzusetzen. Die öffentliche "So-tun-als-ob"-Politik, die weit mehr Bürger erreicht als ein Einsatz für einzelne oder eine kleine Gruppe von Bürgern, ist in einer Gesellschaft, in der die Medien und insbesondere das Fernsehen eine so überragende Rolle bei der Meinungsbildung spielen, die wichtigste Voraussetzung für den Erhalt des Berufes und das Weiterkommen[310].

---

306 Als Beispiel kann die Karriere von Bundeskanzler Kohl herangezogen werden, der laut eigenen Angaben in Kürschners Volkshandbuch Deutscher Bundestag, 12. Wahlperiode, nach seiner Promotion noch nebulös für das Jahr 1958 eine Tätigkeit als "kaufmännischer Angestellter bei einem Wirtschaftsverband" angibt, um danach eine nahtlose Parteikarriere aufzuzählen. Wie viele seiner Kollegen ist er in seinem ganzen Berufsleben nicht aus dem Parteimilieu herausgekommen.

307 *Schindler*, Datenhandbuch zur Geschichte des deutschen Bundestages (1986), S. 201.

308 *Schindler*, Datenhandbuch zur Geschichte des Deutschen Bundestages (1986), S. 200.

309 *Anonymus* ZRP1988, 62(64f).

310 *Wassermann*, Festschrift für Helmut Ridder (1989), S. 18f; *Oberreuter*, Übermacht der Medien, in: Parteien zwischen Kontinuität und Wandel (1992), S. 46ff.

Die Folge ist eine Entfremdung der Abgeordneten von denjenigen, dessen Interessen sie vertreten sollen, vom Alltagsleben überhaupt[311] sowie eine Besetzung von Posten mit Politikern, die außer der Selbstdarstellung und Vermarktung ihrer Person haben[312], keine besonderen Qualifikationen mitbringen.

dd) Die Abhängigkeit des Politikers von seiner Partei

Das Instrument, mit dem eine Partei gegenüber seinen Mitgliedern Macht ausüben kann, ist hinsichtlich der Mandatsträger das Listenwahlsystem[313]. Die Hälfte der Abgeordneten verdankt ihr Mandat in der Regel einem von der Partei verliehenen aussichtsreichen Listenplatz. Die andere Hälfte ist direkt über den Wahlkreis ins Parlament gekommen. Die Wahlkreisvergabe geschieht ebenfalls durch die Partei. Will der Abgeordnete auch für die nächste Wahl einen sicheren Listenplatz von den Parteidelegierten erhalten, so muß er sich der Partei gegenüber loyal verhalten und den Parteiwillen im Parlament umsetzen[314]. Dieses Abhängigkeitsverhältnis findet seinen Ausdruck in der finanziellen Unterstützung der Parteien durch "ihre" Abgeordneten. Von den Abgeordneten wird erwartet, daß sie eine nicht geringe Summe ihrer Diäten an die Partei abführen. Hans Herbert von Arnim schätzt diese verdeckte

---

[311] S. die Analyse von *Enzensberger*, "Erbarmen mit den Politikern", FAZ v. 5. September 1992, Beilage "Bilder und Zeiten", S. 1, der den Vorgang der vollständigen gesellschaftlichen Isolation als typische Berufsfolge des Politikers beschreibt; auf Enzensberger antwortet *A. Vollmer*, "Der Ernst kehrt zurück in die Politik", FAZ v. 10. Oktober 1992, Beilage "Bilder und Zeiten".

[312] Zur strukturell bedingten Negativauslese im Parteienstaat s. *M. Weber*, Wirtschaft und Gesellschaft, S. 838ff; *Jaspers*, Wohin treibt die Bundesrepublik? (1966), S. 117, 182; *Schachtschneider*, Res publica res populi (1994), 10. Teil; *Hamm-Brücher*, § 22, in: Parlamentsrecht und Parlamentspraxis (1989), S. 695; *Wassermann*, Die Zuschauerdemokratie (1989), S. 112ff; *Scheuch / Scheuch*, Cliquen, Klüngel und Karrieren (1992), S. 14, 37, 46, 50, 109, 115; *Wildenmann*, Volksparteien - ratlose Riesen? (1989), S. 122f; *v. Weizsäcker*, Der Parteienstaat, S. 150f, 160, 165; *Stöss*, Parteikritik und Parteiverdrossenheit, in: Aus Politik und Zeitgeschichte, B 21/1990, S. 16f.

[313] *Huber*, Deutsche Verfassungsgeschichte seit 1789, Band IV, Die Weimarer Reichsverfassung (1982), S. 365; *Hamm-Brücher*, § 22 Rn 70, in: Parlamentsrecht und Parlamentspraxis (1989); *Jäger*, Parteien als Prügelknaben, in: Die politische Meinung 1/1993, S. 24; *Schachtschneider*, Res publica res populi (1994), 10. Teil, 5. Kapitel, I, II und 8. Kapitel, I.

[314] Auch hier ist das Schicksal des ehemaligen schleswig-hosteinischen Landtagsabgeordneten Graf Kerssenbrock bezeichnend. Nachdem er sein Mandat im Interesse des Volkes bei der Aufklärung der Barschel-Affäre ausnutzte, verlor er seinen aussichtsreichen Platz auf der CDU-Landesliste, weil sich sein Verhalten nicht mit den Parteiinteressen deckte.

Parteienfinanzierung auf jährlich ca. DM 70 Millionen[315]. Durchschnittlich handelt es sich um DM 18.000 pro Abgeordneten. Die Abgeordneten wissen, wem sie ihr Mandat verdanken, und die Parteien nutzen ihr Nominierungsmonopol aus.

Diese Ausnutzung des Abhängigkeitsverhältnisses ist nicht nur wegen Art. 38 Abs. 1 Satz 1 GG verfassungsrechtlich höchst bedenklich. Sie zeigt vielmehr wie sehr sich das Abhängigkeitsverhältnis der Abgeordneten von ihren Parteien bereits institutionalisiert hat.

b) Die Monopolisierung der Kandidatenaufstellung

Durch die Monopolisierung der Kandidatenaufstellung innerhalb der Partei wird dem Bürger eine Chance zur Mitwirkung genommen. Ihm wird bei der Wahl eine parteiinterne, von einem exklusiven Kreis von Parteimitgliedern mehr oder weniger demokratisch erstellte Liste vorgelegt, die er im nachhinein nicht beeinflussen kann[316]. 4 % der Wahlberechtigten sind in Parteien organisiert. Doch selbst von diesen 4 % nimmt nur ein Bruchteil an der Kandidatennominierung teil.

Tatsächlich sind nicht nur alle Nichtparteimitglieder von der Vorwahl ausgeschlossen. Nach einer Umfrage von Lorenz Kaiser, die wegen ihres geringen Rücklaufs von nur 50 % kein sicheres Ergebnis, so doch zumindest einen Anhaltspunkt über die Teilnahme der Parteimitglieder liefert, wirken am Kandidatennominierungsverfahren der Parteien durchschnittlich nur ca. 2,6 % der wahlberechtigten Parteimitglieder mit. Das sind zwischen 0,01 und 0,02 % der gesamten Wahlberechtigten[317]. Weiter stehen 60-70 % der Bundestagsabgeordneten aus sicheren Wahlkreisen oder sicheren Teilen der Landeslisten bereits vor den Wahlen fest. Faktisch wird die Personenentscheidung nach Einschätzung von Lorenz Kaiser aufgrund der Delegiertenversammlungen der Parteien noch wesentlich stärker verengt[318]. Nach Bodo Zeuner ergab sich für die Bundestagswahl 1969 durch die Listenaufstellung durch Delegierte eine Verengung der Personenentscheidung auf 20-25 % der aktiven Mitglieder oder auf 4-5 % der Parteimitglieder oder auf 0,12-0,15 % aller Wahlberechtigten[319].

---

[315] FOCUS v. 18. Februar 1996.

[316] Mit Ausnahme der Bayerischen und der Niedersächsischen Landtagswahlen, in der "panaschieren" und "kumulieren" möglich ist.

[317] *Kaiser*, Einführung begrenzt offener Listen für die Abgabe der Zweitstimme bei der Bundestagswahl (1982), S. 2, 116ff.

[318] *Kaiser*, Einführung begrenzt offener Listen für die Abgabe der Zweitstimme bei der Bundestagswahl (1982), S. 115.

[319] *Zeuner*, Die Kandidatenaufstellung im Bundestag, in: Parlamentarismus ohne Transparenz, (1970), S. 165-190(165); ähnlich *v. Arnim*, Entmündigen die Parteien das

Diese Vorauslese beschränkt das spätere Wahlrecht des Bürgers auf die von sehr wenigen Mitgliedern der Parteien zusammengestellte Kandidatenliste, da eine außerparteiliche Kandidatur zumindest bei Landtags- und Bundestagswahlen praktisch aussichtslos ist. Die Stimme beeinflußt nur noch die Stärke der im Parlament vertretenen Fraktionen, d.h. der repräsentierten Parteien. Auf die Frage, wer gem. Art. 38 GG allein seinem Gewissen verantwortlich das Abgeordnetenmandat ausüben wird, hat der Wähler keinen Einfluß mehr[320].

c) Vorverlagerung der politischen Entscheidungsfindung von Parlament und Regierung auf die Partei- und Fraktionsführungen

Oben wurde bereits aufgezeigt, daß es eine sehr enge Verbindung zwischen Fraktion und Partei gibt, die sowohl durch die große Personenidentität als auch durch das procedere der Kandidatennominierung gewährleistet wird[321]. Wichtige politische Entscheidungen finden nicht im Bundestag oder seinen Ausschüssen statt. Es ist üblich, Verhandlungsdelegationen zu bilden, die sich aus den Parteien, Fraktionen und gegebenenfalls den Ländern zusammensetzen. Die Entscheidungsfindung dieser Delegationen beruht auf Hinterzimmergesprächen. In jüngster Zeit haben gerade die Diskussionen über die Änderung des Asylrechts, den Solidarpakt oder die "out of area"-Einsätze der Bundeswehr gezeigt, daß auf Seiten der Regierungsfraktionen in Koalitionsrunden, die sich aus Partei- und Fraktionsführung zusammensetzen, entschieden wird[322]. Dies ging soweit, daß der Einsatz von Bundeswehrsoldaten in Awacs-Aufklärungsflugzeugen nach Absprache der Koalition zwar von der Regierung beschlossen werden sollte, aber die FDP-Fraktion dagegen vor dem Bundesverfassungsgericht klagen sollte. Obwohl der Außenminister Klaus Kinkel kein Mitglied des Bundestages war und infolgedessen auch nicht an der Organklage der FDP-Fraktion teilhatte, fühlte er sich als Kandidat für den FDP-Parteivorsitz in einer präkären Lage, weil er angeblich auf beiden Seiten der Front stünde. Offenbar hat er die Entscheidung der FDP-Fraktion, gegen den Beschluß der Bundesregierung zu klagen, als Parteibeschluß aufgefaßt, den er als designierter Parteivorsitzender eigentlich mitzutragen habe.

Volk?, in: Aus Politik und Zeitgeschichte, B 21/1990, S. 25(31), der die Zahl der beteiligten Wahlberechtigten auf 0,5 % schätzt.

[320] S.a. *v. Arnim*, Hat die Demokratie Zukunft?, FAZ Beilage "Bilder und Zeiten" v. 27. November 1993.

[321] S. unter Abschnitt A, III., 1., a).

[322] Hierzu siehe die Äußerung vom ehemaligen Bundesminister Schwarz-Schilling in Fußnote 274.

Die SPD-Opposition hat im Falle ihrer Richtungsänderung in der Asylpolitik ihre Entscheidung bei einem Treffen der Parteispitze auf dem Petersberg bei Bonn gefällt. Die Fraktion zog widerwillig nach. Der Solidarpakt wurde auf Seiten der Opposition von Unterhändlern, die als Repräsentanten der Partei, der Fraktion und der Länder auftraten, ausgehandelt. Diese Verlagerung der Entscheidungsfindung aus dem Parlament heraus in eine Grauzone zwischen Fraktionen und Parteien schließt den Bürger von einer echten Teilhabe aus. Er ist nur noch Publikum und ihm bleibt es übrig, die gefällten Entscheidungen zu registrieren und mit seiner Wählerstimme zu bewerten. Fraglich dabei auch, ob der Bürger die für die Entscheidung der Parteien erheblichen Tatsachen erfährt. Denn ein Merkmal der parteilichen Entscheidungsfindung ist sein geheimer Charakter.

d) Personalpolitik in Staatsorganen und öffentlichen Unternehmen - Versorgung von Parteimitgliedern

aa) Der neue Dualismus: Regierungsparteien - Oppositionsparteien

Der theoretische Dualismus Regierung - Parlament hat sich in der Praxis der Parteiendemokratie nicht durchgesetzt. Vielmehr ist an dessen Stelle der Gegensatz Regierung/Regierungsfraktion auf der einen und Oppositionsparteien auf der anderen Seite getreten[323]. Die Abgeordneten der Regierungsfraktion sind zu "politischen Handlungsreisenden der Regierung"[324] geworden. Renate Mayntz und Friedhelm Neidhardt kommen nach ihrer Untersuchung über die Selbsteinschätzung von Bundestagsabgeordneten zu dem Schluß, daß sich im Bundestag zwei Mannschaften im Kampf um die Macht gegenüberstehen[325]. Die Aufgabe der Regierungskontrolle nimmt allein die Opposition wahr, während von den Abgeordneten der Regierungsparteien Unterstützung der Regierungsarbeit verlangt wird[326]. Eine Gegenüberstellung der Aktivitäten

---

[323] *Achterberg*, Parlamentsrecht (1984), S. 220; Magiera, Parlament und Staatsleitung in der Verfassungsordnung des Grundgesetzes (1979), S. 276; *Zippelius*, Allgemeine Staatslehre (1991), § 41 III 2; *Stolleis* VVDStRL 44(1986), 7(11); *Schneider / Zeh*, § 48 Rn 14, in: Parlamentsrecht und Parlamentspraxis (1989); *Schachtschneider*, Der Staat 28(1989), 173(183); *v. Arnim*, Entmündigen die Parteien das Volk?, in: Aus Politik und Zeitgeschichte, B 21/1990, S. 25(26), der diesen neuen Dualismus zu den "unvermeidbaren (und deshalb hinzunehmenden) Auswirkungen" des durch Art. 21 GG legitimierten Parteienwettbewerb zählt; *ders.*, Ist die Kritik an den politischen Parteien berechtigt?, in: Aus Politik und Zeitgeschichte, B 11/1993, S. 14(17f).

[324] *Kloepfer*, Zum 70. Geburtstag für August Bettermann (1984), S. 53(61).

[325] *Mayntz / Neidhardt* ZParl1989, S. 370(381).

[326] Dem entspricht, daß die Regierungsmitglieder als geladene Gäste der CDU/CSU-Fraktion grundsätzlich zu den Fraktionssitzungen Zugang haben, § 3 Nr. 2 der Arbeits-

der Regierungsfraktionen mit denen der Oppositionsfraktionen in den ersten beiden Jahren der 12. Legislaturperiode zeigt deutlich, wie sich die Regierungsfraktionen mit der Regierung identifizieren: Von 1990 bis 1992 haben die Regierungsfraktionen 5 Kleine Anfragen eingebracht, hingegen die Oppositionsfraktionen 671. Bei Großen Anfragen ist das Verhältnis 3 zu 45 und bei Fragen 3714 zu 7363[327]. Die Regierungsfraktionen dienen der Regierung nur noch als Reservoir für die Regierungsbank.

Die Verquickung von Regierung und Regierungsparteien und damit Exekutive und Parlament zeigt sich in der ausgedehnten Ämterübernahme in der Regierung von Abgeordneten der Regierungsparteien . So sind grundsätzlich alle Minister gleichzeitig Abgeordnete[328]. Hinzu kommen die Parlamentarischen Staatssekretäre. Insgesamt nehmen über 50 Parlamentarier Regierungsaufgaben wahr[329]. Ferner werden die zumeist wegen ihrer Fachkompetenz von der Regierung eingebrachten Gesetzesvorhaben vorher mit den Regierungsfraktionen abgestimmt, um eine Abstimmungsniederlage im Parlament zu vermeiden[330]. Das geschieht in den Fraktionssitzungen der Regierungsparteien, an denen die Regierungsmitglieder als einfache Abgeordnete teilnehmen ebenso wie durch die wechselseitige Teilnahme von Regierungsmitgliedern in den Ausschußsitzungen und führenden Fraktionsmitgliedern in den Kabinettssitzungen[331]. Die Entscheidungen werden "nicht mehr im Kabinett oder Parlamentsplenum (gefällt), sondern in Koalitionsvereinbarungen, Koalitions-Clearing-Stellen und Parteitagen"[332] und bei der Abstimmung steht dann die erwartete Loyalität zur Fraktion in den meisten Fällen höher als die Gewissensentscheidung. Damit steht das Ergebnis der Abstimmung im Parlament in der Regel schon vor der Debatte fest[333].

---

ordnung der CDU/CSU-Bundestagsfraktion; für die SPD gilt gleiches nach § 9 Abs. 3 GO der Bundestagsfraktion der SPD und bei der FDP nehmen Bundesminister an den Sitzungen der Fraktion und des Fraktionsvorstandes nach §§ 5 Abs. 3, 10 Abs. 1 Nr.3 der GO der Bundestagsfraktion der FDP teil.

[327] Aus: Heute im Bundestag v. 15. Dezember 1992.

[328] Eine Ausnahme bestand anfangs bei Außenminister Klaus Kinkel.

[329] *v. Arnim*, Ist die Kritik an den Parteien berechtigt?, in: Aus Politik und Zeitgeschichte, B 11/1993, S. 14(16), weist zu recht darauf hin, daß Parlamentarische Staatssekretäre praktisch kaum Aufgaben haben und vor allem "als Instrument der Disziplinierung ihrer Bundestagsfraktionen, deren Mitglieder durch Aussicht auf einen solchen Posten bei Laune gehalten werden sollen."

[330] *Schäfer*, Der Bundestag (1974), S. 27; *Wolfrum*, Die innerparteiliche demokratische Ordnung nach dem Parteiengesetz, S. 36, 45.

[331] *Schneider / Zeh*, § 48 Rn 12, in: Parlamentsrecht und Parlamentspraxis (1989).

[332] *Kloepfer*, Zum 70. Geburtstag für August Bettermann (1984), S. 53(62).

[333] *C. Arndt*, § 21 Rn 9, in: Parlamentsrecht und Parlamentspraxis (1989). So sind bei unsicheren Abstimmungsergebnissen interne Abstimmungsproben üblich. Für die Annahme des Staatsvertrages durch die SPD und die Erleichterung über vorherige 90%

Das Abstimmungsritual wird im Bundestag nur sehr selten durchbrochen. Das ist der Fall, wenn die Partei- und Fraktionsführung selbst nicht einig ist und die Fraktionen in sich zerrissen sind, so daß keine Losung ausgeben werden kann, wie es etwa in der Berlin-Entscheidung im Juni 1991 oder bei der § 218 StGB - Entscheidung im Juni 1992 der Fall war. Dies sind aber die Ausnahmen. Sollte das Gesetzesvorhaben einer Regierungspartei nicht von dem Koalitionspartner gedeckt sein, so gebietet in Normalfällen die Loyalität, daß das vorher mitgeteilt wird, damit nicht erst im Bundestag in aller Öffentlichkeit die fehlende Geschlossenheit sichtbar wird[334]. Angesichts des vor der Abstimmung im Parlament bereits klaren Ergebnisses kommen Abgeordnete zu dem Schluß, daß die Debatte nur "Schauspiel, Scheingefecht und Show" sei und die sichtbare Politik als "Spiel, Sport und Unterhaltung" eingeschätzt wird[335].

Dieser Dualismus ist einem Staat mit Verhältniswahl und konkurrierende Parteien immanent[336]. Die Polarisierung im Wahlkampf macht nicht vor dem Parlament halt. Er begünstigt aber die Parteipolitisierung über das Parlament hinaus in den gesamten öffentlichen Sektor, die keine Verfassungsgrundlage hat. Ämterpatronage verstößt gegen Art. 3 Abs. 3, 33 Abs. 2 und 4 GG.

bb) Ämterpatronage

Die Parteipolitisierung des öffentlichen Sektors ist in vielen Bereichen sehr weit fortgeschritten. Nach Michael Greven gibt es in der Bundesrepublik, "kein Elektrizitätswerk, keine öffentliche Sparkasse, keine städtischen oder kommunalen Verkehrsbetriebe, keinen irgendwie zum öffentlichen Dienstleistungssektor gehörigen Betrieb in diesem Lande, keine Behörde, kein Amt und erst recht kein Ministerium, das nicht vor allem auch ein Versorgungs-

---

Zustimmung in der Fraktionssitzung s. SZ v. 16./17. Juni 1990, S. 2, "Nur 22 Abgeordnete stimmen mit Nein".

[334] Folgerichtig forderte das MdB Eylmann (CDU) bei der Abstimmung über die Änderung des Asylgrundrechts eine Aufhebung des sonst von Abgeordneten heftig geleugneten Fraktionszwangs, Neue Osnabrücker Zeitung v. 19. Oktober 1992; und das MdB Penner (SPD) vertrat die Ansicht, die eigentlich eine Selbstverständlichkeit ist, daß eine Entscheidung des SPD-Sonderparteitags für die SPD-Abgeordneten nicht bindend sei, FR v. 20. Oktober 1992, S. 4; ebenso Thierse, MdB, in einem Interview mit der BILD-Zeitung vom 29. Oktober 1992.

[335] *Leinemann*, in: DER SPIEGEL Nr. 24/83, S. 148; s.a. *Hamm-Brücher*, Der Politiker und sein Gewissen; *C. Arndt*, § 21 Rn 9, in: Parlamentsrecht und Parlamentspraxis (1989).

[336] *Grimm*, Politische Parteien, in: HbdVerfR, S. 361; *v. Arnim*, Ist die Kritik an den politischen Parteien berechtigt?, in: Aus Politik und Zeitgeschichte, B 11/1993, S. 14(17).

unternehmen für Parteigänger und -mitglieder wäre"[337]. Ute und Erwin K. Scheuch haben in ihrer Studie über die politischen Parteien die Vergabe von Posten im Kölner Raum untersucht[338] und kommen zu dem Schluß, daß die Bundesrepublik in den Führungsberufen tiefgreifend parteipolitisiert wurde[339]. Sie sprechen von Feudalsystemen, die die Parteien aufgebaut hätten. Nach Richard von Weizsäcker haben die Parteien "den Staat zur Beute" gemacht[340].

Eine systematische Untersuchung der parteipolitischen Einflußnahme auf die Vergabe von staatlichen Ämtern liegt nicht vor. Lediglich anhand von Beispielen und dem Umgang der Politiker und der Öffentlichkeit mit diesen offensichtlich nicht von der Verfassung gedeckten Versorgungsfällen, insbesondere sind hier die Verletzung des Gleichheitsgrundsatzes gem. Art 3 Abs. 2 GG und Art. 33 Abs. 2 GG zu nennen, läßt sich der Grad der parteilichen Durchdringung des öffentlichen-rechtlichen Sektors und seine Tolerierung in der Öffentlichkeit andeuten. Die Verschiebung von Posten unter den Parteien erfolgt heute zum Teil ungeniert offen. Beispiele zeigen das:

In der Justiz geht das Bundesverfassungsgericht mit schlechtem Beispiel voran. Tatsächlich leidet das höchste Gericht in Deutschland unter einem Legitimationsdefizit. Seine Besetzung ist Ergebnis einer verfassungswidrigen Parteienabsprache hinter verschlossenen Türen. Die Besetzung des Bundesverfassungsgerichts erfolgt gem. § 6 BVerfGG durch den Wahlmännerausschuß des Bundestages[341]. Diese Verlegung des Verfahrens vom Plenum in einen nichtöffentlichen Ausschuß, die zu einer indirekten Wahl der Mitglieder des Bundesverfassungsgerichts führt, verstößt gegen Art. 94 Abs. 1 Satz 2 GG, der ausdrücklich dem Bundestag die Kompetenz zur Richterwahl zuweist[342]. In der Praxis erfolgt nicht einmal eine indirekte Wahl durch den Wahlmännerausschuß, sondern der Ausschuß bestätigt einen in einer interfraktionellen Arbeitsgruppe ausgehandelten Vorschlag der Parteien und Frak-

---

[337] *Greven*, Parteimitglieder (1987), S. 169; ebenso *Wassermann*, Die Zuschauerdemokratie (1989), S. 87; *Schmidt-Hieber / Kiesswetter* NJW1992, 1790(1791); *Vierhaus* ZRP1991, 468(469ff); *Guggenberger*, Mitwirkung oder Monopol der Parteien, in: Parteien in der Krise (1986), S. 128.

[338] *Scheuch / Scheuch*, Cliquen, Klüngel und Karrieren (1992), S. 72-108.

[339] *Scheuch / Scheuch*, Cliquen, Klüngel und Karrieren (1992), S. 116.

[340] *R. v. Weizsäcker*, Die Geschichte geht weiter (1983), S. 155.

[341] Dazu *Geck*, Wahl und Status des Bundesverfassungsgerichts, § 55 Rn 13ff, in: HbdStR II (1987).

[342] Ebenso und zu den Argumenten für die Verfassungswidrigkeit von § 6 BVerfGG s. *Majer*, in: Umbach / Clemens, BVerfGG: Mitarbeiterkommentar und Handbuch zu § 6 Rn 33ff; *Pieroth* Rn 1 zu Art. 94, in: Jarass / Pieroth, Grundgesetzkommentar; *Pestalozza*, Verfassungsprozeßrecht (1991), Rn 26.

tionen[343]. Der Rahmen dieser Absprache steht fest: Je zur Hälfte werden die Richterstellen Parteimitgliedern der CDU/CSU/FDP und der SPD bereitgestellt. Lediglich zwei Richterstellen sind nach dieser internen Absprache "neutralen" Richtern vorbehalten[344], wobei die Neutralen kein Parteibuch haben, jedoch von den Parteien nach ihrer Nähe zu der jeweilig benennenden Partei ausgesucht werden. Zu der Verteilung der Richterstellen des Bundesverfassungsgerichts befragt, antwortete der Vizepräsident des Gerichts, in Verkennung seiner Pflicht gegenüber der Verfassung und dem Staat, daß die Parteien die Entscheidungen des Gerichts eher akzeptierten, wenn sie von Richtern kämen, die sie selbst gewählt hätten[345]. In der 11. Legislaturperiode wurde eine Gesetzesinitiative der Fraktion Die Grünen zur Änderung dieser Praxis[346] vom Rechtsausschuß des Bundestages mit der Begründung abgelehnt, es handele sich bei dem praktizierten Verfahren um eine "bewährte Praxis, die über 40 Jahre hinweg nicht schlechterdings verfassungswidrig gewesen sein könne"[347].

Die Parteipolitisierung in der Justiz setzt sich heute zunehmend nach unten fort[348], wenn auch nicht so harmonisch und offensichtlich wie beim Bundesverfassungsgericht[349]. Die Praktiker Werner Schmidt-Hieber (Oberstaatsanwalt) und Ekkehard Kiesswetter (Rechtsanwalt) gehen davon aus, daß in einigen Bundesländern (alt) ca. vier Fünftel der Gerichtspräsidenten und Leiter

---

[343] *Majer* zu § 6 Rn 29, in: Umbach / Clemens, BVerfGG: Mitarbeiterkommentar und Handbuch.

[344] *Schmidt-Hieber / Kiesswetter* NJW1992, 1790(1791).

[345] FAZ v. 10. Dezember 1989.

[346] BT-Drucksache 11/73.

[347] BT-Drucksache 11/6296, S. 4.

[348] Die Justiz geniet heute noch großes Vertrauen der Bevölkerung in ihre Unparteilichkeit, umso gravierender ist, daß diese "richterstaatlichen Kompensationseffekte der Parteilichkeit der Parteien" (*Schachtschneider*, Res publica res populi (1994), 10. Teil, 6. Kapitel) ins Wanken gerät; *Kloepfer*, Zum 70. Geburtstag für August Bettermann (1984), S. 53(64); *Wassermann*, Die Zuschauerdemokratie (1989), S. 137f, 174.

[349] Das Verfahren der vorherigen Parteivereinbarung trat besonders deutlich zu Tage im Streit um die Nachfolge für den Vizepräsidenten des Zweiten Senats, Ernst-Gottfried Mahrenholtz. Der damalige SPD-Fraktionsvorsitzende Klose warf dabei dem CDU-Fraktionsvorsitzenden Schäuble vor, sich nicht an die "vereinbarten und lange gültigen Regeln" der Parteien für Nachnominierungen zu halten, SPD-Bundestagsfraktion-Pressemitteilung Nr. 735 v. 23. März 1993. Schäuble hingegen warf der SPD vor, sie habe ohne Absprache mit der Union ihre Kandidatin vorgeschlagen. Durch ein solches Verfahren, das das Bundesverfassungsgericht beschädige, sei diese unwählbar geworden, FAZ v. 17. Mai 1993, S. 5.

der Staatsanwaltschaften der jeweiligen Regierungspartei angehören[350]. Sogar Schöffen werden nach ihrer Parteizugehörigkeit ausgesucht. Fälle in Augsburg[351] zeigen das. Wie sich diese gegenseitige Verbundenheit von Parteiförderern und Justizgünstlingen auf die Rechtsprechung auswirkt, zeigt sich bei der fehlenden Verfolgung der Ämterpatronage durch die Justiz[352].

Im öffentlichen Dienstleistungssektor sind es hochdotierte Vorstandsposten in kommunalen, länder- oder bundeseigenen öffentlichen Körperschaften, die unter den Parteien aufgeteilt werden[353]. Auch hierzu gibt es keine systematische Untersuchungen, doch kann von einer weitgehenden Vergabe von höheren Posten bei der Bahn, der Post sowie in der kommunalen Selbstverwaltung und in mehrheitlich der öffentlichen Hand gehörenden Unternehmen wie Sparkassen oder Elektrizitätswerken unter verdienten Parteigängern und damit von einer "Parteibuchstaatlichkeit"[354] ausgegangen werden[355]. Nach Ergebnissen einer Umfrage des Max-Planck-Instituts für Gesellschaftsforschung hielten 1987 86,3% der befragten Beamten und 71,2% der befragten Politiker die Behauptung einer Parteipolitisierung der Beamtenschaft für zutreffend[356]. Wie sich diese Verbundenheit zugunsten der Partei auswirkt, zeigt der Fall der Bremer Stadtwerke. Bei der Bremer Stadtwerke

---

[350] *Schmidt-Hieber / Kiesswetter* NJW1992, 1790(1792); weitere Beispiele nach *Vierhaus* ZRP1991, 468(470) Fn 68: Besetzung des neuen OVG Schleswig-Holstein (dazu FAZ Nr. 8 v. 10. Januar 1991, S. 5; FAZ v. 3. April 1991, S. 4, 12), des neuen LVerfG Berlin (FAZ v. 6. März 1991, S. 4) sowie die Nachfolge des Präsidenten beim BVerwG, Horst Sendler, FAZ v. 19. März 1991, S. 4; s.a. *Prantl*, SZ v. 23. September 1994, S. 6, zu einem Vortrag von Everling über die parteipolitische Auswahl der deutschen Richter am Europäischen Gerichtshof; Für den Einfluß der CSU auf die Ernennung des Präsidenten des Landesarbeitsgerichts Nürnberg, SZ v. 10. Oktober 1994, S. 30; Eine Parteizugehörigkeit kann sich ebenso als Nachteil erweisen. Es geht soweit, daß ein Richter am BGH auf seine Beförderung klagt, weil er sich wiederholt durch eine Intervention des Bundeskanzlers übergangen fühlt, die, so vermutet er, auf seiner Funktion als Vorsitzender des SPD-Gemeinderats von Karlsruhe beruht, SZ v. 24. April 1996, S. 7. Eine einstweilige Verfügung wurde in dieser Sache bereits erlassen, VG Karlsruhe, Az: 12 K 129/96, Die Welt v. 29. Juni 1996, S. 1.

[351] S. dazu BGH NJW1988, 3164.

[352] *Schmidt-Hieber / Kiesswetter* NJW1992, 1790(1793f).

[353] *Adam* FAZ v. 2. März 1991, in: Beilage "Bilder und Zeiten"; Beispiele aus dem Kölner Raum s. bei *Scheuch / Scheuch*, Inner- und zwischenparteiliche Interessenverflechtungen, in: Aus Politik und Zeitgeschichte, B 34-35/1992, S. 36-44(41f); für die offene Ämterverteilung in der Bundeszentrale für politische Bildung zu Lasten deren Arbeit und des Steuerzahlers s. DER SPIEGEL Nr. 46/1993, S. 73; weitere Beispiele *W. Hoffmann*, DIE ZEIT 3/96 v. 12. Januar 1996, S. 17.

[354] *Meessen* NJW1985, 2289(2293).

[355] *Apel*, Die deformierte Demokratie (1991), S. 57, schätzt, daß die Hälfte der interessanten Stellen im öffentlichen Dienst von den Parteien vergeben werden.

[356] *Fälker* PVS 1/1991, S. 71(83).

AG wurde nicht nur der Vorstandsposten mit einem Parteimitglied besetzt, dieser spendete hiernach auch noch an die Partei. So haben die Bremer Stadtwerke, ein kommunales Energieversorgungsunternehmen, das zu 80 % in städtischem Besitz ist, und deren Vorstandsvorsitzende der SPD-Politiker und ehemaliger Senator für Bundesangelegenheiten (1979-1983) Günther Czichon ist, nach Rücksprache mit dem Aufsichtratsvorsitzenden, dem SPD-Bürgermeister Klaus Wedemeier, der SPD im Jahr 1990 10.000 DM und im Jahr 1991 45.053 DM gespendet[357].

Nach dem Vorbild der Regierung handeln dann auch die nachgeordneten Stellen. Nach der Bundestagswahl im November 1990 hat Bundeskanzler Helmut Kohl insgesamt sechs neue Parlamentarische Staatssekretäre überflüssigerweise berufen, obwohl nicht mehr Arbeit angefallen war[358]. Es handelte sich dabei um einen Akt parteilicher Begünstigung für die Ernannten. Damit erhöhte sich die Zahl der Parlamentarische Staatssekretäre von sieben im Jahre 1967 auf 33. In diesem Zusammenhang ist auch die Spaltung des Ministeriums für Familie, Gesundheit und Jugend in drei Ministerien zu nennen, deren Hauptgrund die politisch erwünschte Erhöhung der Frauenquote in der Regierung war. Eine weitere Ausnutzung von Staatsämtern und Steuergeldern liegt in der Versorgung von erfolglosen, aber verdienten Parteipolitikern. Der ehemalige Bundestagspräsident Phillip Jenninger, der nach einer mißglückten Rede zur sogenannten Reichskristallnacht zurücktrat, erhielt einen Posten als Botschafter in der Republik Österreich, der normalerweise nur nach Ausbildung und langjährigem Dienst im Auswärtigen Amt vergeben wird. Der ehemalige Abgeordnete und CDU-Oppositionsführer Rainer Barzel wurde durch fiktive Gutachtenaufträge der CDU-Bundesregierung an seine Kanzlei unterhalten, damit er kein "Sozialfall" wurde[359].

---

[357] DER SPIEGEL Nr. 26/1992, S. 24; FAZ v. 15. April 1993, S. 2.

[358] FAZ v. 25. Januar 1991, S. 4.

[359] Ein Beispiel ist der ehemalige Verteidigungsminister Gerhard Stoltenberg, der nach seinem Rücktritt Koordinator für die deutsch-französische Zusammenarbeit wurde, ohne je durch besonderen Einsatz für die deutsch-französischen Beziehungen in Erscheinung getreten zu sein. Auch spricht Stoltenberg nicht ausreichend französisch, um an einer Unterhaltung in dieser Sprache teilnehmen zu können. Für dieses prestigeträchtige Ehrenamt ohne große Bedeutung erhielt er neben einer Sekretärin und einem persönlichen Mitarbeiter gegen den Widerstand des Personalrates im Auswärtigen Amt eine Dienstlimousine mit Chauffeur, DER SPIEGEL, Nr. 53/1992, S. 16; unverschämt auch der Fall des ehemaligen Ministerpräsidenten von Sachsen-Anhalt, Werner Münch, der zurücktreten mußte, nachdem der Landesrechnungshof publik machte, daß er aufgrund falscher Angaben über DM 200.000 zuviel an Bezügen erhielt. Trotz der gegen ihn erhobenen Anklage und entgegen den Empfehlungen der Fachgremien sollte er als verdienter Parteifreund auf Vorschlag der Bundesregierung einen hochdotierten Job (DM 200.000 Jahresgehalt) bei der International Labour Organisation der Vereinten Nationen erhalten, DIE ZEIT v. 12. Januar 1996, S. 17.

Die totale Parteipolitisierung der öffentlich-rechtlichen Rundfunkanstalten ist allgemein bekannt[360]. So berichtet Johannes Georg Müller von Parteiabsprachen beim NDR, in denen die leitenden Posten unter der CDU und der SPD en detail aufgeteilt werden[361]. Nach seiner Einschätzung haben die Parteien "je nach ihrer politischen Stärke einen Proporz eingeführt, der das richtige Parteibuch deutlich vor die berufliche Qualifikation setzt. Nach verläßlichen Zählungen sind heute fast 60 % der wichtigsten Positionen beim öffentlich-rechtlichen Rundfunk und Fernsehen von Parteimitgliedern besetzt"[362]. Bei der Gründung der ostdeutschen Rundfunkanstalten haben sich die Parteien ihre Einflußbereiche festschreiben lassen[363]. Auch Schulen und Hochschulen sind nicht ganz frei vom Zugriff der Parteien[364].

Es trifft auf den gesamten öffentlichen Sektor zu, was Werner Schmidt-Hieber und Ekkehard Kiesswetter für die Justiz meinen: "Die politischen Parteien sind derzeit in der Lage, die Justiz unter permanenten Verstoß gegen die Verfassung mit Gefolgsleuten der eigenen Couleur auszustatten, und zwar um so ungenierter, je höher die Ämter sind"[365].

Die Reaktion von hohen Parteifunktionären auf die lauter werdende Kritik in der Öffentlichkeit zeigt, daß sie diesen Eindruck teilen. So schlagen der Parlamentarische Geschäftsführer der CDU-Fraktion Jürgen Rüttgers[366] und das MdB und ehemaliger Fraktionsvorsitzende der SPD-Bundestagsfraktion Hans-Jochen Vogel den Rückzug der Parteien aus dem öffentlichen Dienstleistungssektor vor.

---

[360] *K. v. Bismarck*, Immer mehr Proporz im Rundfunk? (1966); *Ellwein / Hesse*, Das Regierungssystem der Bundesrepublik Deutschland (1987), S. 153f; *J. G. Müller*, Staats- und Parteieneinfluß auf die Rundfunkanstalten in Frankreich und Deutschland (1987), S. 103f; *Kloepfer*, Zum 70. Geburtstag für August Bettermann (1984), S. 53(70f); *Oberreuter*, Die Macht der Parteien, in: Parteien in Deutschland zwischen Kontinuität und Wandel (1992), S. 187-214(206ff).

[361] *J. G. Müller*, Staats- und Parteieneinfluß auf die Rundfunkanstalten in Frankreich und Deutschland (1987), S. 302.

[362] *J. G. Müller*, Staats- und Parteieneinfluß auf die Rundfunkanstalten in Frankreich und Deutschland (1987), S. 303ff.

[363] S. FR v. 10. September 1991.

[364] *Kloepfer*, Zum 70. Geburtstag für August Bettermann (1984), S. 53(72), insbesondere zur Parteipolitisierung der Staatslehre, S. 72f; *Karpen* FAZ Nr. 190 vom 17. August 1991, S. 23; ein Beispiel im Hochschulbereich: Der ehemalige Bremer Senator Grobecker bietet einem Parteifreund in einem Brief eine Professur für Politische Wissenschaft an: "unser beider Vereinbarung war, etwas attraktives, sinnvolles zu machen...Der Rektor haut in 'n Sack. Ich biete Dir an, Hochschullehrer...zu werden." DER SPIEGEL Nr. 24/1992, S. 262.

[365] *Schmidt-Hieber / Kiesswetter* NJW1992, 1790.

[366] MdB *Rüttgers*, "Dem Bürger lassen, was des Bürgers ist", DIE ZEIT v. 15. Mai 1992, S. 14; *ders.*, DER SPIEGEL Nr. 23/1992, S. 20.

e) Unabhängigkeit vom Bürger durch den Zugriff der Parteien auf öffentliche Gelder

In diesen Zusammenhang ist auch die Kritik an der Finanzausstattung der Parteimitglieder in öffentlichen Ämtern zu nennen[367]. Das reicht von den Abgeordnetendiäten über die -versorgung bis zu den Ministergehältern und den Gehältern der Vorstände und Aufsichtsräte in öffentlichen Körperschaften.

Allein die Staatsquote, d.h. der Anteil der öffentlichen Gelder an den Gesamteinnahmen der Parteien, liegt nach unabhängigen Schätzungen bei über 60 %. In absoluten Zahlen schätzt Hans Herbert von Arnim, daß den Parteien direkt oder indirekt pro Legislaturperiode ca. 4,2 Milliarden DM an öffentlichen Geldern zufließen[368]. Er kommt dabei auf eine Verneunfachung in den Jahren von 1968 bis 1988[369]. Daß sich die Parteien dabei auch unrechtmäßiger Methoden zur Beschaffung von Geldern bzw. der Umgehung der Steuerpflicht bedienten, ist durch den sogenannten Flick-Parteispendenskandal hinlänglich bekannt geworden[370]. Wie sehr der Staat schon zur Laviermasse der Parteien geworden ist, machte der nachfolgende Versuch der Amnestie der Straftäter deutlich, der nicht durch bessere Einsicht der Mehrheit im Parlament, sondern nur durch massiven Druck der Bevölkerung vereitelt werden konnte.

2. Auswirkungen: Bürgerfrustration

Den immer enger werdenden Verknüpfungen zwischen der Staatsorganisation und den politischen Parteien steht eine Entfremdung von den Bürgern gegenüber.[371] Gründe sind gerade diese Kungelei in und unter den Parteien sowie ein von den Parteien nicht nachvollzogener gesellschaftlicher Wandel[372]. Das Konzept der Parteien als umfassende Volksparteien spricht die Bürger

---

[367] S. hierzu *v. Arnim*, Die Partei, der Abgeordnete und das Geld (1991).

[368] *v. Arnim*, FAZ v. 29. Januar 1991, S. 1; *ders.*, Die Partei, der Abgeordnete und das Geld (1991), S. 117ff, wobei die Staatsfinanzierung von Parteien, Fraktionen und Parteistiftungen addiert wurden.

[369] *v. Arnim*, Die Partei, der Abgeordnete und das Geld (1991), S. 118. Während die Parteienfinanzierung um über 800 % zunahm, wuchs das Einkommen um ca. 265 %, das Bruttosozialprodukt um ca. 320 % und betrug die Inflation ca. 117 % im gleichen Zeitraum.

[370] Ergebnis des Untersuchungsausschusses s. MdB *Schily*, Politik in bar (1986).

[371] *Wassermann*, Die Zuschauerdemokratie (1989), S. 119; *v. Arnim*, Ist die Kritik an den politischen Parteien berechtigt?, in: Aus Politik und Zeitgeschichte, B 11/1993, S. 14(16).

[372] *Betz*, Krise oder Wandel? Zur Zukunft der Politik in der postindustriellen Moderne, in: Aus Politik und Zeitgeschichte, B 11/1993, S. 3.

nicht mehr an (a). Es folgen abnehmende Parteimitgliedszahlen (b) und sinkende Wahlbeteiligungen (c). Das betrifft insbesondere Bürger, die eigentlich politisch engagiert sind (d). Diese Entfremdung führt letztlich zur Parteipolitikverdrossenheit (e).

a) Das Konzept der Volksparteien geht ins Leere

Ende der 50er Jahre haben sich die großen politischen Parteien zu Volksparteien entwickelt[373]. Nach Otto Kirchheimer kennzeichnet die echten Volksparteien (auch "Catch-all Parties", Allerweltsparteien) eine höhere Integrations- und Problemlösungskapazität sowie eine breitere Legitimationsbasis[374]. "Sie gibt die Versuche auf, sich die Massen geistig und moralisch einzugliedern und lenkt ihr Augenmerk in starkem Maße auf die Wählerschaft; sie opfert also tiefere ideologische Durchdringung für weitere Austrahlung und einen rascheren Wahlerfolg"[375]. Als dominierende Strukturmerkmale einer Volkspartei nennt Elmar Wiesendahl das Prinzip der Klassenversöhnung, des Gruppenausgleichs und der Kompromißfähigkeit gesellschaftlicher Interessen, die Anpassung des Wähler- und Mitgliederprofils an den Bevölkerungsdurchschnitt, die Konzentration auf Personen im Gegensatz zu Inhalten und die Integration des organisierten Interessenpluralismus in die innerparteiliche Meinungsbildung[376]. Für Otto Kirchheimer entstehen Volksparteien zwangsläufig überall, wo hoher Wohlstand herrscht, ein hohes Maß an sozialer Sicherheit besteht, die Gesellschaft am Massenkonsum ausgerichtet ist und der Wohlstand breiten Bevölkerungsschichten zugute kommt[377]. Wenn auch die beiden großen Parteien in der Bundesrepublik im Sinne von Otto Kirchheimer keine echten Volksparteien sind, die gänzlich ihre traditionelle Basis verloren haben[378], so haben sie sich doch zu allen Bevölkerungsschichten hin geöffnet und werben um sie[379].

---

[373] Zuerst hatte sich die SPD in ihrem "Godesberger Programm" 1959 als Volkspartei selbst bezeichnet, S. 5, 8; im Grundsatzprogramm der CDU von 1978 findet sich die Bezeichnung in der Präambel Ziff. 1.

[374] *Kirchheimer*, Der Wandel des westeuropäischen Parteiensystems, in: PVS 6(1965), S. 20-41.

[375] *Kirchheimer*, Der Wandel des westeuropäischen Parteiensystems, in: PVS 6(1965), S. 20-41(27).

[376] Im einzelnen s. *Wiesendahl*, Etablierte Parteien im Abseits?, in: Alternativen zur alten Politik (1989), S. 85f.

[377] *Kirchheimer*, Der Wandel des westeuropäischen Parteiensystems, in: PVS 6(1965), S. 20-41.

Die Kritik an dieser Entwicklung ist vielfältig. So wird die Heranbildung von Allerweltsparteien bemängelt, die sich inhaltlich kaum unterscheiden und keine Alternativen darstellen sowie das kollusive Zusammenarbeiten aller Parteien, wenn es um gemeinsame Interessen zum Nachteil des Gemeinwesens geht[380].

Für die vorliegende Untersuchung stehen die Vor- und Nachteile dieser Entwicklung jedoch nicht im Vordergrund. Festzuhalten ist vielmehr, daß sich die großen Parteien zu Volksparteien entwickelt haben, die jedermann als Wähler und Mitglied ansprechen wollen und daß diese Entwicklung eine Reaktion auf die verblassenden traditionellen Entwicklungslinien und geringer werdende Bindungskraft der Milieus[381] ist. Die Entwicklung zu Volksparteien war für die beiden großen Parteien weniger eine freie Entscheidung als ein Sachzwang, der sich aus der Strukturveränderung der Bevölkerung ergab. Ohne die Hinwendung zu den breiter gewordenen Wähler- und Mitgliederschichten mittels eines umfassenden Programms wären die großen Parteien vermutlich von der politischen Bildfläche verschwunden[382]. Nun hat sich in den 80er Jahren abermals ein soziokultureller Wandel ereignet, der "zu einer zunehmenden Vielfalt von individuellen Lebensformen und Lebensweisen (führte)"[383] und der die Bindungskraft der etablierten Parteien schwächte.

---

[378] *Wiesendahl*, Volksparteien im Abstieg, in: Aus Politik und Zeitgeschichte, B 34-35/1992, S. 3-14(8f); *Mintzel*, Großparteien im Parteienstaat der Bundesrepublik, in: Aus Politik der Zeitgeschichte, B 11/1989, S. 6.

[379] *Wiesendahl*, Volksparteien im Abstieg, in: Aus Politik und Zeitgeschichte, B 34-35/1992, S. 3-14(13) nennt sie zutreffend "geöffnete Integrationsparteien".

[380] *Vierhaus* ZRP1991, 468(473); ausführlich *Stöss*, Parteikritik und Parteiverdrossenheit, in: Aus Politik und Zeitgeschichte, B 21/1990, S. 15(17ff); *Wiesendahl*, Etablierte Parteien im Abseits?, in: Alternativen zur alten Politik? (1989), S. 87ff, gibt Integrationsschwäche, Perspektivlosigkeit, Innovationsschwäche, Alternativlosigkeit, Verstaatlichung, Abkoppelung, Überforderung, Kompetenzverlust, innerparteiliches Demokratieversagen und Repräsentationsdefizit als Folge der Entwicklung etablierter Parteien zu Volksparteien an.

[381] S. *Scheuch / Scheuch*, Cliquen, Klüngel und Karrieren (1992), S. 13f; *Hennis*, Überdehnt und abgekoppelt. An den Grenzen des Parteienstaates, in: Brauchen wir ein neues Parteiensystem? (1983).

[382] Das bedeutet freilich nicht, daß sie heute noch den Erfordernissen entsprechen wie *Jesse*, Die Entwicklung des Parteiensystems und der Parteien in der Bundesrepublik Deutschland, in: Parteien in Deutschland zwischen Kontinuität und Wandel (1992), S. 11-87(79) meint. Zu den Versäumnissen der Volksparteien s. *Wiesendahl*, Volksparteien im Abstieg, in: Aus Politik und Zeitgeschichte, B 34-35/1992, S. 3-14.

[383] *Gluchowski*, Wähler und Parteien in den 80er Jahren - ein Verhältnis im Wandel, in: Parteien in Deutschland zwischen Kontinuität und Wandel (1992), S. 89-123(91);

"Zwar sind die klassischen, milieugeprägten Lebensstile, die noch mit festgefügten Bindungen an eine bestimmte Partei einhergehen, nach wie vor vorhanden. Zahlenmäßig sind sie jedoch weit weniger verbreitet, als in den Jahrzehnten neu entstandene oder heute noch entstehende Lebenstile, die nicht eindeutig mit einer bestimmten Parteipräferenz verbunden werden"[384]. Das betrifft besonders die jungen Wähler[385].

Weiter ist hier wichtig, daß sich die Parteien durch ihren umfassenden Interessenvertretungsanspruch von ihrem herkömmlichen festen Wähler- und Mitgliedspotential entfernt haben im Tausch für lockerere Bindungen zu allen Teilen der Bevölkerung[386]. Denn Volksparteien neigen zur "Milieu- und Stammklientelvernachlässigung zugunsten der ungebundenen Wechselwählergruppen aus den neuen Mittelschichten"[387]. Die Identifikationsmöglichkeit mit einer Partei, die allen alles verspricht, deren Programm ein Sammelsurium von unterschiedlichen Interessen und Zielen ist, ist für den einzelnen Bürger sehr gering[388]. Die Parteien versuchen heute, zu immer mehr Bürgern Kontakt aufzubauen, während sich die Bürger ihrerseits immer weniger angesprochen fühlen[389]. Die steigende Zahl der Wechselwähler, die von ca. 10 % Anfang der 70er Jahre auf heute 30-40 % stiegen[390] sowie die Abnahme der Stimmen, die zusammengenommen auf die großen Parteien fallen[391] zeigen dies deutlich.

Eine weitere Erklärung für den Mangel an Identifikation des Bürgers mit den Parteien ist deren Wandel zu reinen Interessenvertretungen. Die politischen Parteien haben sich seit den 60er Jahren dahingehend verändert, daß

Veen, Abschluß, Neubeginn und Übergang, in: Parteien in Deutschland zwischen Kontinuität und Wandel (1992), S. 138.

384 *Gluchowski*, aaO., S.95ff, 114.

385 *Gluchowski*, aaO., S. 123.

386 *Scheuch / Scheuch*, Inner- und zwischenparteiliche Interessenverflechtungen, in: Aus Politik und Zeitgeschichte, B 34-35/1992, S. 36-44(37).

387 *Wiesendahl*, Volksparteien im Abstieg, in: Aus Politik und Zeitgeschichte, B 34-35/1992, S. 13; *Oberndörfer*, SZ vom 11./12. April 1992, S. 9.

388 S. *Wiesendahl*, Strukturprobleme der Parteiendemokratie in der Bundesrepublik Deutschland, Fachgruppe Sozialwissenschaften der Führungsakademie der Bundeswehr Hamburg 10/1989, Schaubild 5.2, Anlage 7, S. 21.

389 *Adam* FAZ v. 2. März 1991 Beilage "Bilder und Zeiten": "Indem sie jedem etwas bietet, verspricht sie allen nichts".

390 *Radunski*, Volkspartei in den 90er Jahren - Die Union vor neuen Herausforderungen, in: Die Sonde 3/1989, S. 21-29(22); *Gluchowski*, Wähler und Parteien in den 80er Jahren - ein Verhältnis im Wandel, in: Parteien in Deutschland zwischen Kontinuität und Wandel (1992), S. 95; *Veen*, Abschluß, Neubeginn und Übergang, in: Parteien in Deutschland zwischen Kontinuität und Wandel (1992), S. 125-167(138).

391 Hatten CDU/CSU und SPD zusammengenommen in den siebziger Jahren über 90 % der Stimmen, so waren 1983 87 %, 1987 81,3 und 1990 nur noch 77,3 % (Bundesrepublik-alt: 79 %), s. Grafik bei *Gluchowski*, aaO., S. 92.

sich ihr Verhältnis zum Bürger zu einem "kommerziellen Warenverhältnis"[392] entwickelte, denn "im Waren-Stimme-Tauschverkehr begegnen sich Partei und Wähler nur flüchtig. Integration stellt sich in diesem Tauschverhältnis nicht mehr her, genausowenig wie Interesseneinheit, Nähe oder Identität"[393].

b) Der geringe parteipolitische Organisationsgrad der Bürger

Folge der abnehmenden Identifikation mit den Parteien sind allgemein abnehmende Mitgliederzahlen bei den etablierten Parteien. Der Organisationsgrad der Bürger in politischen Parteien überstieg nie 4,5 %[394]. Doch in letzter Zeit sinken die Mitgliederzahlen der Parteien (Deutschland-West) rapide[395]. Hierzu einige Zahlen[396]:

Die SPD hat in den 10 Jahren zwischen 1982 und 1991 ca. 26.000 Mitglieder verloren. Von 926.070 (1982) ist die Mitgliederzahl auf 899.931 (1991) zurückgegangen. Die CDU hat im gleichen Zeitraum ca. 70.000 Mitglieder verloren. Von 718.889 (1982) ist die Mitgliederzahl auf 645.271 (1991) zurückgegangen. Der Rückgang war insbesondere in den letzten 5 Jahren mit ca. 60.000 rapide. Trotz Wiedervereinigung hatten beide großen Volksparteien 1995 nur 817.650 (SPD) bzw. 661.896 (CDU) Mitglieder. Die FDP hat zwischen 1982 und 1991 ca. 8000 Mitglieder verloren. 1982 hatte sie 73.952 Mitglieder, 1991 ca. 65.000. Lediglich die CSU hat Mitglieder gewonnen. Von 178.964 (1982) ist die Zahl auf 184.513 (1991) gestiegen, wenngleich sie seit den letzten 5 Jahren stagniert. Die Grünen haben in den angegebenen 10 Jahren zwar ca. 12.000 Mitglieder gewonnen; von 25.222 (1982) ist die Zahl auf 37.399 (1991) gestiegen. Doch hatten sie zwischenzeitlich 1987 bereits 42.419 Mitglieder, so daß die Mitgliederzahl in den letzten 4 Jahren stark gesunken ist.

War in den 60er und 70er Jahren die zyklische Abnahme und Zunahme der Mitgliederzahlen parallel zu der Entwicklung des Politisierungsniveaus zu verzeichnen, so ist die Organisationsschwäche der Parteien in den 80er Jahren nicht mit einem sinkenden Politisierungsniveau zu erklären, da tatsächlich

---

392 *Wiesendahl*, Volksparteien im Abstieg, in: Aus Politik und Zeitgeschichte, B 34-35/1992, S. 10.

393 *Wiesendahl*, ebenda.

394 Aufstellung von 1970 bis 1987 bei *Wiesendahl*, Der Marsch aus den Institutionen, in: Aus Politik und Zeitgeschichte, B 21/1990, 3(10).

395 S. *Wiesendahl*, Der Marsch aus den Institutionen, in: Aus Politik und Zeitgeschichte B 21/1990, S. 3(9); *Scheuch / Scheuch*, Cliquen, Klüngel und Karrieren (1992), S. 15, 33; Die Welt v. 25. Januar 1996, S. 2.

396 DER SPIEGEL Nr. 16/1992, S. 52 und *Wiesendahl*, Der Marsch aus den Institutionen, in: Aus Politik und Zeitgeschichte, B 21/1990, 3(4, 10).

eine hohe Politisierung der Bevölkerung vorliegt, die allerdings andere Ausdrucksformen wie etwa Bürgerinitiativen gefunden hat[397].

Der geringere parteiliche Organisationsgrad korrespondiert mit der generellen Abnahme der organisierten Bindung in der Gesellschaft. Kirchen, Gewerkschaften und Vereine registrieren sinkende Mitgliederzahlen. Die Gründe für die zunehmende Abneigung, sich in Parteien sowie in anderen Vereinigungen langfristig zu binden, sind vielfältig. Ulrich von Alemann nennt folgende Gründe: die hohe horizontale und vertikale Mobilität in der Gesellschaft, die Kommerzialisierung von Freizeit, die Konsumdurchdringung aller Lebensbereiche, die einheitlichere Bildung und Ausbildung sowie die Durchdringung des Alltags durch die Medien, insbesondere des Fernsehens, die die Abkapselung homogener Gruppen und Milieus kaum möglich macht[398]. Die wichtigsten Gründe, die steigende Mobilität der Bevölkerung und die Vereinzelung[399], nehmen weiter zu. Dies führt zu einem Organisationsverdruß insbesondere der Jugendlichen und jüngeren Erwachsenen, die "Spannung, Sinnlichkeit, Spaß, Lust, Reizwechsel, Spontaneität, Risiko und 'action'"[400] erwarten und von den eher hausbacken organisierten und agierenden Parteien mit ihrer repräsentativ-demokratischen Elitenherrschaft nicht angesprochen werden. Der Wunsch nach Mitmachen trifft auf eine Delegierten- und Privilegienmentalität in den Parteien.

Neben diese Gründe, die alle festen Organisationen betreffen, treten der durch Skandale[401] verursachte Vertrauensverlust der Parteien und die schon genannte Entideologisierung der Parteien durch das Konzept der Volksparteien[402].

---

[397] *Wiesendahl*, Der Marsch aus den Institutionen, in: Politik und Zeitgeschichte, B 21/1990, S. 3(11).

[398] *v. Alemann*, Parteien und Gesellschaft in der Bundesrepublik, in: Parteien in der Bundesrepublik Deutschland (1990), S. 95.

[399] *Eilfort*, Das Parlament 9/1992 vom 21. Februar 1992, S. 10; auch *Wiesendahl*, Der Marsch aus den Institutionen, in: Aus Politik und Zeitgeschichte, B 21/1990, S. 3(12).

[400] *Wiesendahl*, Der Marsch aus den Institutionen, in: Aus Politik und Zeitgeschichte, B 21/1990, S. 3(13); zu den Mitgliederentwicklungen der unter 30-jährigen s. die Abbildung 5, ebenda, S. 12.

[401] Insbesondere die Flick- und Barschel-Affäre in den achtziger Jahren, aber auch die Diäten- und Versorgungsfälle sind zu nennen.

[402] *Wiesendahl*, Der Marsch aus den Institutionen, in: Aus Politik und Zeitgeschichte, B 21/1990, S. 3(11ff).

c) Abnahme der Wahlbeteiligung

Die Wahlbeteiligung hat rapide abgenommen[403]. Das INFAS-Institut beurteilt den starken Anstieg der Nichtwähler als die "dramatischste Veränderung" der Bundestagswahl vom 2. Dezember 1990[404]. Bei Bundestagswahlen sank die Beteiligung zwischen 1983 und 1990 von 89,1 auf 78,6 % (alte Bundesländer). Der Nichtwähleranteil verdoppelte sich in weniger als zehn Jahren von 10,9 auf 21,4%. In Zahlen bedeutet das eine Zunahme von 4,8 Mio. (1983) auf 10 Mio. (1990) allein in Westdeutschland.

Bei Landtagswahlen fiel der Rückgang noch deutlicher aus: In Berlin (Januar 1989), in Bayern (Oktober 1990), in Rheinland-Pfalz (April 1991) und in Hamburg (Juni 1991) kam es zu Rekord-Tiefständen in der Nachkriegsgeschichte. In Nordrhein-Westfalen, Niedersachsen (beide Mai 1990) und in Bremen (September 1991) wurde die niedrigste Wahlbeteiligung seit 1947 gemessen, in Hessen (Januar 1991) die niedrigste seit 1950. Die bisher niedrigste Wahlbeteiligung bei Landtagswahlen wurde 1990 in Bayern mit 65,9% gemessen.

Diese Abnahme der Wahlbeteiligung in der Bundesrepublik ist sicherlich auch zum Teil Ausdruck eines Normalisierungsprozesses und der Angleichung einer überdurchschnittlich hohen Wahlbeteiligung an die international vorherrschenden Wahlbeteiligungszahlen[405]. Mit diesem Normalisierungsprozeß meint Roth von der Forschungsgruppe Wahlen die Akzeptanz der demokratischen Verfahren und das Vertrauen in das Funktionieren der Demokratie, auch wenn man einmal nicht zur Wahl geht[406]. Auch wird von Politologen eine geringe Wahlbeteiligung als Merkmal einer gewissen Sorglosigkeit gedeutet, aufgrund derer viele eine Teilnahme an Wahlen dann nicht für notwendig halten, wenn nach ihrer Meinung alles in geordneten Bahnen läuft.

Dies alles erklärt allerdings nicht den abrupten Rückgang der Wahlbeteiligung nach 40 Jahren relativ konstanter Teilnahme an den Wahlen. Hans-Joachim Veen nennt vier wesentliche Gründe für die Abnahme der Wahlbeteiligung: "Das Gefühl politischer Ohnmacht bzw. Momente konkreter politischer Frustration und Tendenzen allgemeiner Apathie; die Einschätzung, daß es im Grunde um keine wichtigen Fragen und keine echten Alternativen geht; die Überzeugung, daß das Rennen bereits im Vorfeld eindeutig

---

[403] S. *Scheuch / Scheuch*, Cliquen, Klüngel und Karrieren (1992), S. 32.

[404] INFAS-Report Wahlen: Bundestagswahl 1990. Analysen und Dokumente (1991), S. 28.

[405] *Eilfort*, Das Parlament 9/1992 vom 21. Februar 1992, S. 10; *Roth*, SZ v. 14. Juli 1992, S. 8.

[406] *Roth*, aaO., S. 10.

zugunsten einer Partei gelaufen ist; und schließlich, daß man mit der Politik oder mit dem personellen oder programmatischen Angebot der Partei, der man nahesteht, unzufrieden ist und dies durch Wahlverweigerung demonstriert"[407]. Demokratieverdrossenheit sei hingegen kein wichtiger Grund[408]. Demnach sind die Gründe im Parteiensystem zu suchen. Nämlich in seiner mangelhaften Offenheit, der fehlenden Transparenz des politischen Prozesses und den unzureichenden Teilhabemöglichkeiten des Bürgers bei personellen und inhaltlichen Entscheidungen.

d) Der "bekennende" Nichtwähler - Protestwähler

Nicht nur die Wahlbeteiligungen sinken, auch die Struktur der Nichtwähler hat sich verändert. Zu unterscheiden sind drei Gruppen. Zum einen die Gruppe der sogenannten unechten Nichtwähler, d.h. diejenigen, die nicht wählen, weil sie aus technischen Gründen ihre Stimme nicht abgeben können, etwa weil sie den Wahlzettel nicht erhalten (ca. 2-3 %) oder bei der Briefwahl ihre Stimme nicht rechtzeitig abgeschickt haben, zum anderen die Gruppe der grundsätzlichen Nichtwähler (z.B. Zeugen Jehovas) sowie die Gruppe der sogenannten konjunkturellen Nichtwähler, die gelegentlich nicht wählen. Während die unechten und die grundsätzlichen Nichtwähler relativ konstant ca. 5-6% der Nichtwähler ausmachen, steigt die Zahl der konjunkturellen Nichtwähler stetig.

Diese Gruppe der konjukturellen Nichtwähler hat Michael Eilfort im Raum Stuttgart untersucht[409] und kommt zu dem Schluß, daß sie in zunehmendem Maße aus politisch interessierten und informierten Bürgern besteht, die sich bewußt für die Wahlenthaltung entscheiden[410]. Von den untersuchten Nichtwählern gaben 21,7 % politische Gründe für ihre Enthaltung an. Nur 3,1 % begründeten ihre Entscheidung mit politischem Desinteresse.

Ascheberg vom Heidelberger Sinus-Institut bestätigt aufgrund von Gesprächen mit Nichtwählern für seine Studie die Ergebnisse von Michael Eil-

---

[407] *Veen*, Abschluß, Neubeginn und Übergang, in: Parteien in Deutschland zwischen Kontinuität und Wandel (1992), S. 141.

[408] Ebenda.

[409] *Eilfort*, Die Nichtwähler, in: Der Bürger im Staat 3/1990, S. 186-191; *ders.*, Das Parlament 9/1992 vom 21. Februar 1992, S. 10.

[410] *Eilfort*, Das Parlament 9/1992 vom 21. Februar 1992, S. 10 als Vorbericht zu seiner Dissertation. Eilfort befragte schriftlich im Januar und Februar 1991 20.304 zufallsausgewählte Stuttgarter Wahlberechtigte. Fast 2/3 schickten den Fragebogen zurück. Darunter befanden sich 10.656 Wähler und 2.398 Nichtwähler. Von den zurückgesandten Fragebögen basieren seine Aussagen auf der Auswertung von 7.000 Fragebögen.

fort.[411] Nach Ascheberg gibt es sieben Motive für das Nichtwählen: aggressive Abwendung von Parteien und Politikern, ein Gefühl der Sattheit, radikale Opposition gegen das politische System, die Ansicht, daß Wahlen angesichts der großen Probleme in der Welt sinnlos seien, politischer Protest gegen eine aktuelle Entscheidung, die selbstbewußte Abkehr von Frauen von einem männlich dominierten politischen Terrain und schließlich ein radikaler "Individualismus", der sich von einer Teilnahme an der Wahl keinen persönlichen Vorteil verspreche. Alle Motive sind Kennzeichen einer Parteiverdrossenheit. Daneben findet die Unzufriedenheit mit dem bestehenden Parteiensystem Ausdruck in einer Zunahme von Stimmen für kleine Parteien, die weniger wegen Ihrer politischen Programme als wegen Ihrer Kritik am bestehenden Parteiensystem gewählt werden. Das zeigte besonders deutlich die Wahl zur Hamburger Bürgerschaft vom 19. September 1993[412]. Das gilt für die rechten Parteien wie Republikaner und DVU ebenso wie für die bürgerliche Statt Partei, die neben der Kritik an den Parteien kein inhaltliches Wahlprogramm hatte. In der Hamburger Bürgerschaftswahl bekamen die Parteien DVU und Republikaner insgesamt 7,6 % der Stimmen. Die Statt Partei zog auf Anhieb mit 5,6 % der Stimmen in das Parlament ein. Auch die Grünen, die sich gerade als Alternative zu den etablierten Parteien CDU, SPD und FDP verstehen, wenngleich sie selbst bereits zu den etablierten politischen Kräften gehören, profitieren von der Stimmung gegen die Altparteien. Sie erhielten 13,5 % der Stimmen in Hamburg.

e) Parteienstaatsverdrossenheit

Das Ansehen der Politiker und der Parteien wird bei gleichzeitig hoher Zufriedenheit mit der Demokratie immer geringer[413]. Während ca. drei Viertel der Bevölkerung mit der Demokratie zufrieden sind[414], ist das Vertrauen in die Parteien stetig gesunken[415]. Das "affektive Beziehungsverhältnis zwischen Bürger und Parteien (ist) handfest verstimmt, wenn nicht sogar zerrüttet"[416]. In Michael Eilforts Untersuchung stimmten 9,8 % der befragten Wähler voll und 23,1 % mit Einschränkungen der Aussage zu "Die Parteien sind alle korrupt". Bei den Nichtwählern sind es 22,6 bzw. 30,2 %. Den Satz "Die Politiker

---

[411] S. Bericht von *Henkel*, FR v. 5. Februar 1992, S. 1, 3.

[412] S. dazu auch *Jung / Roth*, in: DIE ZEIT v. 24. September 1993, S. 5.

[413] S. *Scheuch / Scheuch*, Cliquen, Klüngel und Karrieren (1992), S. 36-41.

[414] *Stöss*, Parteikritik und Parteiverdrossenheit, in: Aus Politik und Zeitgeschichte, B 21/1990, S. 15(21 mit Tabelle 1).

[415] Ebenda, S. 22, Tabelle 3.

[416] *Wiesendahl*, Volksparteien im Abstieg, in: Aus Politik und Zeitgeschichte, B 34-35/1992, S. 3-14(3).

machen doch, was sie wollen", halten 18,7 % der Wähler und 44,6 % der Nichtwähler für richtig. Dagegen ist die Akzeptanz der Demokratie gleichbleibend hoch[417]. Der Vertrauenswert, der besagt, welches Vertrauen die Bürger den Parteien entgegenbringen, ist Ende 1991 auf einem Tiefstpunkt von 21 % gefallen. Gleichzeitig stieg das Mißtrauen auf die Rekordhöhe von 57 %[418].

Richard Stöss kommt in seiner Untersuchung zur Politikverdrossenheit zu dem Schluß, daß diese nicht dem demokratischen System als solchem gilt, sondern der Parteipolitik und erklärt sie damit, daß "weite Teile der Bevölkerung die Abkoppelungs- und Entfremdungstendenzen sowie den Mangel an Partizipationschancen, an Öffentlichkeit, Offenheit und Überschaubarkeit erkennen und mißbilligen"[419].

f) Zusammenfassung

Es hat sich gezeigt, daß sich die sogenannten Mittlerrolle der Parteien zwischen Staatsorganen und Volk einseitig verlagert hat. Die Verbindung der Parteien zu den Staatsorganen ist enger geworden, während sich die zum Volk gelockert hat[420]. Die Analyse von Gerhard Leibholz ist hinsichtlich der Gleichsetzung von Parteien und Staat annähernd richtig, dagegen ist sie hinsichtlich der Gleichsetzung von Parteien und Volk völlig realitätsfern. Der Befund entspricht den zwei von Rudolf Wassermann aufgestellten Thesen:

"1. Die Träger des Systems in den Parteien, Parlamenten und Regierungen kommunizieren ganz überwiegend nur mit sich selbst, mit Verbänden und den Medien, aber nicht oder nicht ausreichend mit dem Bürger.

2. Bei den Meinungs- und Entscheidungsprozessen haben wenige das Heft in der Hand, während die Kommunikations- und Partizipationschancen der

---

417 *Stöss*, Parteikritik und Parteiverdrossenheit, in: Aus Politik und Zeitgeschichte B 21/1990, S. 21ff(23); *Scheuch / Scheuch*, Cliquen, Klüngel und Karrieren (1992), S. 36ff.

418 *Wiesendahl*, Volksparteien im Abstieg, in: Aus Politik und Zeitgeschichte, B 34-35/1992, S. 3.

419 *Stöss*, Parteikritik und Parteiverdrossenheit, in: Aus Politik und Zeitgeschichte, B 21/1990, S. 15(21).

420 *Scheuch / Scheuch*, Inner- und zwischenparteiliche Interessenverflechtungen, in: Aus Politik und Zeitgeschichte, B 34-35/1992, S. 36-44(44); Die Entfernung der Parteien vom Bürger ist bereits soweit fortgeschritten, daß Parteistrategen den Volksparteien empfehlen, sich völlig von ihren Mitgliedern zu emanzipieren und reinen Kaderparteien zu werden, die sich von Spenden finanziert, *Radunski*, Fit für die Zukunft? Die Volksparteien vor dem Superwahljahr 1994, in: Die Sonde 4/1991, S. 3-8.

Staats- und Parteibürger verkümmern, soweit sie nicht sogar gezielt gering gehalten werden"[421].

Die Realität des Parteienstaates entspricht der Einschätzung von Ute und Erwin K. Scheuch, nach der dieser selbstreferentiell ist, in dem Sinne, daß er "nur noch auf Veränderungen im eigenen System reagiert, also nur sich selbst als Bezug hat. Die Politik in der Bundesrepublik ist selbstreferentiell als Koalition von beamteten Politikern und politisierten Beamten, umgeben von Journalisten im öffentlich-rechtlichen Rundfunksystem. Selbstreferentielle Systeme haben naheliegenderweise die Tendenz, sich zunehmend zu verselbständigen - hier in der Politik gegenüber dem Gesamtsystem Gesellschaft"[422].

---

[421] *Wassermann*, Festschrift für Helmut Ridder (1989), S. 15-22(17).

[422] *Scheuch / Scheuch*, Cliquen, Klüngel und Karrieren (1992), S. 121.

B. Politische Parteien und demokratische Offenheit

I. Das demokratische Offenheitsgebot

Im folgenden Abschnitt wird versucht, das demokratische Offenheitsprinzip zu entwickeln. Zunächst soll der Begriff Offenheit (1.) und seine Aufgabe beschrieben werden (2.). Als wichtigste Voraussetzung für ein demokratisches Gemeinwesen soll Offenheit aus dem Grundgesetz hergeleitet werden (3.). Sein genereller Umfang und die möglichen Verpflichteten werden unter 4. beschrieben, um danach in Unterabschnitt II die Anwendbarkeit des Offenheitsgebotes auf die politischen Parteien und in Unterabschnitt III die konkrete Ausgestaltung untersuchen zu können.

1. Der Begriff "Offenheit"

Unter dem Begriff "Offenheit" sollen hier drei Vorgänge verstanden werden: Publizität, Zugänglichkeit und Teilhabe. Publizität soll als Veröffentlichung von Tatsachen verstanden werden, Zugänglichkeit als die Chance der persönlichen Wahrnehmung eines Sachverhaltes und Teilhabe als die Möglichkeit, persönlich Einfluß auf einen Prozeß nehmen zu können.

Publizität und Zugänglichkeit sind voneinander zu unterscheiden, weil sie eine verschiedene Intensität des Eingriffs in die Sphäre desjenigen bedeuten, der hierzu verpflichtet wird, und weil sie dem Berechtigten eine unterschiedliche Qualität des Eindrucks über einen Vorgang vermitteln. Aus einem unmittelbaren Eindruck können andere Schlüsse gezogen werden als aus einem mittelbaren. Auch ist die Gefahr der Manipulation bei einer unmittelbarer Wahrnehmung geringer. Erst Publizität und Zugänglichkeit machen einen Vorgang zu einem öffentlichen[423].

Publizität und Zugänglichkeit sind Voraussetzungen für die vernünftige Wahrnehmung von Teilhabemöglichkeiten an dem betroffenen Prozeß. Teilhabe bedeutet den stärksten Eingriff in Rechte des Verpflichteten, weil sie dessen Entscheidungsautonomie beschränkt, während sie dem Berechtigten die Möglichkeit zur Selbstverwirklichung gibt.

---

[423] *Smend*, Zum Problem des Öffentlichen und der Öffentlichkeit, in: Gedächtnisschrift für Walter Jellinek (1955), S. 12.

2. Aufgaben von Offenheit

Hier werden Publizität und Teilhabe der Übersichtlichkeit wegen getrennt behandelt; doch in dem Bewußtsein, daß beides eng miteinander verknüpft ist. Das eine gibt dem anderen erst seinen Sinn.

a) Publizität

In der Bewertung von Publizität spiegelt sich das Spanungsverhältnis zwischen Wahrheitstreue und Manipulation wider. Historisch ist Publizität eng mit der Hoffnung verbunden, ein Garant für eine bessere Ordnung zu sein. Gegen die Arkanpraxis in der Monarchie war Publizität Kampfmittel und -ziel zugleich. Damit sollten die Monarchie überwunden und Freiheit, Wahrheit und Gerechtigkeit im Gemeinwesen gewährleistet werden. "So ist Publizität, Öffentlichkeit geradezu eine, gelegentlich die begriffliche Fahne, unter der eine neue Ordnung der Dinge das Abendland zu erobern sucht"[424].

In der französischen Revolution war Publizität und Teilnahme aller am öffentlichen Diskurs eine der Forderungen der Revolutionäre[425]. Die Verbindung zwischen Publizität, Politik und Moral wurde zunächst in der Aufklärung begründet. Immanuel Kant sah Publizität als Möglichkeit, Politik und Moral durch den öffentlichen Gebrauch der Vernunft in Übereinstimmung zu bringen[426]. Erst der öffentliche Diskurs der Vernünftigen sollte den Fortschritt der Gemeinschaft zu einer gerechten Ordnung gewähren, indem die Öffentlichkeit des Diskurses die Wahrheit an den Tag bringt. Öffentlichkeit, Wahrheit und Moral stehen für Immanuel Kant in einem Bedingungszusammenhang. Die Fähigkeit zu und Bedürftigkeit einer Handlung nach Publizität gilt für Kant gar als Maßstab für die "Einhelligkeit der Politik und der Moral"[427], denn "alle auf das Recht anderer Menschen bezogene Handlungen, deren Maxime sich nicht mit der Publizität verträgt, sind unrecht"[428].

Auch Johann Gottlieb Fichte sah durch Publizität einen Automatismus zur Verwirklichung objektiver Werte in Gang gesetzt. Für ihn gewährleistete die Öffentlichkeit aller Verhandlungen der Staatsgewalt die Gerechtigkeit der Regierungsakte, da Gerechtigkeit in der Einheitlichkeit von Gesetzen besteht

---

424 *Smend*, Gedächtnisschrift für Walter Jellinek (1955), S. 12.

425 Dies fand seinen Niederschlag in der Erklärung der Menschenrechte vom 28. August 1789 in den Art. 10, 11 (Meinungs-, Gedanken-, und Pressefreiheit) und Art. 15 (Recht auf öffentliche Rechenschaft der Verwaltung).

426 *Kant*, Zum ewigen Frieden (1795), Reclam 1991, S. 49ff.

427 So der Titel II. im Anhang zu seiner Schrift "Zum ewigen Frieden" (1979), Reclam 1991, S. 49.

428 *Kant*, Zum ewigen Frieden (1795), Reclam 1991, S. 50.

und ein Mangel darin von der Öffentlichkeit bemerkt werden würde[429]. Die Schaffung der "Öffentlichkeit" als Sphäre freier Bürger war von vornherein mit einem normativen Anspruch auf politische Emanzipation verbunden[430]. Jedoch weist bereits Georg Wilhelm Friedrich Hegel die Idee von Öffentlichkeit als Garant für Wahrheit und Moral zurück: "Die öffentliche Meinung verdient daher ebenso geachtet als verachtet zu werden, dieses nach ihrem konkreten Bewußtsein und Äußerung, jenes nach ihrer wesentlichen Grundlage, die, mehr oder weniger getrübt, in jenes Konkrete nur scheint. Da sie in ihr (selbst) nicht den Maßstab der Unterscheidung noch die Fähigkeit hat, die substantielle Seite zum bestimmten Wissen in sich heraufzuheben, so ist die Unabhängigkeit von ihr die erste formelle Bedingung zu etwas Großem und Vernünftigem (in der Wirklichkeit wie in der Wissenschaft)"[431]. Er billigt ihr lediglich eine Funktion als Integrationskraft zu[432].

Für den modernen Staat mit seinen hochentwickelten Massenkommunikationsmitteln und den parallel dazu entwickelten Manipulationstechniken ist Publizität Chance und Fluch zugleich. Heute, nach "einem Jahrhundert ernüchternder massenpsychologischer Erfahrung und Theorien"[433] wurde die Hoffnung auf Wahrheit und Moral durch Publizität enttäuscht. Es hat sich herausgestellt, daß die Masse keine Instanz ist, die ausschließlich Vorurteile durch ihren Diskurs beseitigt, sondern daß sie selbst Vorurteile herstellt[434]. Doch läßt sich der Stand der Technik nicht zurückdrehen. Gegen Manipulation durch Bilder und Worte kann nur eine Publizität der Manipulationstechniken und der "wahren" Bilder und Worte helfen. Publizität ist immer noch der einzig mögliche Weg, sich der Wahrheit und Gerechtigkeit zu nähern[435]. Und auch gegen den Mißbrauch von Publizität gibt es nur ein

---

[429] *Fichte*, Grundlage des Naturrechts (1796), (Medicus) II S. 1ff,172; Ebenso Zachariae, Wissenschaft der Gesetzgebung (1806), S. 233; *ders.*, Das Staatsrecht der Rheinischen Bundesstaaten (1810), S. 110: "Die Gerechtigkeit einer Maxime oder Handlungsweise beruht auf ihrer Tauglichkeit zur Publizität"; *Behr*, System der angewandten allgemeinen Staatslehre oder der Staatskunst (Politik), (1810) I S. 301.

[430] *Kißler*, Die Öffentlichkeitsfunktion des Deutschen Bundestages (1978), S. 39.

[431] *Hegel*, Grundlinien der Philosphie des Rechts, § 318, S. 485.

[432] *Hegel*, Grundlinien der Philosophie des Rechts, § 315, S. 482.

[433] *Smend*, Gedächtnisschrift für Walter Jellinek (1955), S. 15.

[434] *Smid*, Einführung in die Philosophie des Rechts (1991), § 16, S. 142.

[435] *Jaspers*, Wohin treibt die Bundesrepublik? (1966), S. 194: "Die Voraussetzung für einen freien Staat ist ein Maximum an Öffentlichkeit. Nur sie ermöglicht ein Maximum von Wahrheit und Wahrhaftigkeit"; *Kloepfer*, § 35 Rn 14, in: HbdStR II (1987); *Krüger* gibt die Scham des einzelnen etwas Unüberlegtes in der Öffentlichkeit zu sagen und den einsetzenden dialektischen Prozeß in der öffentlichen Diskussion als Gründe für die Annäherung an die Wahrheit durch Öffentlichkeit an, Allgemeine Staatslehre (1966), S. 444f; *Schachtschneider*, Res publica res populi (1994), 7. Teil, 5. Kapitel.

wirksames Mittel: Publizität[436]. Die Verführung der Massen durch Demagogen kann nur durch zusätzliche Information und Aufklärung verhindert werden.

Bis heute besteht diese Verbindung zwischen Publizität und einer besseren Ordnung, selbst wenn die Hoffnung auf absolute Wahrheit durch Publizität aufgegeben wurde. Wird Verfassung selbst als normative Ordnung verstanden, so ist Publizität ein unerläßlicher Baustein zur Erlangung dieser Ordnung.

Somit ist Öffentlichkeit zwar selbst kein normativer Begriff, da zu seiner Erschließung kein Rückgriff auf Werte notwendig ist[437], doch ist er wertbezogen, da er als Voraussetzung zur Verwirklichung von Werten wie es Gerechtigkeit und Wahrhaftigkeit sind, erforderlich ist. Ohne öffentliches politisches Handeln kann kein Diskurs aller über das gemeinsame Handeln stattfinden und eine demokratische Willensbildung erfolgen. Für das Grundgesetz machen dies Art. 5 Abs. 1 GG und die Rechtsprechung des Bundesverfassungsgericht hierzu deutlich, nach der das Grundrecht auf Meinungs- und Informationsfreiheit die "wichtigste Voraussetzung der freiheitlichen Demokratie" ist[438]. Sieht man die Demokratie als einzige dauerhaft gerechte Ordnung an, so ist Publizität mit ihr und damit mit der gerechten Ordnung untrennbar verbunden. Publizität hat nach Leo Kißler eine normative Begriffsvalenz, die sie "aus der Verfassung als Gesamtplan einer "guten Ordnung" schöpft"[439].

b) Teilhabe

Teilhabe ist die Freiheitsgarantie für den einzelnen und gibt dem Gemeinwesen die Rechtfertigung für den Erlaß von Gesetzen. Die Ausstattung mit Durchsetzungsgewalt von Menschen gegenüber andere Menschen legitimiert sich materiell durch die Verwirklichung des bonum commune. Ihre formelle Legitimation bezieht die Demokratie aus der Mitwirkung jedes einzelnen bei der Bildung des allgemeinen Willens. Erst wenn jeder Bürger an der

---

[436] Richtig sagt *Jaspers*, Wohin treibt die Bundesrepublik? (1966), S. 194f: "Die Voraussetzung für einen freien Staat ist ein Maximun an Öffentlichkeit. Nur sie ermöglicht das Maximum an Wahrheit und Wahrhaftigkeit. Es darf keine wesentliche und dauernde Geheimhaltung geben. Der Bürger kann politisch nur dann mitdenken, wenn er zuverlässig informiert wird und seine Urteilskraft schult in der öffentlichen Diskussion."; ebenso *H. Arendt*, Wahrheit und Politik (1969), S. 62f.

[437] *Martens*, Öffentlich als Rechtsbegriff (1969), S. 44.

[438] BVerfGE 7, 198(208).

[439] *Kißler*, Die Öffentlichkeitsfunktion des Deutschen Bundestages (1978), S. 40ff(60,86).

Schaffung der Gesetze beteiligt ist, können sie Geltung gegenüber jedermann beanspruchen. Denn der einzelne akzeptiert Rechtsbeschränkungen, die ihm der allgemeine Wille auferlegt, weil er im Tausch dafür die bürgerliche Freiheit und das Eigentumsrecht erhält[440]. Dementsprechend ist der Mehrheitswille nach dem Bundesverfassungsgericht erst dann der maßgebliche Volkswille, wenn er "aus einem freien und offenen regelmäßig zu erneuernden Meinungs- und Willensbildungsprozeß, an dem grundsätzlich alle wahlmündigen Bürger zu gleichen Rechten teilhaben können, hervorgegangen ist"[441].

Die Teilnahme aller an der Willensbildung legitimiert die Herrschaft des allgemeinen Willens und ist eine Freiheitsgarantie für den einzelnen. In den Worten Jean-Jacques Rousseau's: "Was der Mensch durch den Gesellschaftsvertrag verliert, ist seine natürliche Freiheit und ein unbegrenztes Recht auf alles, wonach ihn gelüstet und was er erreichen kann; was er erhält, ist die bürgerliche Freiheit und das Eigentum an allem, was er besitzt"[442].

Die bürgerliche Freiheit gewinnt der Staatsbürger aber nur, wenn er gleichberechtigt an der Bildung des allgemeinen Willens beteiligt ist. Dann entscheidet er selbst über das Maß der von ihm aufzugebenden Freiheit und muß demzufolge allgemeine Gesetze akzeptieren, will er nicht widersprüchlich handeln.

3. *Offenheit als demokratisches Prinzip*

Das Grundgesetz kennt kein ausdrückliches allgemeines Publizitätsgebot. Es finden sich allerdings einzelne Publizitätsgebote in Art. 5 Abs. 1 S. 1 (Informationsfreiheit), 42 Abs. 1 Satz 1 (Verhandlungsöffentlichkeit des Bundestages), 52 Abs. 3 Satz 3 (Verhandlungsöffentlichkeit des Bundesrates), 82 Abs. 1 GG (Verkündungspflicht von Gesetzen) und für die Parteien in Art. 21 Abs. 1 Satz 4 GG (Rechenschaftspflicht). Über diese einzelnen Verpflichtungen hinaus fragt sich, ob ein generelles Publizitätsgebot nach dem Grundgesetz besteht, das grundsätzliche Aussagen über die Offenheit von Meinungs- und Entscheidungsfindungsprozessen in der Bundesrepublik zuläßt.

Ein generelles Publizitätsgebot wird teilweise mit dem bloßen Bestehen einer Verfassung begründet. Öffentlichkeit sei das "eigentlichste, aufgegebene Wesen moderner Staatlichkeit"[443] und "das Gesetz, unter dem "Verfassung"

---

[440] *Rousseau*, Gesellschaftsvertrag (1762), Reclam 1991, S. 22f.
[441] BVerfGE 44, 125(142); 20, 56(98); BVerfG DÖV1977, 284.
[442] *Rousseau*, Gesellschaftsvertrag (1762), Reclam 1991, S. 22.
[443] *Smend*, Gedächtnisschrift für Walter Jellinek (1955), S. 17; Nach *Häberle*, Öffentlichkeit und Verfassung (1969), in: Verfassung als öffentlicher Prozeß, 225(243)

angetreten ist"[444]. Dieses allein mit der Entstehungsgeschichte des Verfassungsstaates begründete Gebot der Öffentlichkeit überzeugt nicht. Es ist zwar richtig, daß Öffentlichkeit im Kampf gegen das Arkanprinzip monarchischer Willkürherrschaft erst die allgemein akzeptierte Verfassung hervorgebracht hat. Doch ist ein Prinzip, das Rechte und Pflichten begründen soll, aus den Grundsätzen der jeweiligen Verfassung herzuleiten. Die Verfassung allein entscheidet darüber, welche ihrer Entstehungsvoraussetzungen von ihr übernommen werden. Der Umstand etwa, daß viele Verfassungen erst nach Gewaltanwendung zustandekamen, bedeutet nicht, daß Verfassungsgrundsätze generell von jedermann mit Gewalt verteidigt werden dürfen. Vielmehr sind die einzelnen Verfassungsgrundsätze daraufhin zu prüfen, welche historischen Entstehungsvoraussetzungen sie aufgenommen haben.

Für die Bundesrepublik folgt ein allgemeines Publizitätsgebot aus Art. 20 Abs. 2 Satz 1 GG (Volkssouveränität) in Verbindung mit dem Repräsentationsprinzip als Konkretisierung des Demokratieprinzips[445]. Nach Art. 20 Abs. 2 Satz 1 GG geht die Staatsgewalt vom Volke aus. Ausübende der dem Volk zustehenden Staatsgewalt sind die besonderen Organe der Gesetzgebung, der vollziehenden Gewalt und der Rechtsprechung, Art. 20 Abs. 2 Satz 2 GG. Sie vertreten das Volk, Art. 38 Abs. 1 Satz 2 GG. Damit das Volk seine Vertretung anerkennt, bedarf es einer Legitimation der Vertreter[446]. In der repräsentativen Demokratie legitimieren sich die Repräsentanten durch ihre Wahl und innerhalb einer Legislaturperiode durch die Erfüllung des ihnen anvertrauten Amtes[447]. Diese Erfüllung ist jedoch nur möglich, wenn eine permanente Rückkopplung zwischen Abgeordneten und Volk geschieht, denn allein durch demokratische Wahlen ist noch nicht gewährleistet, daß die Politik der Repräsentanten sich zwischen den Wahlen mit dem Volkswillen deckt. "Es ist die ständige Wechselwirkung zwischen Parlament und Öffentlichkeit, welche eine Volksvertretung von einem gewählten Diktator

---

gibt es "ohne Publizität keine Verfassung: Und: außerhalb der Verfassung gibt es keine Öffentlichkeit"; mit gleichem Ergebnis *C. Schmitt*, wenn er aus seinem Staatsverständnis herleitet: "es gibt keinen Staat ohne Repräsentation, weil es keinen Staat ohne Staatsform gibt..." und weiter"...die Repräsentation nur in der Sphäre der Öffentlichkeit vor sich gehen (kann)", S. 207. Ist die Staatsform der Verfassungsstaat, so ist dieser zwangsläufig ohne Öffentlichkeit nicht denkbar.

[444] *Häberle*, Öffentlichkeit und Verfassung (1969), in: Verfassung als öffentlicher Prozeß, S. 225(227).

[445] Vgl. *C. Schmitt*, Verfassungslehre (1928), S. 208f; *Leibholz*, Das Wesen der Repräsentation (1929), S. 176, spricht von "immanenter grundsätzlicher Tendenz zur Publizität"; ebenso *Wolf*, Organschaft und juristische Person, 2. Band (1934), Theorie der Vertretung, S. 83.

[446] BVerfG JZ1993, 1100(1101f;1103); EuGRZ1993, 429(434,438).

[447] *Sternberger*, Herrschaft und Vereinbarung (1986), S. 51; *Stein*, Staatsrecht (1991), § 12, S. 89ff.

unterscheidet. Innerhalb dieser ständigen Wechselwirkung stellen die einzelnen Parlamentswahlen herausragende Ereignisse von einzigartiger Bedeutung dar. Ohne ihre Einbettung in jenes Dauerverhältnis zwischen Parlament und Öffentlichkeit werden sie sich jedoch nicht von den Zerrbildern demokratischer Wahlen unterscheiden, wie sie in totalitären Staaten üblich sind"[448]. Diese tägliche Abstimmung ebenso wie die im Vier-Jahresrhythmus kann nur bei Offenheit aller Handlungen der Repräsentanten Legitimationswirkung haben. Publizität verschafft dem Wähler die Voraussetzung dafür, verantwortlich zu wählen und damit der Wahl die Legitimationsfunktion[449]. Zwischen den Wahlen erneuert die auf Publizität beruhende Rückkopplung zwischen Volksvertretern und dem Volk die Legitimationswirkung der Wahlen. Denn die Wahl ist lediglich ein Kulminationspunkt. Der permanente Prozeß der Meinungsbildung des Volkes mündet in den für die Willensbildung im Staat entscheidenden Akt der Parlamentswahl. Der Ausgang der Wahl entscheidet grob, in welche Richtung der staatliche Willensbildungprozeß in der nächsten Legislaturperiode gehen wird. Doch Art. 20 Abs. 2 Satz 1 GG ordnet die Staatsgewalt ohne Unterbrechung dem Volk zu. Die nach Art. 20 Abs. 2 Satz 2 GG ausführenden Organe sind täglich neu zu legitimieren.[450] Erst die Offenheit des politischen Prozesses für die freie und gleiche Teilnahme aller gewährleistet diese Legitimation.

Eine sinnvolle Meinungsbildung des Bürgers, die Heranbildung einer öffentlichen Meinung überhaupt, setzt Information über die entscheidungserheblichen Tatsachen voraus[451]. So entschied auch das Bundesverfassungsgericht, daß "ein demokratischer Staat nicht ohne freie und möglichst gut informierte öffentliche Meinung bestehen kann"[452]. Demokratie ist ohne Publizität nicht denkbar[453], da sie erst die Teilnahme der Bürger am politischen Prozeß gewährleistet. Ohne diese Information kann der Bürger seine

---

[448] *Stein*, Staatsrecht (1991), § 12 I, S. 91.

[449] *Martens*, Öffentlich als Rechtbegriff (1969), S. 60.

[450] *Schmitt Glaeser*, § 31 Rn 26, in: HbdStR II (1987).

[451] *Schachtschneider* JR1979, 401(402) mit weiteren Nachweisen in Fn 7 und 16; *ders.*, Res puplica res populi (1994), 7. Teil, 5. Kapitel; *Zippelius*, Allgemeine Staatslehre (1991), § 23 II 5.

[452] BVerfGE 20, 162(174); 27, 71(81); BVerfG JZ1993, 1100 LS 2 (1101f,1103); EuGrZ1993, 429(434,438).

[453] *Kant*, Zum ewigen Frieden (1795), Reclam 1991, S. 49ff; *Häberle*, JZ1977, 275; AK-GG-*Schneider* Art. 42 Rn 2; *Grimm*, Die politischen Parteien, in: HbdVerfR (1983), S. 317(321ff, 334, 360) bezeichnet Offenheit als das Leitprinzip des politischen Prozesses.

politischen Rechte nicht verantwortlich wahrnehmen und die Volkssouveränität wäre nicht gewährleistet[454].

Das Bundesverfassungsgericht macht auf einen weiteren Aspekt aufmerksam, wenn es meint, "die parlamentarische Demokratie basiert auf dem Vertrauen des Volkes; Vertrauen ohne Transparenz, die es erlaubt zu verfolgen, was politisch geschieht, ist nicht möglich"[455].

Hieraus ergibt sich zum einen das Grundrecht auf Informations- und Meinungsfreiheit als "wichtigste Voraussetzung der freiheitlichen Demokratie"[456] und zum anderen die prinzipielle Publizität der für den Bürger wichtigen Tatsachen,[457] die jedoch der näheren Bestimmung bedürfen. Originärer Standort eines Anspruchs auf Publizität ist damit das Demokratiegebot und das Repräsentativsystem[458]. Es handelt sich dabei um eine Konkretisierung des von Karl Albrecht Schachtschneider hergeleiteten Anspruchs auf Demokratie[459]. Doch tritt eine Wechselwirkung ein zwischen Art. 20 Abs. 1, 28 Abs. 1 GG und Art. 5 Abs. 1 GG, um so die Einheit der Verfassung zu gewähren[460]. Besteht ein Anspruch auf Publizität von Parteiinformationen gegenüber den politischen Parteien, dann gehören die Parteien diesbezüglich zu den allgemein zugänglichen Quellen und der Zugang darf nicht behindert werden.

Ein Recht auf Publizität läßt sich auch durch das in Art. 20 Abs. 1 und Art. 28 Abs. 1 GG festgeschriebene Rechtsstaatsprinzip begründen. Jedoch gilt es nur für staatliches Handeln. Eine effektive Kontrolle staatlichen Handelns ist nur gewährleistet, wenn es sich in der Öffentlichkeit vollzieht[461]. Über die im Grundgesetz ausdrücklich enthaltenen Publizitätsgebote für den Bundestag, Art. 42 GG, und den Bundesrat, Art 52 GG, wird der Grundsatz der Öffentlichkeit auch für die Gerichte und die Verwaltung aus dem Rechtsstaats-

---

[454] *Stern*, Das Staatsrecht der Bundesrepublik Deutschland, Band I (1984), § 18 II 5 e, g; *Herzog* zu Art. 5 Rn 82, in: Maunz / Dürig; Staff ZRP1992, 384(384, 389).

[455] BVerfGE 40, 296(327).

[456] BVerGE 7, 198(208).

[457] *Martens*, Öffentlich als Rechtsbegriff (1969), S. 68; *Häberle*, ZfP 16(1969), 273(179, 283f); *ders.* JZ1977, 266; *Smend*, Gedächtnisschrift für Walter Jellinek (1955), S. 11(14, 17); *Kloepfer*, § 35 Rn 53, in: HbdStR II (1987); *Marcic*, Festschrift für Adolf Arndt (1969), S. 274.

[458] Zum Anspruch auf wirksame Parlamentsvertretung s. das Maastricht-Urteil des BVerfG JZ1993, 1100(1101,1103); EuGRZ1993, 429(434,438).

[459] *Schachtschneider*, JR79, 401ff.

[460] *Hesse*, Grundzüge des Verfassungsrechts (1991), Rn 71f.

[461] *Dieterich*, Die Funktion der Öffentlichkeit der Parlamentsverhandlungen im Strukturwandel des Parlamentarismus (1970), S. 46; *Kißler*, Die Öffentlichkeitsfunktion des Deutschen Bundestages (1978), S. 63; *Kirchhof*, § 59 Rn 173ff, in: Hb d StR III (1988).

prinzip abgeleitet. Doch deckt sich die so begründete Publizität in Inhalt und Reichweite nicht mit der demokratischen Publizität. Das rechtsstaatliche Publizitätsgebot betrifft nur das Normsetzungsverfahren im engeren Sinne und die zur Durchsetzung der Normen mit öffentlicher Gewalt ausgestatten Institutionen, im Gegensatz zum demokratischen Publizitätsgebot, das den Legitimationsaspekt in den Vordergrund stellt[462]. Allerdings zeigt Hans-Martin Pawlowski den Zusammenhang zwischen demokratischem und rechtsstaatlichem Publizitätsgebot auf, wenn er ausführt, daß aufgrund der Verbindung von Demokratie- und Rechtsstaatsgebot alle Amtsträger verpflichtet sind, "sich bei ihren Amtshandlungen und insbesondere bei Entscheidungen an den Normen (Anweisungen, Aufträge) zu orientieren, die zunächst von der verfassungsgebenden Gewalt, dann aufgrund der Verfassung von der gesetzgebenden Gewalt und schließlich von der jeweiligen politischen Spitze erlassen worden sind. Dann ist es nur eine technisch genauere Ausprägung dieser Prinzipien, daß die Amtsträger ihre Amtshandlungen und Entscheidungen - jedenfalls auf Anfrage - jeweils mit Hilfe dieser Normen rechtfertigen und begründen und insofern auf sie zurückführen müssen"[463].

Der Akt der Gesetzgebung hat öffentlich zu sein, da sich die rechtsstaatliche Kontrolle nur darauf bezieht. Verpflichtete können demnach auch nur die Instanzen der Normgebung, Parlament und Bundesrat, sowie die Verordnungsgeber, sein, Berechtigte nur die jeweils anderen Funktionsträger und die Normadressaten[464]. Ob das demokratische Publizitätsgebot, hergeleitet aus der Forderung nach Volkssouveränität, hingegen mehr als nur das Normsetzungsverfahren im eigentlichen Sinne und die Normadressaten umfaßt, ist im folgenden zu klären.

4. Umfang und Verpflichtete demokratischer Offenheit

a) Umfang des Offenheitsgebotes

Die Aufgabe des demokratischen Offenheitsgebotes bestimmt dessen Umfang. Wie oben festgestellt, ist es Aufgabe von Offenheit, den Bürger in die Lage zu versetzen, eigenverantwortlich an der politischen Willensbildung und damit am Zustandekommen der Gesetze teilnehmen zu können. Offenheit des Diskurses über die allgemeinen Angelegenheiten legitimiert die Repräsentanten[465].

---

[462] *Jerschke*, Öffentlichkeitspflicht der Exekutive und Informationsrecht der Presse (1971), S. 77-83, 122-127.

[463] *Pawlowski*, Methodenlehre für Juristen (1981), Rn 669.

[464] *Kißler*, Die Öffentlichkeitsfunktion des Deutschen Bundestages (1978), S. 69.

[465] BVerfG JZ1993, 1100(1101f,1103); EuGrZ1993, 429(434,438).

Allgemein oder politisch ist ein Gegenstand nach Hermann Heller, der sich unmittelbar und positiv auf das Zusammenwirken einer Gebietsbevölkerung zu einer nach innen und außen handlungs- und lebensfähigen Organisation bezieht[466]. Dieser Auffassung ist zuzustimmen, weil sie eine Trennung von Staat und Gesellschaft vermeidet, die in einer modernen Verfassungsdemokratie nicht mehr existiert. Einen gesellschaftsfreien Staat und eine staatsfreie Gesellschaft, wie sie noch in der Monarchie bestanden, ist nicht mit dem Grundgesetz vereinbar. Die Gesellschaft, das Volk, ist der Staat und allein Inhaber der Staatsgewalt, Art. 20 Abs. 2 Satz 1 GG.

Für Carl Schmitt war das Kriterium für das Politische die Freund-Feind-Unterscheidung[467], die immer auch als letzte Konsequenz die Möglichkeit der physischen Vernichtung des Feindes, also Krieg, beinhalte[468]. Staatliche Einheit sei dann gegeben, wenn diese Freund-Feind-Unterscheidungen als gemeinsame Aufgabe aufgefaßt werde und innerhalb der Gemeinschaft, dem Staat, die Freund-Feind-Unterscheidung, die auch hier immer die Möglichkeit des Bürgerkrieges umfasse, relativiert und überlagert. Eine Definition des Politischen als das Staatsbezogene lehnt er ab, da es heute keinen Staat mehr gebe, der sich von der Gesellschaft unterscheide[469] und auf den sich ein Handeln im Gegensatz zum gesellschaftsbezogenen Handeln beziehen könne.

Carl Schmitts bellizistische Vorstellung des Politischen, die Blutvergießen nicht nur einbezieht sondern auch rechtfertigt, ist insofern zuzustimmen, als Politik notwendig Auseinandersetzung bedeutet und daß es ein staatsbezogenes Handeln als ein Handeln auf ein geschlossenes System Staat nicht im einheitlichen Staat geben kann. Politik ist deshalb der Ausgleich der unterschiedlichen Interessen in allgemeinen Dingen. Das hat jedoch weder mit Feinden noch mit möglichem Krieg zu tun. Politisch ist ein Handeln dann, wenn es sich mit den Dingen beschäftigt, die Verbindlichkeit für alle beanspruchen oder beanspruchen sollen.

Das Politische als das, was alle angeht, ist im Staat zuallererst die Schaffung und Ausführung der allgemeinen Gesetze. Sie beanspruchen Geltung gegenüber jedermann. Dieser Anspruch ist nur berechtigt, wenn grundsätzlich jedermann an dem Erlaß und der Durchführung der Gesetze in angemessener Form teilhaben darf. Nach Ulrich K. Preuß[470] und Wolfgang Martens[471] ist im modernen Massenstaat jedoch die Grenze zwischen "Schaffen" und "Ausführen" von Gesetzen nicht mehr so klar umrissen, wie es

---

[466] *Heller*, Staatslehre (1934), S. 204.
[467] *C. Schmitt*, Der Begriff des Politischen (1932), S. 26.
[468] *C. Schmitt*, Der Begriff des Politischen (1932), S. 26-37.
[469] *C. Schmitt*, Der Begriff des Politischen (1932), S. 23ff.
[470] *Preuß*, Zum staatsrechtlichen Begriff des Öffentlichen (1969), S. 73ff, 166ff.
[471] *Martens*, Öffentlich als Rechtsbegriff (1969), S. 91ff.

noch in der Antike oder der bürgerlichen Gesellschaft war. Das betrifft einmal die Vorverlegung der Auseinandersetzung um Gesetze in den vorparlamentarischen Raum und zum anderen die Schaffung von Verbindlichkeit auch außerhalb von Parlament, Regierung, Verwaltung und Justiz, etwa durch Koalitionen[472]. Selbstverständlich findet die Abstimmung über Gesetze im Parlament statt, doch bereits vorher gibt es Empfehlungen, Verhandlungen und Absprachen. Es haben sich im Vorfeld des Parlamentes Entscheidungskanäle, teils gesetzlich gewollt oder zugelassen, teils nicht gewollt, gebildet. Die vorgesehene Vorverlagerung des öffentlichen Diskurses unterliegt dem Offenheitsgrundsatz, nicht gewollte Entscheidungsmechanismen hingegen müssen beseitigt werden.

Nachdem im folgenden die Verpflichteten des generellen Publizitätsgebotes benannt werden (b), ist der Umfang der verfassungsmäßig garantierten Teilnahme der Parteien am Willensbildungsprozeß zu klären, denn daraus ergibt sich die Reichweite des Publizitätsgebotes. Für die Parteien ist dies in den folgenden beiden Teilen vorzunehmen. Sollten die Parteien sich über die von der Verfassung gewährte Privilegierung hinausgehende Privilegien selbst zusprechen, so sind diese nicht mit einer Publizitätspflicht zu belegen, sondern zu verbieten.

b) Verpflichtete des Offenheitsgebotes

In der klassischen Demokratietheorie ist das Parlament das öffentliche Forum, in dem die Vertreter die allgemeinen Angelegenheiten des Gemeinwesens diskutieren und regeln. Es ist das Zentrum des Politischen im Gemeinwesen. Hier wird nach offenem Schlagabtausch und der Abwägung von Argumenten entschieden. "Das Parlament sollte seinem Wesen nach "parlamentieren", d.h. durch Diskussion "delibrieren"[473].

Dieser klassischen Einstellung zu Folge wird zuerst und seit jeher aus dem Demokratiegebot das Prinzip der Öffentlichkeit allen staatlichen Handelns, der Legislative und der Exekutive, hergeleitet[474]. Dementsprechend bezieht sich gleiche Teilhabe zunächst auf das allgemeine Wahlrecht gem. Art. 38 Abs. 1 Satz 1 GG für die Legislative und gleichen Zugang zu öffentlichen Ämtern

---

[472] *Preuß*, Zum staatsrechtlichen Begriff des Öffentlichen (1969), S. 168ff; *Martens*, Öffentlich als Rechtsbegriff (1969), S. 79ff.

[473] *Dieterich*, Die Funktion der Öffentlichkeit der Parlamentsverhandlungen im Strukturwandel des Parlamentarismus (1970), S. 32.

[474] *Stern*, Das Staatsrecht der Bundesrepublik Deutschland, Band I (1984), § 18 II 5 e; *Kloepfer*, § 35 Rn 56, in: HbdStR II (1987); *Marcic*, Festschrift für Adolf Arndt (1969), S. 289; *Kalt*, Das Prinzip der Öffentlichkeit staatlichen Handelns als Voraussetzung der demokratischen Willensbildung (1953).

gem. Art. 33 Abs. 2 GG. Dies läßt sich mit Art. 20 Abs. 2 Satz 1 GG unter der Annahme rechtfertigen, daß sich der vom Parlament in Gesetze umzusetzende Volkswille artikuliert und durch die Verwaltung vollzogen wird. Doch artikuliert sich stattdessen im Parlament tatsächlich ein vorgefertigter Wille einer exklusiven Minderheit, der weitgehend außerhalb des Parlaments entstanden ist. Die Publizität von und die Teilhabe der Bürger an Parlamentsvorgängen nützt wenig, da sie sowohl in der laufenden Legislaturperiode, als auch bei den Wahlen von den Entscheidungsprozessen ausgeschlossen werden[475].

Es sind nicht mehr die Organisationen mit Regelungsmacht, die die Entscheidungen fällen, sondern zunehmend frei gebildete, nicht auf der Verfassung beruhende Organisationen und Verbände. Es geschieht bereits ein Vorverhandeln, das die rechtsverbindlichen Entscheidungen des Parlaments vor- und aufbereitet und die Interessen herauskristallisiert. Orte dieser Vorverhandlungen sind die Fraktionen und Parteien, Verbände und Gewerkschaften, Kirchen und Wirtschaftsunternehmen, in denen die Abgeordneten ihre Linien absprechen bzw. instruiert werden[476].

Die politische Entscheidungsfindung hat sich in der Bundesrepublik in den vorparlamentarischen Raum verlagert. Dieser Raum wird auch Bereich des Öffentlichen genannt. Als öffentlich lassen sich nach Ulrich K. Preuß jene Bereiche des modernen demokratischen Verfassungsstaates bezeichnen, "die die politische Existenz einer Gebietsbevölkerung begründen, als solche verfassungsrechtlich legitimiert und durch eine der Realisierung dieser Legitimationsprinzipien dienende, vor dem souveränen Volk eingelöste Verantwortlichkeit normativ gebunden sind"[477]. Dies konkretisiert er, indem er neben die institutionalisierten Organe der politischen Ordnung (Legislative, Exekutive und eingeschränkt Judikative) weitere Legitimationsbereiche als Folge dieser umfassenden Politisierung der Gesellschaft schafft[478]. "Öffentlich im Sinne der Legitimation durch die Verfassungsordnung des Grundgesetzes und einer auf diese Legitimation bezogenen spezifischen Verantwortlichkeit sind daher jene

---

[475] S.a. *Rotteck / Welcker*, Staatslexikon, S. 257; ebenso *Krüger*, Allgemeine Staatslehre (1966), S. 230: "Hieraus ergibt sich unmittelbar für sein (des Staates, d. Verf.) Sein und Tun, daß sich beide grundsätzlich soweit wie möglich öffentlich abspielen sollen; im parlamentarischen System gilt dies insbesondere für die Verhandlungen des Parlaments".

[476] *C. Arndt* sieht die Aufgabe des Parlamentes als "Forum der Nation", das nicht Entscheidungen sucht und berät, sondern dem Publikum die in den Fraktionen gefällten Entscheidungen präsentiert, § 21 Rn 9ff(11), in: Parlamentsrecht und Parlamentspraxis (1989); *Forsthoff*, Zur verfassungsrechtlichen Stellung und inneren Ordnung der Parteien, in: Die politischen Parteien im Verfassungsrecht (1950), S. 7.

[477] *Preuß*, Zum staatsrechtlichen Begriff des Öffentlichen (1969), S. 79.

[478] Ebenda, S. 164.

Gruppen und Organisationen, die an der Auseinandersetzung um die Verteilung des Sozialproduktes teilnehmen und auf diese Weise ihrerseits die Teilnahme ihrer Mitglieder und Anhänger, oder allgemein der "Staatsbürger", an diesen politisierten Prozessen vermitteln"[479].

Das aus Art. 20 Abs. 2 Satz 1 GG in Verbindung mit dem Repräsentativsystem hergeleitete Publizitätsgebot bezieht sich nicht nur auf staatliches Handeln, sondern auch auf die Staatswillensbildung[480], verstanden als die Willensbildung im Gemeinwesen; denn die politische Entscheidungsfindung soll offen sein, damit die Legitimationswirkung der Wahl und des täglichen Diskurses zugunsten der Repräsentanten eintritt. Der Bürger hat zumindest einen Anspruch auf Publizität gegenüber allen Gruppierungen, die von der Verfassung bei der Teilnahme am Willensbildungsprozeß insoweit privilegiert werden, als sie einen Platz im öffentlichen Diskurs garantiert bekommen und mit öffentlichen Mitteln unterstützt werden. Denn damit wird ihnen die Möglichkeit gegeben, auf den öffentlichen Diskurs privilegiert einzuwirken und dessen Legitimationswirkung gegenüber den Repräsentanten zu beeinträchtigen. Ihre Tätigkeit ist politisch[481], da sie "unmittelbar auf den Prozeß der Konstituierung eines gesamtgesellschaftlichen Organisationszusammenhanges bezogen ist"[482]. Erst wenn diese Gruppierungen den Prozeß ihrer inneren Willensbildung darlegen und Zugang sowie Teilhabemöglichkeiten gewähren, erhält der öffentliche Diskurs Legitimationswirkung, ja, der Diskurs wird dadurch erst öffentlich. Das Recht auf eine privilegierte Stellung im Staat korrespondiert mit der Pflicht zur Offenlegung, andernfalls bestünde die Gefahr der Verselbständigung von einzelnen Institutionen mangels Kontrolle durch den einzigen Souverän: das Volk.

Auch Wolfgang Martens entwickelt einen Bereich des Öffentlichen und dehnt damit Publizitätsgebote auf nichtstaatliche Organisationen aus, die in diesem Bereich tätig sind. Doch geht er jeweils von konkret hergeleiteten Publizitätsgeboten aus und folgert darauf bezogen konkrete Publizitätspflichten. "Schier unübersehbar ist nicht nur die Fülle der Publizitätsobjekte, auch Publizitätsfunktionen und Publizitätsadressaten weisen eine große Variationsbreite auf...Deshalb sind auch sinnvolle Aussagen über die Publizität und das Publizitätsprinzip nicht möglich, es gibt sie ebenso wenig, wie es die Öffentlichkeit und das Publikum gibt"[483].

---

[479] Ebenda, S. 172.

[480] *Kelsen*, Allgemeine Staatslehre (1925), S. 354: "daß die Öffentlichkeit des parlamentarischen Verfahrens - sowie überhaupt jeder Art und Stufe der Staatswillensbildung oder Rechtserzeugung - ein Grundprinzip der parlamentarischen Demokratie".

[481] *Preuß*, Zum staatsrechtlichen Begriff des Öffentlichen (1969), S. 80.

[482] *Preuß*, Zum staatsrechtlichen Begriff des Öffentlichen (1969), S. 80.

[483] *Martens*, Öffentlich als Rechtbegriff (1969), S. 59.

Wolfgang Martens ist darin recht zu geben, daß ein Publizitätsgebot gegenüber Organisationen ohne Regelungsbefugnisse - und das sind die politischen Parteien[484] - eine konkrete Rechtsgrundlage braucht. Normen, aus denen sich eine konkrete Publizitätspflicht innerparteilicher Sachverhalte ergibt, sieht Wolfgang Martens im Parteienrecht außer Art. 21 Abs. 1 Satz 4 GG für die Finanzen und § 6 Abs. 3 Satz 3 PartG für Satzung und Programm nicht[485]. Die in Parteien "übliche Geheimhaltungspraxis" bleibt dann für ihn lediglich ein zu mißbilligender "schlechter politischer Stil"[486].

Zu diesem Bereich der politischen Teilnahme gehören nach Ulrich K. Preuß neben der Presse und den Verbänden in erster Linie die politischen Parteien. Nicht, weil sie gemeinwohlorientiert arbeiten, sondern weil ihre politische Teilnahme verfassungsmäßig durch Art. 21 GG legitimiert sei[487]. Bei der Herleitung von konkreten parteilichen Publizitätserfordernissen ist ein Mittelweg zwischen Ulrich K. Preuß und Wolfgang Martens zu gehen. Beide sind für diese Untersuchung fruchtbar zu machen: die Analyse des politischen Prozesses durch Ulrich K. Preuß und das Beharren auf einer konkreten Grundlage und einem festumrissenen Umfang durch Wolfgang Martens.

II. Die Parteien und das demokratische Offenheitsgebot

Nachdem bisher Offenheit als zentrale Kategorie des demokratischen Staates hergeleitet wurde, werden nun die Geltung des Prinzips für die politischen Parteien (II., 1.) und seine Grenzen (II., 2.) aufgezeigt. Im Anschluß daran sollen in Unterabschnitt III die konkreten Verpflichtungen der Parteien untersucht werden. Doch bevor diese geschieht, wird eine Auseinandersetzung mit den Gegenpositionen parteilicher Offenheit erfolgen (II., 3., 4.).

---

484 Nach einhelliger Meinung sind politische Parteien keine Verfassungsorgane, BVerfGE 1, 208(225): "verfassungsrechtliche Organisationen", *Martens*, Öffentlich als Rechtsbegriff, S. 153; *Seifert*, Die politischen Parteien im Recht der Bundesrepublik (1975), S. 77; *Leibholz / Rinck / Hesselberger*, Rn 7 zu Art. 21 anstatt vieler. Die h.M. sieht die Parteien als Vereine bürgerlichen Rechts, *Seifert*, Die politischen Parteien im Recht der Bundesrepublik, S. 75; *Henke*, Das Recht der politischen Parteien (1972), S. 53ff; *v. Münch*, Rn 38 zu Art. 21, in: v. Münch-GGK II (1983); BGH 80, 443; OLG Frankfurt NJW1970, 2250; LG Berlin 70, 1047(1048); a.A. *Hesse*, er stuft sie als Organisationen des öffentlichen Rechts ein, VVDStRL 17(1959), 11(39ff); s.a. *Häberle* JuS1967, 64(73).

485 Ebenda, S. 157.

486 Ebenda, S. 158.

487 Ebenda, S. 171, 180.

1. Die Parteien als Verpflichtete des Offenheitsgebotes

Im folgenden soll dargestellt werden, daß die Verpflichtung der Parteien zur generellen Offenheit zu ihrem Status gehört. Der Status der Öffentlichkeit politischer Parteien selbst folgt aus ihrer Aufgabe, den Meinungsbildungsprozeß zu fördern. Damit dem Volk als Souverän die Chance gegeben wird, die Erfüllung dieser Aufgabe zu kontrollieren und zugleich eine Heranbildung einer beherrschenden Stellung auf dem Gebiet der Willensbildung zu verhindern, unterliegen die Parteien dem Offenheitsprinzip. Offenheit gibt den Bürgern als Inhabern der Staatsgewalt die Möglichkeit, ein Parteienoligopol zu verhindern und so ein Gegenmittel gegen die Tendenz der Parteien, das Volk zu beherrschen. Das gilt insbesondere, wenn den Parteien eine finanzielle und rechtliche Privilegierung zuteil wird, etwa durch die Gewährung von öffentlichen Geldern, die Bevorzugung bei der Kandidatenaufstellung oder die Kompetenz für Organklagen nach Art. 93 Abs. 1 Nr. 1 GG. Die Pflicht zur Offenheit schafft dafür einen Ausgleich und gewährleistet die in Art. 21 Abs. 1 Satz 1 GG allein vorgesehene Mitwirkung der Parteien an der politischen Willensbildung. Öffentlichkeit im Sinne von Transparenz ist, wie in Abschnitt B, Unterabschnitt I, dargestellt, auch ein Lebensprinzip demokratischer Alternativoffenheit. Die Öffentlichkeitsgehalte des Demokratieprinzips prägen auch das Parteienrecht[488].

Das Offenheitsgebot kann aber nicht generell auf die Parteien angewandt werden. Es muß auf die besonderen Aufgaben der Partei und der Ausgestaltung seiner Tätigkeit in der Demokratie ausgerichtet werden. Die Grenzen des Offenheitsgebotes sind im Einzelfall mit dem Recht des Bürgers auf Mitwirkung in einem Abwägungsprozeß abzustimmen. Namentlich das Konkurrenzprinzip, das sich für die Parteien aus der Entscheidung der Verfassung für ein Mehrparteiensystem ergibt, ist zugunsten der parteilichen Geschlossenheit zu berücksichtigen.

2. Das Geschlossenheitsprinzip als Garantie des parteilichen Wettbewerbs

Aus der Mehrzahlformulierung des Art. 21 Abs. 1 Satz 1 GG ("Die Parteien...) und der Gründungsfreiheit gem. Art. 21 Abs. 1 Satz 2 GG geht hervor, daß das Grundgesetz das Mehrparteienprinzip voraus setzt[489]. Es ent-

---

[488] *Grawert*, Parteiausschluß und innerparteiliche Demokratie (1987), S. 27; *Hasenritter*, Parteiordnungsverfahren (1981), S. 20.

[489] BVerfGE 2, 1(13); AK-GG-*Preuß* (1989) Art. 21 Abs. 1, 3 Rn 12; *v. Münch* Rn 22 zu Art. 21, in: v. Münch-GGK II (1983); *Maunz* in: Maunz-Dürig, Kommentar zum

scheidet sich damit für einen politischen Wettbewerb unter den Parteien[490]. Das Konkurrenzprinzip der Parteien entspricht einer pluralistischen Gesellschaft. Die Parteien werben um Anhänger und Unterstützer ihrer Ideen, mithin um Mitglieder, Spender und Wähler (nicht der Parteien, sondern der Abgeordneten). Im Wettbewerb der Lösungen und Meinungen untereinander, der zugleich Ausdruck eines vielgestaltigen Volkswillens ist, soll die "gute Ordnung", der gerechteste Ausgleich gefunden werden[491]. In der Verfassungswirklicheit, dem Parteienstaat, ist diese Konkurrenz um Lösungen und Ideen zum bloßen Kampf um Herrschaft und Macht entartet, der den demokratischen offenen Diskurs verhindert[492].

Aus dieser Wettbewerbssituation unter den Parteien, die verfassungsrechtlich gewollt ist und durch den Grundsatz der Chancengleichheit der Parteien gefördert wird, ergeben sich die Grenzen des Offenheitsgebotes für politische Parteien. Denn die Parteien sind nur wettbewerbsfähig, wenn sie sich ein Mindestmaß an Geschlossenheit erhalten können, die gewährleistet, daß die Teilnehmer am innerparteilichen Diskurs eine vergleichbare politische Grundeinstellung haben. Erst dann gewinnen sie Profil und haben Außenwirkung. Nicht vom Grundgesetz hingegen ist die Ansicht gedeckt, Parteien seien "politische Kampfgemeinschaften", wie Wilhelm Henke versteht[493], die als geschlossene Einheiten sich gegeneinander im Kampf um Herrschaft ausstechen. Diese Auffassung deckt sich zwar mit dem Befund des Parteiensystems in der Bundesrepublik. Aber sie findet in der Verfassung keine Grundlage. Denn sie führt zwangsläufig zu den in Abschnitt A, Unterabschnitt III, beschriebenen negativen Phänomenen. Das Geschlossenheitsprinzip schränkt den notwendigen Diskurs im Innern ein und behindert ihn nach außen. Parteienoligarchie, Ämterpatronage, Negativauslese, Gleichschaltung der Abgeordneten, Einflußlosigkeit des einzelnen Bürgers und Verschwendung öffentlicher Gelder sind typische Folgen des Kampfes der Parteien um die Macht im Staat. Das Grundgesetz sieht an keiner Stelle diese Machtstellung der Parteien über die Abgeordneten, die Beamten und zunehmend die Richterschaft vor. Dagegen sieht es das Volk als Souverän und unterwirft die Abgeordneten allein ihrem Gewissen, sowie die Beamten und die Justiz den Gesetzen.

Grundgesetz, Rn 35 zu Art. 21; *Kunig*, § 35 Rn 19, 21, in: HbdStR II(1987); *Seifert* DÖV1956, 1(6).

[490] *Grawert*, Parteiausschluß und innerparteiliche Demokratie (1987), S. 81f.

[491] BVerfGE 5, 85(135, 204f); 7, 198(208); 12, 113(125); *Seifert*, Die politischen Parteien im Recht der Bundesrepublik (1975), S. 419f; *Häberle*, Verfassungsinterpretation als öffentlicher Prozeß - ein Pluralismuskonzept (1978), in: Verfassung als öffentlicher Prozeß, S. 121(137ff).

[492] S. unter Abschnitt A, III.

[493] *Henke* zu Art. 21 Rn 268, in: Bonner Kommentar (1991).

Als Konsequenz aus der Gründungsfreiheit gem. Art. 21 Abs. 1 Satz 2 GG wird aber mehrheitlich die Garantie der Parteiautonomie gefolgert[494]. Die Gründungsfreiheit gebe den Parteien das Recht, ihre eigenen Angelegenheiten selbst zu regeln, und stehe unter dem Gebot der innerparteilichen demokratischen Ordnung gem. Art. 21 Abs. 1 Satz 3 GG. Dazu ist zu sagen, daß Parteiautonomie, wie Art. 21 Abs. 1 Satz 3 GG zeigt, nur in den vom Grundgesetz gezeichneten Grenzen gilt[495]. Wenn die Funktion der Parteien in der modernen Demokratie die Publizität der parteilichen Willensbildung verlangt, dann kann dem nicht die Parteiautonomie entgegengesetzt werden. Zu recht bezeichnet Franz Knöpfle deshalb das Vereinsrecht der politischen Parteien als verfassungsgeformtes Privatrecht[496]. In diesem Sinne kann die Parteiautonomie immer nur verfassungsgeformte Autonomie sein. Ihre Grenzen ergeben sich aus der Abwägung der Verfassungsprinzipien der generellen Offenheit des politischen Prozesses und der parteilichen Bündnishaftigkeit, die das Funktionieren des zwangsläufig offenen parteilichen Diskurses gewährleisten soll. Dabei ist auch zu berücksichtigen, daß sich ein Teil der Parteien durch ihre Entwicklungen zu Volksparteien allen Schichten gegenüber geöffnet hat und damit ihren Anspruch auf Geschlossenheit selbst aufweicht[497].

3. Gegenpositionen zum Offenheitsprinzip: Privatheit der Parteien und Außenpluralismus

a) Privatheit von Parteien

Gegen die Anwendbarkeit des Offenheitsprinzips auf Parteien könnte sprechen, daß politische Parteien als privatrechtliche Organisationen und gesellschaftlich frei gebildete Gruppen selbst bestimmen sollten, nach welchen Prinzipien sie sich organisieren. Doch zunächst gibt es niemanden, der die Theorie von der Privatheit der Parteien konsequent durchhält. Wie in A., II. dieser Arbeit beschrieben, wird bei der Finanzierung auf die Erfüllung öffentlicher Aufgaben (§ 1 Abs. 1 Satz 2 PartG) hingewiesen und der Status des eingetragenen oder nicht eingetragenen Vereins wird in der Praxis eher als

---

[494] *Tsatsos*, Festschrift für H. Mosler (1983), S. 997(1000, 1010); *Wolfrum*, Die innerparteiliche demokratische Ordnung nach dem Parteiengesetz (1974), S. 146; *Henke* zu Art. 21 Rn 55, in: Bonner Kommentar (1991); *ders.*, Das Recht der politischen Parteien (1972), S. 232; *Seifert*, Die politischen Parteien im Recht der Bundesrepublik (1975), S. 214ff;

[495] Zur Parteiautonomie s. *Maly-Motta*, Die Sicherung des freien Zuganges zu den politischen Parteien ("Parteibürgerrecht") (1972), S. 88ff.

[496] *Knöpfle*, Der Staat 9(1970), S. 338.

[497] *Trautmann*, Innerparteiliche Demokratie im Parteienstaat (1975), S. 201f.

Flucht in das Privatrecht gegenüber Anspruchstellern genutzt. Vielmehr haben die Parteien, wie in A., I., 3. gezeigt wurde, einen Status der Öffentlichkeit, der auf sie grundsätzlich alle demokratischen Prinzipien anwendbar macht. Zu diesen Prinzipien gehört auch die demokratische Offenheit.

b) Außenpluralismus

Weiter könnte gegen das Offenheitsprinzip das Modell des Außenpluralismus sprechen, nach dem Parteien sich als Kampforganisationen gegenüberstehen, wie es die herrschende Meinung in der Bundesrepublik versteht[498]. Diese Wettbewerbsituation erfordere eine gewisse Geschlossenheit. Doch wie in A., I., 2., b), dargelegt, dient der Parteienwettbewerb dem Zweck der Gemeinwohlverwirklichung und unterliegt deshalb den Regeln dieser Zweckverwirklichung. Diese Regeln stehen in der Verfassung und zu ihnen gehört die demokratische Offenheit. Das notwendige Maß an Geschlossenheit wird durch die oben beschriebene Güterabwägung mit dem im folgenden III. noch zu findenen konkreten Ergebnissen gewährleistet.

4. Weitere Gegenpositionen: Eintrittsfreiheit und fehlendes Reformbedürfnis

a) Eintrittsfreiheit

Es könnte eingewendet werden, daß jedem Bürger die Möglichkeit gegeben werde, eine eigene Partei zu gründen, indem das Grundgesetz in Art. 21 Abs. 1 Satz 2 GG die Gründungsfreiheit aufgenommen hat. Es sei deshalb nicht einzusehen, warum Parteien offen für Parteilose sein sollten. Dieser Einwand ist bereits oben als praktisch undurchführbar entlarvt worden. Er beruht auf der Fiktion, jeder hätte genügend Zeit, Know How und Geld, um eine Partei zu gründen. Doch nur in Ausnahmefällen, in denen Ideen und Lösungsansätze von einer Vielzahl von Bürgern getragen werden, kommt eine erfolgreiche Parteigründung zustande, wie bei der Partei der Grünen, den Republikanern oder zuletzt der Statt Partei in Hamburg. Doch sind dies auf Länder- und Bundesebene die großen Ausnahmen. Ein Rezept für den einzelnen zur politischen Teilhabe ist die Parteigründung sicherlich nicht.

Ein weiteres Argument gegen Offenheit könnte sein, daß fast jeder in eine Partei eintreten kann. Wer an der Politik der Parteien teilhaben will, dem sei die geringe Hürde einer Parteimitgliedschaft zuzumuten. Auch sei nicht

---

[498] S. Fn 493.

einzusehen, warum Parteimitglieder die Parteiarbeit machen sollen und die Mitgliedsbeiträge zu zahlen haben, wenn Parteilose mit nahezu denselben Rechten ausgestattet werden. Dem ist zu entgegnen, daß es sich bei der Teilhabe um verfassungsmäßige demokratische Rechte handelt, die die Parteien nicht einfach okkupieren können. In der Verfassung steht nichts von Parteimitgliedschaft als Voraussetzung für politische Gestaltungschancen.

Außerdem werden Parteilose nicht den Parteimitgliedern gleichgestellt, sondern erhalten lediglich die demokratischen Basisrechte. Sie erhalten ein Anrecht auf Information und politisches Gehör. Die Parteiämter bleiben in der Obhut der Mitglieder. An ihrer Wahl dürfen Parteilose nicht teilnehmen, weder passiv noch aktiv[499].

Es trifft auch nicht zu, daß Parteilose keinen finanziellen Beitrag leisten. Über die öffentliche Parteifinanzierung leistet jeder Bürger seinen Beitrag. Gerade ihre allgemeinpolitische Bedeutung führen die Parteien als Hauptargument für ihre Finanzierung aus Steuermitteln an.

b) Fehlendes Reformbedürfnis

Dieses Argument lautet, daß Offenheit keine praktische Relevanz habe, weil Bürger sie nicht wahrnehmen würden. Zunächst ist dies eine Hypothese, die sich nicht beweisen läßt. Gegen diese Hypothese spricht, daß viele Polit-Profis gerade Offenheit von Parteien als wirksamstes Mittel gegen Politik- und Parteiverdrossenheit ansehen[500].

Dagegen spricht auch, daß es viele politisch aktive Bürger gibt, die einen Gestaltungswillen haben, die aber die Parteiarbeit ablehnen, weil die Parteien zu verkrustet sind. Das zeigt die starke Resonanz von politischen Organisationen wie Greenpeace, amnesty international sowie von lokalen Bürgerinitiativen.

Abgesehen davon ist Offenheit des politischen Prozesses eine demokratische Essentiale, die auch zu gewähren wäre, wenn sie niemand wahrnehmen würde, was nicht zu erwarten ist. Doch sind die Bürger vielleicht nur noch nicht darauf gekommen, daß ihnen ein Teil der Rechte zusteht, die die Parteien für sich allein seit Jahrzehnten reklamieren. Peter Häberle macht auf einen Sogeffekt von Öffentlichkeit aufmerksam:

---

[499] S. unter Abschnitt B, III., 3.

[500] So etwa Ministerpräsident *Rau*, "Zwischen Allmacht und Ohnmacht", DIE ZEIT v. 23. Oktober 1992, S. 6; MdB *Thierse*, "Wir brauchen die Einsicht in die Grenzen der Politik", FR v. 11. Juli 1992; SPD-Vorsitzender Engholm nach SZ v. 2. Juli 1992.

"Öffentlichkeit ist ein Stimulans für die (noch) nicht interessierte Öffentlichkeit, zur interessierten Öffentlichkeit zu werden !"[501].

III. Anwendung des demokratischen Offenheitsgebotes auf die Parteien

In diesem Teil soll die konkrete Ausgestaltung des Offenheitsgebotes für politische Parteien behandelt werden. Es wird im einzelnen geprüft, welchen Verpflichtungen die Parteien unterliegen, Nichtmitgliedern Informationen zu geben (1.) und ihnen Zugang zu (2.) und Teilhaberechte an (3.) den politischen Prozessen zu gewähren. Anschließend wird die Durchsetzbarkeit dieser Rechte besprochen (4.).

In den Bundessatzungen der großen Parteien finden sich gegenwärtig nur sehr vereinzelt Rechte für Nichtmitglieder. So darf ein Nichtmitglied gegen die Ablehnung seines Aufnahmeantrags Einspruch beim Unterbezirksvorstand mit Berufung zum Bezirksvorstand (§§ 3 Abs. 2 und 4 Organisationsstatut der SPD) bzw. beim Landesvorstand (§ 5 Abs. 3 Statut der CDU) oder Einspruch bei der Mitglieder- bzw. Delegiertenversammlung des zuständigen Gebietsverbandes der untersten Ebene (§ 3 Abs. 1 Satz 2 Satzung der Grünen) einlegen. In § 4 Abs. 3 Satz 2 des Organisationsstatuts der SPD ist die Mitarbeit von Nichtmitgliedern in den Gliederungen und Arbeitsgemeinschaften ausdrücklich ausgeschlossen. Bei Sitzungen des Parteivorstandes und des Parteirates ist Öffentlichkeit nicht vorgesehen. Auch die Parteitage sind nicht explizit öffentlich. In den Satzungen wird vielmehr von einer grundsätzlichen Geschlossenheit gegenüber Nichtmitgliedern ausgegangen.

Über öffentliche Äußerungen von Parteipolitikern hinaus[502] zeigen hingegen einige untere Parteiverbände eine Tendenz zum offeneren Umgang mit

[501] Öffentlichkeit und Verfassung (1969), in: Verfassung als öffentlicher Prozeß, S. 225(237); *v. Arnim*, "Hat die Demokratie Zukunft?", in: FAZ Beilage "Bilder und Zeiten", v. 27. November 1993, der für die Bereitschaft der Bürger gemeinwohlorientiert und politisch tätig zu sein das große Engagement der Bürger bei der Abfallsortierung und die hohe Beteiligung bei der SPD-Mitgliederbefragung (57 %) über den Parteivorsitz im Sommer 1993 entgegen der von den Berufspolitikern erwarteten 15 % Beteiligung anführt.

[502] Etwa MdB *Thierse*, "Wir brauchen die Einsicht in die Grenzen der Politik", FR v. 11. Juli 1992: "Viele Menschen wollen sich - in der richtigen Erkenntnis, daß Politik nicht alles sein kann - nur punktuell, nur bei bestimmten Projekten, nur für bestimmte Fragen und nur auf begrenzte Zeit einsetzen...Diese Öffnung der Parteien für die Einflußnahme Dritter würde auch dem Prinzip der Repräsentation auf zeitgemäße Weise entsprechen".

Parteilosen als Reaktion auf die zunehmende Parteiverdrossenheit[503]. Von den großen Parteien hat allein die SPD in ihrem im März 1993 vorgestellten Reformprogramm "SPD 2000" weiterreichende Mitwirkungsrechte für Nichtmitglieder im Parteiapparat vorgesehen[504]. Inwieweit das von einer Kommission gefertigte Programm mehrheitsfähig ist, kann noch nicht beurteilt werden.

Grundsätzlich wird eine Partei jedes Nichtmitglied begrüßen, es über ihre Arbeit informieren und als Mitglied werben wollen. Schließlich leben die Parteien von ihrer Resonanz in der Bevölkerung. Doch geht es hier darum, ob die Parteien selbst über die Grenzen der eigenen Publizität, des Zuganges und der Mitarbeit von Parteilosen entscheiden dürfen, wie es zur Zeit Praxis ist, oder ob und inwieweit ihre verfassungsrechtliche Aufgabe eine Öffnung für Nichtmitglieder verlangt. Es kommt also auf die konkrete Abwägung der Rechtsgüter - "Mitwirkung aller Bürger" - und - "Geschlossenheit der Parteien" - an.

1. Publizität

Publizität ist ein den ganzen demokratischen Willensbildungsprozeß durchdringender Verfassungsgrundsatz, nach dem die Institutionen, die aufgrund der Verfassung die Möglichkeit eingeräumt bekommen, eine entscheidende Rolle bei der Willensbildung zu spielen, dem demokratischen Offenheitsprinzip unterliegen. Die "Publizitätspflicht" der Parteien besteht daher nicht nur den Parteimitgliedern, sondern allen Bürgern gegenüber. Das Offenheitsprinzip betrifft grundsätzlich die ganze Organisation und Arbeit der mit der Aufgabe der politischen Willensbildung betrauten Parteien. Die Regel ist Publizität, die Ausnahme Vertraulichkeit.

---

[503] Im Herbst 1992 hat der schleswig-hosteinische CDU-Parteitag beschlossen, eine "Schnuppermitgliedschaft" für junge Menschen bis 25 Jahre im Landesverband einzuführen, die ohne Beitragszahlung die vollen Mitgliedsrechte inklusive des innerparteilichen Wahlrechts auf begrenzte Zeit gibt, SZ v. 21. September 1992; die "Schnupper-Kampagne" wurde innerhalb der CDU auf ganz Deutschland ausgedehnt, FAZ v. 17. Mai 1993, S. 6; Gegner der Probemitgliedschaft wenden ein, daß die Begrenzung auf eine bestimmte Altersgruppe und die Möglichkeiten der Manipulation bei der Kandidatenaufstellung diese Einrichtung verfassungswidrig mache, s. SZ v. 25./26. September 1993. Auch der Landesvorstand der brandenburgischen SPD hat ihren Kreisverbänden Anfang 1993 empfohlen, bei der nächsten Kommunalwahl offene Listen für engagierte Bürger, die nicht Mitglieder der SPD sind, aufzustellen, FR v. 22. Januar 1993, S. 5.

[504] SZ v. 18. März 1993, S. 6.

Für die Finanzen hat Art. 21 Abs. 1 Satz 4 GG eine Pflicht zur Rechenschaftslegung vorgesehen. Sinn dieser Pflicht ist es, dem Bürger die Abhängigkeiten und Machtverhältnisse innerhalb der Parteien sichtbar zu machen. Die untere Grenze für offenzulegende Spenden ist dann auch dort zu setzen, wo eine Abhängigkeit ausgeschlossen werden kann. Das Bundesverfassungsgericht hat die derzeitige Grenze von 40.000 DM/p.a. als zu hoch angesehen[505].

Über diese finanziellen Abhängigkeiten und Einflußnahmen hinaus müssen die Parteien aber auch ihre internen Machtstrukturen offenlegen. Der Bürger hat zumindest ein Recht darauf zu wissen, wer formell welchen Einfluß in der Partei hat. Dazu gehört die Kenntnis, wer welche Parteiämter bekleidet und welche Gliederungen welche Mitgliederzahlen und -entwicklungen zu verzeichnen haben[506]. So sind die Organisationsstrukturen der Partei und die innere Ordnung offenzulegen. Eine Kollision mit dem Geschlossenheitsprinzip ist nicht gegeben. Denn die Geheimhaltung dieser Daten hat den Sinn, Machtstrukturen zu verschleiern, den Bürgern den Mißerfolg der gegenwärtigen Politik zu verschleiern sowie die Verantwortlichen zu decken und so eine inhaltliche Diskussion zu verhindern. Es kann also nur eine Geschlossenheit der Partei hinter einer falschen oder doch unbegründeten Politik bewirken. Das entspricht nicht dem Zweck des Geschlossenheitsprinzips.

Inhaltlich ist eine Öffnung überall dort erforderlich, wo es nicht den direkten Konkurrenzkampf mit anderen Parteien betrifft. Die Satzungen, Schiedsgerichtsordnungen und Programme sind allen Bürgern mitzuteilen. Die Schiedsgerichtsordnungen und die Parteigerichtsurteile geben den Umgang der Partei mit ihren Mitgliedern wider[507]. Der satzungsgemäße Umgang der jeweiligen Partei mit ihren Parteimitgliedern liegt im Interesse aller Bürger, da Aufgabe der Satzung die Erfüllung des innerparteilichen Demokratiegebotes gem. 21 Abs. 1 Satz 3 GG ist, das im Interesse der Allgemeinheit ein funktionierendes Parteiwesen garantieren soll. Gleiches gilt für die innere Ordnung betreffenden Beschlüsse. Aus den allgemeinpolitischen Beschlüssen

---

[505] BVerfGE DÖV1992, 664ff.

[506] *Wiesendahl*, Der Marsch aus den Institutionen, in: Aus Politik und Zeitgeschichte, B 21/1990, S. 3(7 in Fn 10), kritisiert zu Recht die Geheimhaltungs- und Verschleierungstaktik der CDU-Bundesgeschäftsstelle im Umgang mit Mitgliederzahlen.

[507] Für die CDU nichtöffentlich nach § 27 der Parteigerichtsordnung; die SPD, die FDP und die Grünen lassen grundsätzlich Parteimitglieder bei den Verhandlungen zu, während Nichtmitglieder zugelassen werden können, § 16 Abs. 1 Schiedsordnung der SPD, § 22 Abs. 2 Schiedsgerichtsordnung der FDP; für Öffentlichkeit der Gerichtsverfahren *Hasenritter*, Parteiordnungsverfahren, S. 195ff; *Risse*, Der Parteiausschluß (1985), S. 185; *Heimann*, Die Schiedsgerichtsbarkeit der politischen Parteien (1977), S. 42ff; *Schachtschneider*, Res publica res populi (1994), 10. Teil, 9. Kapitel.

und Programmen bilden sich die Richtlinien der Parteipolitik, die die Abgeordneten in den Parlamenten vertreten. Beides ist von allgemeinem Interesse und muß deshalb öffentlich sein.

Bei den Wahlen zu Parteiämtern und zur Listenaufstellung ist die Öffentlichkeit über die Wahlvorgänge zu informieren. Aus ihnen lassen sich die innerparteilichen Machtverhältnisse und die zukünftige Richtung der Partei ablesen. Ein Bürger eines Staates, dessen Politik in großem Maße durch die Parteien bestimmt wird, hat ein Recht darauf zu erfahren, welche Richtungen in den Parteien welchen Einfluß haben.

Fraglich ist, ob die Koalitionsvereinbarungen zugänglich zu machen sind[508], weil hier über Rechte der von den Parteien rechtlich unabhängigen Fraktionen verhandelt wird. Ein Recht auf Publizität könnte sich aus der besonderen Rolle der Parteien bei den Koalitionsverhandlungen ergeben. Koalitionsverhandlungen stehen direkt nach den Wahlen an und werden von Delegationen ausgehandelt, die sich aus Partei- und Fraktionsführungen zusammensetzen[509]. Diese Delegationen können jedoch eher den Parteiführungen zugerechnet werden als den sich gerade formierenden Fraktionen, die noch keine Strukturen haben. Außerdem versuchen die Delegationen, darin ihre Wahlprogramme direkt umzusetzen, die von den Parteien ausgearbeitet wurden und nicht von den Fraktionen. Diese dominierende Stellung der Parteien bei den Koalitionsverhandlungen läßt die Vereinbarungen eher zu einem Parteienpapier als zu einem der Fraktionen werden, auch wenn diese das Papier letztlich umzusetzen haben. Bei der Umsetzung werden die Parteien freilich über die permanente Rückkoppelung mit den Fraktionen mitreden. Das Recht auf Geschlossenheit der Parteien aus Gründen des Parteienwettbewerbs ist nicht betroffen, weil die Verhandlungspartner an einem Tisch sitzen und ihrem Gegenüber sowieso ihre Forderungen eröffnen. Die Gründe zur Geheimhaltung der Verhandlungen liegen eher darin, die eigenen Mitglieder, die Wähler und die Öffentlichkeit über Zugeständnisse und Kompromisse sowie über für die Verhandlungsführer ungünstige Ergebnisse im Dunkeln zu halten[510]. Diese Interessen sind nicht durch den von den Parteien geltendgemachten Geschlossenheitsanspruch gerechtfertigt.

---

[508] Gegenwärtig ist es gängige Praxis, die Koalitionsvereinbarungen zu veröffentlichen. Doch beruht dies auf freier Entscheidung der Koalitionäre und kann sich auch wieder ändern.

[509] *Schneider / Zeh*, § 48 Rn 70, in: Parlamentsrecht und Parlamentspraxis (1989).

[510] Zur mangelhaften Transparenz der Koalitionsverhandlungen trotz erheblichem Interesse der Bürger s. *Schneider / Zeh*, § 48 Rn 72, in: Parlamentsrecht und Parlamentspraxis (1989).

2. *Zugänglichkeit*

Hier geht es darum, ob ein Nichtmitglied sich durch einen persönlichen Eindruck von der Arbeit in einer Partei überzeugen darf. Denn die Medien ersetzen nicht den persönlichen Eindruck, weil "Vermittlungsmedien keine meinungsfreie Berichterstattung (gewährleisten)"[511]. Der Aufnahmeanspruch ist nicht hier zu behandeln, da er auf die Erlangung der Mitwirkungsrechte eines Nichtmitgliedes zielt.

Aus dem demokratischen Publizitätsgebot, das aus Art. 20 Abs. 2 Satz 1 GG (Volkssouveränität) in Verbindung mit dem Repräsentationsprinzip hergeleitet wurde[512], nach dem der politische Willensbildungsprozeß derart organisiert sein muß, daß der Bürger sich über alle entscheidungserheblichen Tatsachen, d.h. alle allgemeinen Dinge, informieren kann, ergibt sich der Zugangsanspruch zu Parteiveranstaltungen für die Bürger.

Ein Zugang für Nichtparteimitglieder zu Parteiveranstaltungen ist überall dort zu gewähren, wo der Anspruch der Partei auf ein Mindestmaß an Geschlossenheit nicht gefährdet ist. Das betrifft Orte, an denen die grundsätzlichen Linien der Politik besprochen werden, ob lokal, regional oder auf Bundesebene. Hier muß jeder Bürger Zugang haben, um sich eine Meinung über den Meinungsstand in der jeweiligen Partei zu verschaffen. Das gilt in erster Linie für die Veranstaltungen, auf denen programmatischen Beschlüsse gefaßt werden, also für Parteitage[513]; denn die Parteiprogramme und allgemeinpolitischen Beschlüsse haben "potentiell repräsentative Qualität", weil sie nach dem möglichen Wahlgewinn auch Nichtparteimitglieder und Nichtwähler betreffen[514]. Aber auch Beschlüsse auf lokaler Ebene haben Bedeutung und entfalten häufig gestaltende Wirkung auf der Ebene der Kommunalpolitik. Das Zugangsrecht besteht natürlich nur im Rahmen der räumlichen Möglichkeiten. Die Kosten könnten über ein angemessenes Eintrittsgeld ausgeglichen werden. Die Gefahr, daß Störer den Parteitag beeinträchtigen, kann die Partei mit ihrem Hausrecht begegnen und eine Unterwanderung ist durch bloße Anwesenheit nicht möglich.

Das wichtigste Recht auf Zugang ist Nichtmitgliedern jedoch bei der vorparlamentarischen Kandidatenaufstellung zu gewähren. Denn hier stellen sich dic Kandidaten vor, die später als einzige die Chance haben, in die Parlamente einzuziehen. Hier läßt sich am ehesten ein Bild von der Qualität und

---

[511] *Schachtschneider* JR1970, 401(402).

[512] S. unter Abschnitt B, I., 3.

[513] S. § 29 Abs. 1 Statut der CDU vom 1. Oktober 1990.

[514] *Maly-Motta*, Die Sicherung des freien Zuganges zu den politischen Parteien (1972), S. 46f; *Krüger*, Allgemeine Staatslehre (1966), S. 368f; *R. Herzog*, Allgemeine Staatslehre (1971), S. 297.

der politischen Richtung der Parteiarbeit und der Kandidaten gewinnen. Die Kandidatennominierung hat direkten Bezug zu der Parlamentswahl, nach der der Gewählte gem. Art. 38 Abs. 1 Satz 2 GG das ganze Volk vertreten muß und geht deshalb jeden Bürger etwas an. Die Kandidatenaufstellung muß deshalb so organisiert sein, daß jeder Bürger Zugang zu ihr hat.

3. Teilhabe

Zunächst ist hier der Anspruch des Nichtmitgliedes auf Aufnahme und damit Erlangung der regulären Mitwirkungsrechte eines Parteimitgliedes zu behandeln (a) sowie der Parteiausschluß als dessen Kehrseite (b). Danach ist zu untersuchen, welche Teihaberechte ein Nichtmitglied haben könnte, das eine Mitgliedschaft ablehnt (c).

a) Der Aufnahmeanspruch

In der Literatur ist ein Aufnahmeanspruch des Bürgers gegenüber einer Partei sehr umstritten[515]. Gesetzlich geregelt ist nur das Verbot von allgemeinen Aufnahmesperren in § 10 Abs. 1 Satz 3 Parteiengesetz, ansonsten bestimmt § 10 Abs. 1: "Die zuständigen Organe der Partei entscheiden nach näherer Bestimmung der Satzung frei über die Aufnahme von Mitgliedern. Die Ablehnung eines Aufnahmeantrages braucht nicht begründet zu werden."

Die Mehrheit[516] wendet sich gegen einen solchen Aufnahmeanspruch, weil das Gesetz ihn ausdrücklich dem Satzungsrecht der Parteien überantworte und

---

[515] Zum Meinungsstand s. *v. Münch*, Grundbegriffe des Staatsrechts II (1987), Rn 84ff und *Stoklossa*, Der Zugang zu den politischen Parteien im Spannungsfeld zwischen Vereinsautonomie und Parteienstaat (1989), S. 87ff.

[516] *Kunig*, § 33 Rn 18, in: HbdStR II (1987); *Henke*, Das Recht der politischen Parteien (1972), S. 89; *ders.* zu Art. 21 Rn 272, in: Bonner Kommentar (1991), aber widersprüchlich, wenn er das Kandidatennominierungsmonopol der Parteien in Rn 208 mit der Freiheit jedes Bürgers auf Zugang zu den Parteien begründet; *Schmidt - Bleibtreu / Klein* Rn 13 zu Art. 21; *Seifert*, Die politischen Parteien im Recht der Bundesrepublik (1975), S. 209; *Luthmann* DVBl1962, 166(169f); *Stoklossa*, Der Zugang zu den politischen Parteien im Spannungsfeld zwischen Vereinsautonomie und Parteienstaat (1989), S. 118, 121ff, doch s. nächste Fußnote; *Maunz* zu Art. 21 Rn 4, in: Maunz / Dürig; im Ergebnis auch *v. Münch*, Grundbegriffe II (1987), Rn 87; *Schachtschneider* JR1975, 89(90 Fn 23); ein Urteil des BVerfG liegt nicht vor, doch hat sich der BGH bereits ablehnend ausgesprochen, JZ1987, 1076(1078f) mit zustimmender Anm. von *Henke*.

damit in den Bereich der aus Art. 21 Abs. 1 Satz 2 GG (Gründungsfreiheit) abgeleiteten Parteiautonomie einordne.

Dagegen steht eine überzeugende Minderheit[517], die zur Gewährleistung der Verbindung zwischen Parteien und Volk und damit den Parteien ihre Mittlerrolle ermöglicht, einen Aufnahmeanspruch annimmt und § 10 Abs. 1 PartG insoweit wegen eines Verstoßes gegen Art. 21 Abs. 1 Satz 3 GG (innerparteiliches Demokratiegebot) für verfassungswidrig hält[518]. Zwar sei der Zulassungsanspruch bürgerlich-rechtlicher Natur, weil auch das Rechtsverhältnis zwischen Partei und Bewerber privatrechtlich sei[519]. Doch wird ein Aufnahmeanspruch mit der faktischen Monopolstellung der großen Parteien auf dem Gebiet der politischen Willensbildung begründet,[520] die die nach dem Grundgesetz verbürgte freie und gleiche Teilnahme an der politischen Willensbildung auf die Parteimitglieder beschränke[521]. So zieht Rüdiger Wolfrum eine Parallele zu § 27 GWB und den aus einer wirtschaftlichen

---

[517] *Wolfrum*, Die innerparteiliche demokratische Ordnung nach dem Parteiengesetz (1974), S. 160; *Stein*, Staatsrecht (1991), S. 135f; *Magiera* DÖV1973, 761(766); *Tsatsos / Morlok*, Parteienrecht (1982), S. 55-63; *Knöpfle*, Der Staat 9(1970), S. 321(334ff, 346); konsequent zuendegedacht wohl auch *Lenz / Sasse* JZ1962, 233(234); *Maly-Motta*, Die Sicherung eines freien Zuganges zu den politischen Parteien ("Parteibürgerrecht") (1971), S. 71; *Trautmann*, Innerparteiliche Demokratie im Parteienstaat (1975), S. 193-207(199f), möchte keinen herkömmlichen Anspruch geben, aber eine Aufnahmepflicht der Partei, die der Bewerber innerparteilich im Rahmen seines status activus prozessualis in mehreren Instanzen überprüft bekommen soll; im Ergebnis nimmt Stoklossa, Der Zugang zu den politischen Parteien im Spannungsfeld zwischen Vereinsautonomie und Parteienstaat, S. 118, 133, eine gerichtlich überprüfbare Ablehnungsentscheidung der Parteien hinsichtlich der Grenzen der parteilichen Aufnahmefreiheit an. Dies ist aber nichts anderes als ein Aufnahmeanspruch. Die von Stoklossa weit gezogenen Grenzen der Aufnahmefreiheit (lediglich Willkürverbot) korrespondieren mit den Grenzen des von ihm verneinten Aufnahmeanspruchs. Allerdings ist nach Stoklossa § 10 I 1 PartG verfassungsmäßig, Der Zugang zu den politischen Parteien im Spannungsfeld zwischen Vereinsautonomie und Parteienstaat (1989), S. 121.

[518] *Knöpfle*, Der Staat 9(1970), S. 346; *Wolfrum*, Die innerparteiliche demokratische Ordnung nach dem Parteiengesetz (1974), S. 165; *Trautmann*, Innerparteiliche Demokratie im Parteienstaat (1975), S. 198.

[519] *Wolfrum*, Die innerparteiliche demokratische Ordnung nach dem Parteiengesetz (1974), S. 159; *Knöpfle*, Der Staat 9(1970), S. 337f; *Roellecke* DRiZ1968, 117(118).

[520] *Knöpfle*, Der Staat 9(1970), S. 328f(336); *Maly-Motta*, Die Sicherung eines freien Zuganges zu den politischen Parteien ("Parteibürgerrecht") (1971), S. 108; *Trautmann*, Innerparteiliche Demokratie im Parteienstaat (1975), S. 196.

[521] S. hierzu die Darstellung von *Stoklossa*, Der Zugang zu den politischen Parteien im Spannungsfeld zwischen Vereinsautonomie und Parteienstaat (1989), S. 87-93.

Monopolstellung herrührenden Kontrahierungszwang[522]. Ebenso sehen es Dimitris Th. Tsatsos und Martin Morlok, wenn sie schreiben: "Das Grundgesetz kann es aber nicht den Oligopolanstalten der politischen Parteien überlassen haben, aktivwillige Bürger aus diesem für die demokratische Ordnung dieses Staates konstitutiven Prozeß nach ungebundenem Gutdünken auszuschließen und zur politischen Untätigkeit zu verurteilen"[523]. Franz Knöpfle sieht das demokratische Prinzip als Schutzgesetz im Sinne von § 823 Abs. 2 BGB[524]. Dem Ergebnis und dem Argument ist zuzustimmen, doch nicht dem Weg über § 823 Abs. 2 BGB. Hierauf ist unter 4. näher einzugehen.

Als weiteres Argument ist die staatliche Parteienfinanzierung anzuführen, die von allen Bürgern getragen wird und deshalb auch allen Bürgern prinzipiell die Möglichkeit zum Eintritt in die gewünschte Partei eröffnen muß[525]. Auch ergibt sich aus Art. 33 Abs. 2 GG bei weitgehender Okkupation der politischen Ämter durch die Parteien ein Recht auf Mitgliedschaft, da sonst für ein abgelehntes Mitglied der Zugang zu politisch bestimmten Staatsämtern verschlossen bleibt[526]. Dem Verweis der herrschenden Meinung auf die aus Art. 21 Abs. 1 Satz 2 GG abgeleitete Organisationsfreiheit ist entgegenzuhalten, daß diese unter dem Vorbehalt des Art. 21 Abs. 1 Satz 1 GG steht, der sie insoweit einschränkt als er die Funktionsfähigkeit der Parteien rechtlich sichert[527].

Der Anspruch ist jedoch nicht grenzenlos. Er findet seine Grenzen dort, wo die Funktion und das Wesen der Parteien dies erfordern[528]. Nach Rüdiger Wolfrum sei einerseits ein Aufnahmeanspruch nicht gegeben für Ausländer, Minderjährige oder aus anderen Gründen nicht Wahlberechtigte und andererseits, wenn durch die Aufnahme "ein gewisses Maß an Geschlossenheit" verloren gehe[529]. Das sei der Fall, wenn Anhaltspunkte für zukünftiges parteischädigendes Verhalten vorlägen oder der Bewerber erkennbar verfassungs-

---

522 *Wolfrum*, Die innerparteiliche demokratische Ordnung nach dem Parteiengesetz (1984), S. 159; ebenso *Knöpfle*, Der Staat 9(1970), S. 338f.

523 *Tsatsos / Morlok*, Parteienrecht (1982), S. 59f.

524 *Knöpfle*, Der Staat 9 (1970), S. 338.

525 *Trautmann*, Innerparteiliche Demokratie im Parteienstaat (1975), S. 196.

526 *Trautmann*, Innerparteiliche Demokratie im Parteienstaat (1975), S. 197.

527 *Wolfrum*, Die innerparteiliche demokratische Ordnung nach dem Parteiengesetz (1974), S. 160.

528 *Wolfrum*, Die innerparteiliche demokratische Ordnung nach dem Parteiengesetz (1974), S. 161, 164; *Tsatsos / Morlok*, Parteienrecht (1982), S. 60.

529 Dieser Gedanke liegt auch bei *Tsatsos* und *Morlok*, Parteienrecht (1982), S. 60, zugrunde, die den in § 10 Abs. 4 Parteiengesetz normierten Ausschlußgrund auch auf die Aufnahmeablehnung anwenden wollen.

feindliche Ziele verfolge[530]. Einen Anspruch auf Mitgliedschaft habe daher jedermann, dessen politische Einstellung nicht den wesentlichen Zielen der Partei entspreche, da sonst die innerparteiliche Diskussion erstarre[531]. Der zweiten von Rüdiger Wolfrum und anderen angeführten Einschränkung des Aufnahmeanspruchs ist zuzustimmen. Die Parteien müssen ihrem Programm entsprechend bestimmte Mitglieder ausschließen können, was ihr geschlossenes Auftreten erfordert. Absehbares parteischädigendes Verhalten müssen sie nicht zulassen. Dabei ist allerdings zu berücksichtigen, daß die Volksparteien durch ihre Programmausweitung den Raum für eine Ablehnung selbst verengt haben[532]. Eine Nichtraucherpartei kann danach z.B. nicht gezwungen werden, Raucher als Mitglieder aufzunehmen.

Neben diesen programmatischen Einschränkungen kann es aber nur Einschränkungen geben, die ihre Berechtigung in allgemeinen Grundsätzen finden. Ausländer, Minderjährige und ansonsten nicht Wahlberechtigte haben einen Aufnahmeanspruch, wenn über diese Eigenschaften hinaus keine besonderen individuellen Ablehnungsgründe bestehen. Denn sie haben prinzipiell als Staatsbürger ein Recht auf Teilhabe am politischen Willensbildungsprozeß. Besondere Ablehnungsgründe liegen bei Minderjährigen zum Beispiel vor, wenn die Eltern der Mitgliedschaft nicht zustimmen oder der Minderjährige zu jung für sinnvolle politische Arbeit ist. Bei Ausländern wäre das der Fall, wenn keine ausreichenden Deutschkenntnisse vorlägen. Ansonsten ergibt sich auch für diese Bürger ein Aufnahmerecht aus der Funktion der Parteien. Die Parteien sind keine Wahlvereine, die die Wahlberechtigung voraussetzen. Ihre Aufgabe ist es, an der Willensbildung des gesamten Volkes mitzuwirken. Zum gesamten Volk gehören nicht nur Wahlberechtigte sondern auch Minderjährige und Ausländer.

Der Aufnahmeanspruch ist gerichtlich überprüfbar[533], bei Wahrung des rechtlichen Gehörs und einer Begründungspflicht[534]. Der Aufnahmebewerber ist gerichtlich wie das Parteimitglied zu stellen. Nach Überprüfung vor den

---

[530] *Wolfrum*, Die innerparteiliche demokratische Ordnung nach dem Parteiengesetz (1974), S. 162; *Maly-Motta*, Die Sicherung eines freien Zuganges zu den politischen Parteien ("Parteibürgerrecht") (1971), S. 104.

[531] *Knöpfle*, Der Staat 9(1970), S. 342; *Maly-Motta*, Die Sicherung eines freien Zuganges zu den politischen Parteien ("Parteibürgerrecht") (1971), S. 103; *Wolfrum*, Die innerparteiliche demokratische Ordnung nach dem Parteiengesetz, S. 163; Zur möglichen Unterwanderung von Parteifeinden s. *Tsatsos / Morlok*, Parteienrecht (1982), S. 62.

[532] *Magiera* DÖV1973, 761(767).

[533] *Wolfrum*, Die innerparteiliche demokratische Ordnung nach dem Parteiengesetz (1974), S. 164f.

[534] *Trautmann*, Innerparteiliche Ordnung im Parteienstaat (1975), S. 200.

Parteigerichten sei der ordentliche Rechtsweg eröffnet[535]. Darauf wird in 4. zurückzukommen sein. Im Ergebnis hat demnach jeder Bürger mit gewissen Einschränkungen das Recht auf Aufnahme in eine politische Partei als Mitglied.

b) Der Parteiausschluß

Einen Parteiausschluß hält das Gesetz im Gegensatz zu einer Aufnahmeablehnung ausdrücklich nur unter engen Voraussetzung für zulässig. Erst wer "vorsätzlich gegen die Satzung oder erheblich gegen Grundsätze oder Ordnung der Partei verstößt und ihr damit schweren Schaden zufügt" kann nach § 10 Abs. 4 Parteiengesetz ausgeschlossen werden[536].

c) Mitwirkungsrechte von Nichtmitgliedern

Über die Teilnahme von Nichtparteimitgliedern an der politischen Willensbildung innerhalb der Partei ist damit aber noch nichts gesagt. Die Mehrheit der Bürger, die nur punktuell mitarbeiten möchte, aber weder in eine Parteihierarchie eingebunden werden, noch das Programm voll unterstützen will, hat bisher keine Chance auf Mitarbeit. Der Verweis auf die Gründungsfreiheit ist da nur theoretischer Natur[537] und entspricht gerade nicht der Intention von politisch engagierten Nichtparteigängern. Die Gründung einer Partei kann nur erfolgreich sein, wenn sie eine breite Zustimmung in der Öffentlichkeit findet. In der Regel wird dabei aber vom einzelnen ein nicht zu leistender finanzieller und organisatorischer Aufwand verlangt, der wegen der parlamentarischen 5 % Sperrklausel und der niedrigeren 0,2 % Parteienfinanzierungsklausel in keinem Verhältnis zu den Erfolgsaussichten steht. Auch handelt es sich größtenteils um punktuelle Interessen, die gar nicht in eine Parteigründung münden können und sollen, weil das Erscheinungsbild der politischen Parteien mit allumfassendem Anspruch abgelehnt wird.

Denn viele wollen auch aus guten Gründen nicht dauerhaft in die Parteiarbeit eingreifen, etwa weil eine Abneigung gegen feste Gruppen und Vereine besteht oder weil sie keine Gemeinsamkeiten mit den Programmen der Parteien finden, jedoch mit einem der möglichen Kandidaten. Das betrifft keine Einzelfälle, sondern die Mehrheit der Bürger.

---

[535] *Knöpfle*, Der Staat 9(1970), S. 346; *Wolfrum*, Die innerparteiliche demokratische Ordnung nach dem Parteiengesetz (1974), S. 165.

[536] Hierzu siehe *Risse*, Der Parteiausschluß (1985); *Grawert*, Parteiauschluß und innerparteiliche Demokratie (1987), S. 86-124; *Lenz / Sasse* JZ1962, 233.

[537] Zu diesem Argument s. a. *Knöpfle*, Der Staat 9(1970), S. 335f.

Schließlich ist zu bedenken, daß die Parteien sehr viel Geld der Bürger für ihre Aufgabenerfüllung erhalten. Das Bundesverfassungsgericht hat in seinem letzten Parteienfinanzierungsurteil vom April 1992 erkannt, daß eine Differenzierung der Aufgaben in Wahlvorbereitung und sonstige Aufgaben nicht möglich ist und deshalb den Parteien eine kontinuierliche öffentliche Unterstützung für ihre allgemeine Tätigkeit aufgrund ihrer verfassungsmäßigen Funktion zugesprochen. Ein Bürger, dessen Geld für "politische Meinungsbildung" an die Parteien verteilt wird, sollte auch ein Recht haben, bei dieser mitzuwirken.

Weitergehend haben Bürger ein Recht auf Teilhabe und zwar unabhängig von ihrer Parteizugehörigkeit. Teilhabe drückt sich bei den politischen Parteien in verschiedenen Handlungen aus. Es gibt das Rederecht auf Parteiversammlungen (aa), das Stimmrecht für Delegierte (bb), die Aufstellung als Delegierter (cc) und die Kandidatenauswahl bzw. Listenaufstellung für Abgeordnete (dd).

aa) Rederecht

Über Reden können Nichtmitglieder ihre Ideen und Meinungen einbringen, ohne daß sie direkt auf die innerparteiliche Ordnung einwirken. Hier können Bürgerinitiativen ihre Standpunkte erläutern und einzelne Bürger ihre Ansichten mitteilen. Es ist die harmloseste Möglichkeit, Nichtmitgliedern in einer Parteiendemokratie ein Forum zu bieten. Es gibt ihnen die Chance, eigene politische Vorstellungen einzubringen, ohne daß ein politischer Apparat sie vorher auf eine Linie eingeschworen hat. Nichtparteimitgliedern ist ein angemessenes Kontingent für Reden auf Parteitagen zu gewähren. Die Geschlossenheit ist dadurch nicht betroffen, da sich die Nichtparteimitglieder als solche zu erkennen geben. Störer könnten wiederum mit dem Hausrecht verwiesen werden. Auch eine Unterwanderung ist nicht zu befürchten, wenn sich die redenden Nichtmitglieder als solche zu erkennen geben und die Parteimitglieder verbal antworten können. Außerdem verbleibt Parteimitgliedern selbstverständlich der größere Teil der Redezeit.

bb) Antragsrecht

Anträge zielen in der Regel auf die Beschlußlage innerhalb der Partei und betreffen damit in erster Linie die Mitglieder. Nichtmitglieder würden in die innere Organisation eingreifen, wenn sie Anträge stellen, die sie nicht betreffen. Anträge allerdings, die Rechte von Nichtmitgliedern betreffen, etwa das Rederecht oder den freien Zugang zu Parteiveranstaltungen, könnten auch von Nichtmitgliedern gestellt werden.

cc) Aktives Wahlrecht

Das aktive Wahlrecht reicht weit in die Organisation der Parteien und damit in deren Freiheit hinein. Deshalb dürfen auch keine aktiven Wahlrechte für Nichtmitglieder bei Wahlen für Parteiämter vergegeben werden. Denn die Parteiämter werden zugunsten der Partei ausgeübt. Ein Nichtmitglied ist aber der Partei gegenüber nicht verpflichtet. Es bestünde in der Tat die Gefahr einer Unterwanderung oder eher Inbesitznahme der Parteien durch den Grundsätzen der jeweiligen Partei entfernte Bürger. Das Geschlossenheitsprinzip geht hier vor, weil eine Übernahme von Parteiämtern durch Nichtmitglieder die Identität der Partei erheblich schwächt und ein Auftreten als Einheit gefährdet ist, es sei denn, das entsprechende Nichtmitglied wurde von der Mehrheit der Mitglieder gewählt.

Von diesem Grundsatz ist eine wichtige Ausnahme bei der Kandidatennominierung für Parlamentswahlen in den Gemeinden, Ländern und im Bund zu machen. Hier besteht ein direkter Bezug zu den folgenden alle betreffenden Parlamentswahlen. Die Kandidatennominierung ist eine Vorauswahl für die Volksvertretung und engt den Kreis der möglichen Abgeordneten sehr ein. "Im Listenwahlsystem treffen die Parteien verbindliche Vorentscheidungen über die Mandatsträger, weil jede Partei, die die Sperrklauseln überwindet, einen Teil ihrer Kandidaten in das Parlament entsenden wird. Die demokratischen Elemente sind folgerichtig in die parteiinterne Kandidatenaufstellung und Listenplatzvergabe vorverlagert, weil das bei den großen Parteien praktisch zugunsten vieler Parteibewerber durch den Wähler nicht mehr beeinflußbare Mandatsverteilung ist"[538]. Doch da die späteren Kandidaten nach Art. 38 Abs. 1 Satz 2 GG oder entsprechenden Landesverfassungsnormen das ganze Volk und nicht nur ihre Partei vertreten, geht die Vorwahl alle Bürger an[539]. Davon können nicht ca. 96 % der Wahlberechtigten ausgeschlossen werden[540].

Ein weiteres Argument liefert der Grundsatz der Allgemeinheit der Wahl gem. Art. 38 Abs. 1 S. 1 GG, der auch für die Wahlvorbereitung und damit die

---

[538] *Schachtschneider* JR1975, 89(92); ebenso *Jaspers*, Wohin treibt die Bundesrepublik? (1966), S. 130.

[539] A.A. *Glauben*, Die Scheinkandidatur (1990), S. 25, der aber den engen Bezug der Kandidatennominierung zur nachfolgenden Wahl verkennt.

[540] *Rebenstorf*, Steuerung des politischen Nachwuchses durch die Parteiführungen?, in: Aus Politik und Zeitgeschichte, B 34-35/1992, S. 45-54(53); a. A. *Henke* zu Art. 21 Rn 205, 208, in: Bonner Kommentar (1991), der die innerparteiliche Demokratie als Rechtfertigung für das Nominierungsprivileg der Parteien ausreichen läßt.

Kandidatennominierung gilt[541]. Jeder Aktivbürger soll bei den Wahlen die gleichen Voraussetzungen haben. "Die Gleichbewertung aller Aktivbürger bei der Ausübung ihrer staatsbürgerlichen Rechte gehört zu den wesentlichen Grundlagen der freiheitlich-demokratischen Grundordnung im Sinne des Grundgesetzes"[542]. Daraus folgt, daß ein rechtliches Nominierungsmonopol der Parteien verfassungswidrig wäre, weil "eine Parteigründungs- oder Parteibeitrittslast nicht durch das Parteienprivileg des Art. 21 GG gerechtfertigt (wird)"[543]. Für nichtparteiliche Wahlvorschläge gibt es daher die Möglichkeit eines Unterschriftenquorums. Für Kommunalwahlen ist dies ein Mittel, um Wählervereinigungen die Chance auf einen Wahlgewinn zu geben. Bei Landtags- und Bundestagswahlen spielen Wählervereinigungen bedingt durch die größeren Wahlkreise keine Rolle. Das Listenprivileg der Parteien wirkt sich so aus, daß nur Parteikandidaten eine Chance haben. Aktivbürger, die Einfluß auf die spätere Wahl haben wollen, müssen deshalb Einfluß auf die Parteilisten nehmen. Dies ist aber nur unter der oben erwähnten Parteigründungs- oder Parteibeitrittslast möglich. Sie sind aber, wie erwähnt, nicht durch Art. 21 GG gedeckt.

Zur Demokratisierung des Kandidatennominierungsverfahrens wurden in der Vergangenheit unterschiedliche Vorschläge gemacht. Dazu gehört die Einführung von Vorwahlen nach amerikanischem Vorbild[544], die Umstellung von Delegiertenwahlen auf allgemeine Wahlen aller Parteimitglieder[545] sowie die Einführung offener Listen[546]. Diese Änderungen beziehen sich zumeist auf eine Änderung des Wahlrechts. Die vorliegende Arbeit wählt jedoch angesichts der historischen Existenz von politischen Parteien und der Erkenntnis, daß sich diese oder ähnliche politische Organisationen (Wahlvereine) zwangsläufig in einer Massendemokratie bilden, einen Ansatz von den politischen Parteien her. Auch Primaries würden nach kurzer Zeit von den

---

[541] BVerfGE 4, 375(383ff); 11, 266(272); 11, 351(363f); 12,10(27); 13, 1(13), st. Rspr.; *Maunz* zu Art. 38 Rn 38, 42, 52, in: Maunz / Dürig; *Henke*, Das Recht der politischen Parteien (1972), S. 206.

[542] BVerfGE 11, 351(360).

[543] *Schachtschneider* JR1975, 89.

[544] *Jaspers*, Wohin treibt die Bundesrepublik? (1966), S. 200.

[545] *Wolfrum*, Die innerparteiliche demokratische Ordnung nach dem Parteiengesetz (1974), S. 198ff.

[546] S. dazu *Kaiser*, Einführung begrenzt offener Listen für die Abgabe der Zweitstimme bei der Bundestagswahl (1982), S. 132-153, der sich selbst für begrenzt offene Listenwahlen ausspricht; ebenso *Stolleis* VVDStRL 44(1986), 7(36); *R. Herzog* schlägt in seiner Rede zur Einweihung des neuen Plenarsaals am 30. Oktober 1992 eine Diskussion über das bayerische Landtagswahlrecht mit seiner Möglichkeit zu "kumulieren" und zu "panaschieren" vor, in: Der neue Plenarsaal. Eine Dokumentation, S. 13.

Parteien vereinnahmt werden. Warum sollte dem Bürger dann nicht gleich ein Zugang zu den parteilich organisierten und öffentlich finanzierten Vorwahlen, die es ja schon gibt, verschafft werden, anstatt ein neues System zu kreieren, das sich später dem Vorgeschlagenen angleichen wird. Neben diesen praktischen Gründen entspricht es auch der deutschen Tradition, die Vorwahlen in den Parteien zu belassen.

Bei der Listenaufstellung und Kandidatenwahl muß deshalb jeder Bürger teilnehmen dürfen. Jedoch nur bei einer Partei, damit verhindert wird, daß er die Kandidatenaufstellung für die Parlamentswahl überproportional beeinflußt. Deshalb sollte etwa wie in den USA bei den Vorwahlen ein Wahlzettel ausgefüllt werden, der gewährleistet, daß der Bürger nur einmal an der Kandidatenaufstellung teilnimmt. Die Geschlossenheit der Partei ist dadurch geschützt, daß die Kandidaten nur aus der Partei kommen dürfen. Diese Variante erhielte das Verhältniswahlrecht und entzöge den Parteien, soweit die Bürger ihr Recht wahrnähmen, das Druck- und Lockmittel der Vergabe eines guten Listenplatzes. Der Abgeordnete wäre wieder Volksvertreter, wie es Art. 38 Abs. 1 GG vorsieht, und nicht Parteivertreter, zu dem ihn der bestehende Wahlmodus gemacht hat.

Eine mögliche Alternative zu diesem Modell, das die Kandidatenaufstellung in den Parteien beläßt, ist eine öffentliche Kandidatenaufstellung und die Einführung des Mehrheitswahlrechts. Karl Albrecht Schachtschneider weist darauf hin, daß damit den Parteien der Einfluß auf die Abgeordneten weithin genommen wäre, weil sie die Listen gänzlich abschaffte[547]. Die Gefahr des Verhältniswahlrechts zur Parteiwahl zu mutieren[548], wäre gebannt. Außerdem könnten die Wähler anstatt blind einer Liste zuzustimmen, deren Mitglieder bis auf die ersten fünf nicht einmal aus dem Wahlzettel hervorgehen, selbst ihre Vertreter wählen. Es wäre eine echte Informationsmöglichkeit über die potentiellen Vertreter des Wahlkreises in der öffentlichen Kandidatenvorstellung zu gewährleisten. Da ein Wahlkampf in nur einem Wahlkreis eher finanzierbar für den einzelnen Kandidaten ist, ist die finanzielle Unterstützung durch eine große Partei nicht unbedingt ausschlaggebend und deren Kandidaten hätten keine uneinholbaren Vorteile. Sie kann durch Einsatz und Kreativität wett gemacht werden.

---

[547] Zum Ganzen *Schachtschneider*, Res publica res populi (1994), 10. Teil, 8. Kapitel, I.

[548] *Radbruch*, HbdDStR (1930), 1. Band, § 25, S. 290; *C. Schmitt*, Verfassungslehre (1928), S. 219; *Triepel*, Die Staatsverfassung und die politischen Parteien (1928), S. 14, *Schachtschneider*, Res publica res populi (1994), 10. Teil, 8. Kapitel, I; *Hamm-Brücher*, Abgeordneter und Fraktion, in: Parlamentsrecht und Parlamentspraxis (1989), S. 697.

dd) Passives Wahlrecht

Das passive Wahlrecht steht dagegen nur den Parteimitgliedern zu, da diese Kandidaten berechenbar sind und sich im Wahlkampf gegen die Kandidaten anderer Parteien mit Unterstützung der eigenen Partei durchsetzen sollen. Das aber kann nur ein Parteimitglied. Es kann die anderen Mitglieder unter dem beschlossenen Programm mobilisieren und integrieren.

4. Durchsetzbarkeit

Die Rechte des Bürgers auf Publizität des, auf Zugang zu und zur Mitwirkung am politischen Willensbildungsprozeß leiten sich aus dem allgemeinen Demokratieprinzip nach Art. 20 Abs. 1, 28 Abs. 1 GG ab. Das gilt auch für den Anspruch auf Aufnahme. Das innerparteiliche Demokratieprinzip gem. Art. 21 Abs. 1 Satz 3 GG ist nicht einschlägig,[549] weil die Ansprüche auf Publizität, Zugang und Mitwirkung das Verhältnis zwischen einem Nichtmitglied und einer Partei und nicht die innerparteiliche Ordnung betrifft. Bei der Berücksichtigung der einschlägigen Literatur, die sich zumeist auf die Rechtsbeziehungen zwischen einem Parteimitglied und einer Partei bezieht, ist das zu bedenken. Die Parteigerichtsbarkeit scheidet als möglicher ausschließlicher oder vorgeschalteter Rechtsweg aus[550], weil die Anwendung des demokratischen Prinzips nicht in den parteiinternen Bereich fällt.

Zunächst ist jedoch zu klären, ob das Demokratieprinzip gem. Art. 20 Abs. 1, 28 GG eine Anspruchsgrundlage sein kann. Diese Frage wird in der Staatsrechtslehre mehrheitlich verneint, weil das Demokratieprinzip zu generell sei, um justitiabel zu sein. Dagegen wendet Karl Albrecht Schachtschneider mit Recht ein, daß auch das Sozialstaatsprinzip und der Rechtsstaatsgrundsatz allgemein seien und trotzdem Ansprüche etwa auf notwendigen Lebensunterhalt bzw. rechtsfehlerfreie Behandlung durch die öffentliche Gewalt begründen können[551]. Auch zeigt die Bindung des Gesetzgebers an das Demokratiegebot, daß der Verfassungsgeber von einer möglichen inhaltlichen Konkretisierung

---

[549] So aber *Wolfrum*, Die innerparteiliche demokratische Ordnung nach dem Parteiengesetz (1974), S. 160 und *Trautmann*, Innerparteiliche Demokratie im Parteienstaat (1975), S. 196, für den Aufnahmeanspruch.

[550] Ausschließlicher Rechtsweg, der die ordentlichen Gerichte verdrängen würde, sind die Parteigerichte nicht, weil sie keine Schiedsgerichte i.S.d. §§ 1025ff ZPO sind; so OLG Oldenburg DVBl1976, 941ff mit Anm. *Henke*; OLG Frankfurt DVBl1971, 75ff; BGH NJW1989, 1212; *Henke*, Das Recht der politischen Parteien (1972), S. 102; *Wolfrum*, Die innerparteiliche Ordnung nach dem Parteiengesetz (1974), S. 166ff, 175ff.

[551] *Schachtschneider* JR1970, 401(405).

ausgeht[552]. Die Konkretisierung obliegt zuallererst dem Gesetzgeber und danach den Gerichten[553]. Hierzu sind die Grundrechte, insbesondere der Gleichheitsgrundsatz sowie Art. 20 Abs. 2 Satz 1 GG heranzuziehen. Sie geben die Anhaltspunkte für die Auslegung[554].

Wird dem Demokratieprinzip die Anspruchsqualität zugesprochen, dann ist im Rahmen des allgemein anerkannten Justizgewährleistungsanspruchs, nach dem jeder Bürger ein Recht hat, bei einem Rechtsstreit, ein staatliches Gericht anzurufen[555], der Rechtsweg eröffnet.

Zuständig für die Ansprüche auf Publizität, Zugang und Teilhabe sind die Verwaltungsgerichte gem. § 40 Abs. 1 VwGO, wenn Streitigkeiten zwischen dem Bürger und einer Partei über die dem Bürger nach der Verfassung zustehenden Teilhaberechte öffentlich-rechtlich und nichtverfassungsrechtlicher Art sind. Da die Parteien keine Verfassungsorgane sind, scheidet eine Streitigkeit verfassungsrechtlicher Art aus. Fraglich ist, ob es sich um eine öffentlich-rechtliche Streitigkeit handelt. Zwar sind die Parteien nicht Träger öffentlicher Gewalt[556]. Doch läßt sich allein damit nicht die Ablehnung des Verwaltungsrechtswegs begründen. Wie oben untersucht, sind die Parteien Organisationen sui generis, die aus historischen Gründen im Gewand des eingetragenen oder nichteingetragenen Vereins auftreten, jedoch nach § 1 Abs. 2 PartG öffentliche Aufgaben erfüllen. Sie leben nach einem Gemisch aus öffentlichem, bürgerlichem und Verfassungsrecht. Da das Prozeßrecht durch das materielle Recht bestimmt wird, zu dessen Durchsetzung es dient, ist im Einzelfall zu prüfen, ob die Parteien im Gleichordnungsverhältnis wie jedermann auftreten, oder ob ihre verfassungsrechtliche Funktion und die Erfüllung ihrer öffentlichen Aufgabe streitig ist. Der schlichte Verweis auf die bürgerlich-rechtliche Rechtsform bei der Entscheidung über den Rechtsweg[557] wird dem Erscheinungsbild, der verfassungsrechtlichen Funktion und den

---

552 *Schachtschneider* JR1970, 401(405).

553 In seinem Urteil über das Ausführungsgesetz zum Vertrag über die Europäische Union von Maastricht hat das Bundesverfassungsgericht anhand von Art. 38 Abs. 1 GG (Abgeordnetenmandat) das Demokratieprinzip für justiziabel anerkannt, JZ1993, 1100(1101f,1103); EuGRZ1993, 429(434,438).

554 *Schachtschneider* JR1970, 401(406).

555 *Dütz*, Rechtsstaatlicher Gerichtsschutz im Privatrecht (1970), S. 95, 111, 115; *Zimmermann*, Rechtsstaatsprinzip und Parteigerichtsbarkeit (1979), S. 157.

556 *Grawert*, Parteiausschluß und Innerparteiliche Demokratie (1987), S. 150; *Zimmermann*, Rechtsstaatsprinzip und Parteigerichtsbarkeit (1979), S. 153; *Schmidt-Aßmann* zu Art. 19 IV, in: Maunz / Dürig.

557 So die ganz h.M. s. *Henke*, Das Recht der politischen Parteien (1972), S. 55; *Roellecke* DRiZ69, 117(118); *Grawert*, Parteiausschluß und innerparteiliche Demokratie (1987), S. 150; *Zimmermann*, Rechtsstaatsprinzip und Parteigerichtsbarkeit (1979), S. 153.

einzelnen Aufgaben der Parteien nicht gerecht. Das Bundesverfassungsgericht behandelt die Parteien auch nicht ausschließlich wie einen privat-rechtlichen Verein, etwa wenn es ihnen in bestimmten Fällen das Recht zu einer Organklage gem. Art. 93 Abs. 1 Nr. 1 GG zuspricht[558]. Zugleich haben die Parteien den Verwaltungsrechtsweg zu beschreiten, wenn sie etwa aufgrund des § 5 Parteiengesetz bei einer öffentlich-rechtlichen Rundfunkanstalt Gleichbehandlung mit anderen Parteien einklagen möchten[559].

Für das Verhältnis zwischen einer Partei und einem Mitglied wie einem Nichtmitglied ist nicht allein der bestehende oder potentielle privatrechtliche Mitgliedsvertrag bestimmend. Vielmehr ist zu fragen, ob das streitige Recht eher dem öffentlichen oder dem privaten Recht zuzuordnen ist[560]. Dabei können die verschiedenen Mitgliedschaftsrechte durchaus vor unterschiedlichen Gerichtszweigen verhandelbar sein, je nach ihrer Zuordnung. Bei den Parteien wäre privatrechtliches Handeln gegenüber dem Bürger überall dort gegeben, wo nicht ihre spezifische Funktion der politischen Willensbildung direkt betroffen ist. Das ist zum Beispiel der Fall bei Streitigkeiten um den Mitgliedsbeitrag. Eine Unterscheidung in typisch vereinsrechtliches und damit privat-rechtliches Handeln der Parteien und öffentlich-rechtliches Handeln bei der Mitwirkung an der politischen Willensbildung nimmt auch Hartmut Schiedermair vor[561], nach dem "die Mitgliedschaft dort, wo es um den demokratischen Willensbildungsprozeß und den verfassungsrechtlichen Auftrag der Parteien geht, aus dem personenrechtlichen Bereich herausgehoben und in ein öffentlich-rechtliches Rechtsverhältnis umgewandelt wird"[562]. Nach Hartmut Schiedermair ist allerdings die Verwaltungsgerichtsbarkeit nur hypothetisch anwendbar, da in diesem Bereich parteilicher Tätigkeit die Parteiautonomie die staatliche Gerichtsbarkeit verdränge und allein die Parteigerichtsbarkeit zuständig sei. Dieser Schlußfolgerung Hartmut Schiedermairs ist jedoch nicht zuzustimmen. Auf dem Gebiet der politischen Mitwirkung erfüllen die Parteien einen staatlichen, verfassungsmäßigen Auftrag, über dessen Erfüllung sie nicht selbst entscheiden dürfen. Weder die Auslegung des innerparteilichen Demokratiegebots, noch die Reichweite der verfassungsmäßigen Funktion der Parteien ist Sache der Parteien. Die Ausgestaltung fällt in den

---

[558] BVerfGE 1, 396(408f); 2, 341(356), st. Rspr.; dagegen *Cassebaum*, Die prozessuale Stellung der politischen Parteien (1988), S. 203f, der die Parteien auf die Verfassungsbeschwerde verweist, weil dies dem Platz der Parteien im "gesellschaftlichen Raum" entspreche.

[559] *Maurer* JuS1992, 296(298).

[560] Zu den Auswirkungen des Zwitterstatus der Parteien auf die Prozeßfähigkeit im Zivil-, Straf-, Verwaltungs-. und Verfassungsprozeß s. *Cassebaum*, Die prozessuale Stellung der politischen Parteien und ihrer Gebietsverbände (1988).

[561] *Schiedermair* AöR 104(1979), 200(206ff).

[562] *Schiedermair* AöR 104(1979), 200(208).

Aufgabenbereich des Gesetzgebers. Rechtsstreitigkeiten über die Auslegung der gesetzlichen Zuweisung fallen in die Kompetenz staatlicher Gerichte. Wo der Gesetzgeber wie in § 14 Parteiengesetz die Konkretisierung mittels Satzungsmacht den Parteien überträgt, bleibt die gerichtliche Kontrolle der Grenzen der Satzungsgewalt bei den staatlichen Gerichten.

Überlegenswert ist es, ob aus praktischen Gründen der Partei die Möglichkeit gegeben werden sollte, den eigenen Beschluß im Rahmen des zeitlich Angemessenen[563] selbst zu überprüfen. Das hilft Rechtsstreits zu vermeiden und ermöglicht so eine parteiinterne Befriedung. Doch muß eine Entscheidung in angemessener Zeit ergehen, da sich der Bürger solange nicht am politischen Prozeß der Partei beteiligen kann. Wie oben gesagt, muß die Verhandlung öffentlich sein.

Bei Rechten aus Arbeitsverträgen, Mitgliedsverträgen oder Verträgen der politischen Parteien mit Dritten mag es sich im Einzelfall anders als in den hier behandelten Fällen verhalten, weil im Rahmen der rechtlichen Gemengelage Bürgerliches Recht anwendbar ist.

---

[563] Heute werden die Parteigerichte häufig von ordentlichen Gerichten verdrängt, weil die langen Wartezeiten auf eine Entscheidung als unzumutbar angesehen werden; so BGH NJW1989, 1219; KG NJW1988, 3159.

Schlußbemerkung

Diese Arbeit ist als Beitrag zur Demokratisierung der Gesellschaft gedacht. Nicht erst seit der deutschen Vereinigung gibt es einen Wandel in der Gesellschaftsstruktur, der zu einer Abwendung von der Parteiendemokratie führt. Darauf muß die Politik reagieren, wenn sie nicht die Bürger in die Arme der Demokratiefeinde treiben will.

Von Anfang 1992 bis Mitte 1993 beriet eine aus Mitgliedern des Bundestages und der Länderregierungen zusammengesetzte Gemeinsame Verfassungskommission. Sie bot eine Chance, über eine Neustrukturierung der Willensbildung zu diskutieren. Doch neben der wichtigen Aufnahme von Volksbegehren, Volksentscheid und Plebiszit in den Katalog der Vorschläge wurde das Thema "Parteienstaat", für das es ein breites Interesse der Öffentlichkeit gab, wie die Reaktion auf die Parteienkritik vom ehemaligen Bundespräsidenten Richard v. Weizsäcker gezeigt hat, nur am Rande behandelt[564].

Die Erweiterung der Bürgerteilnahme an der Parteipolitik wäre eine Möglichkeit, den in jeder Demokratie notwendigen Konsens zu schaffen, der gegenwärtig in Gefahr ist. Insoweit versteht sich dieser Beitrag auch als Gegenposition zu dem diskutierten Vorschlag einer Fortentwicklung der Parteien zu reinen Dienstleistungsunternehmen (Peter Radunski). Ein Vorschlag, der an manchen Orten bereits von der Wirklichkeit überholt wird. Die Tendenz der Parteiendemokratie zu einem "Government for the politicians, to the politicians, by the politicians" müssen die Elemente einer Bürgerdemokratie entgegengesetzt werden, wenn eine Polarisierung der Gesellschaft und weiter ein Zusammenbruch des Grundkonsenses verhindert werden soll.

Eine Öffnung der Parteien kann dazu beitragen, daß ein Zerfall der politischen Landschaft in ein unregierbares Gebilde mit vielen kleinen Gruppierungen und die Stärkung undemokratischer Wesenszüge des politischen Systems zur Sicherung der Parteienmacht verhindert wird.

---

[564] Am 26. November 1992 sollten Vorschläge zu Art. 21 GG besprochen werden. Doch die AG Verfassungskommission der SPD-BT-Fraktion beschloß, die Vorschläge zu Art. 21 GG zunächst dem SPD-Präsidium zur Prüfung vorzulegen. Die abgesegnete Version wurde von der SPD-Fraktionsarbeitsgruppe geprüft. Ein Veränderung des Art. 21 GG war schon wegen des Verfahrens nicht zu erwarten.

Literaturverzeichnis

Achterberg, Norbert, Parlamentsrecht, Tübingen 1984

- Das rahmengebundene Mandat, Berlin / New York 1975.

v. Alemann, Ulrich, in: Demokratie und Teilhabe, 1981.

- Parteien und Gesellschaft in der Bundesrepublik, in: Parteien in der Bundesrepublik Deutschland, Mintzel / Oberreuter (Hrsg.), Bonn 1990.

Anonymus, Der Fall Barschel, in: Zeitschrift für Rechtspolitik 1988, S. 62.

Apel, Hans, Die deformierte Demokratie, 2. Auflage, Stuttgart 1991.

Arendt, Hannah, Wahrheit und Politik, in: Philosophische Perspektiven, Frankfurt/Main, Heft 1(1969), S. 9-51.

Arndt, Claus, Fraktion und Abgeordneter, in: Parlamentsrecht und Parlamentspraxis, § 21, Schneider / Zeh (Hrsg.), Berlin / New York 1989.

v. Arnim, Hans Herbert, Politische Parteien, in: Die Öffentliche Verwaltung 1985, S. 593.

- Staatsversagen: Schicksal oder Herausforderung?, in: Aus Politik und Zeitgeschichte, B 48/1987, S. 17.
- Entmündigen die Parteien das Volk?, in: Aus Politik und Zeitgeschichte B 21/1990, S. 25-36.
- Die Partei, der Abgeordnete und das Geld, Mainz 1991.
- Ist die Kritik an den politischen Parteien berechtigt?, in: Aus Politik und Zeitgeschichte, B 11/1993, S. 14-23.

Badura, Peter, Kommentierung des Art.38, in: Bonner Kommentar, Loseblattsammlung, 64. Lieferung (Stand: November 1991).

Barzel, Rainer, So nicht!, Rainer Barzel im Gespräch mit Günther Scholz, Düsseldorf / Wien / New York 1993.

Behr, Wilhelm Joseph, System der angewandten allgemeinen Staatslehre oder der Staatskunst (Politik), (1810).

Bergsträsser, Ludwig, Geschichte der politischen Parteien in Deutschland, Wilhelm Mommsen (Hrsg.), 11. Auflage, München 1965.

Betz, Hans-Georg, Radikal rechtspopulistische Parteien in Westeuropa, in: Aus Politik und Zeitgeschichte, B 44/1991, S. 3-14.

- Krise oder Wandel? Zur Zukunft der Politik in der postindustriellen Moderne, in: Aus Politik und Zeitgeschichte, B11/1993, S. 3-13.

Biedenkopf, Kurt, Zeitsignale, München 1989.

v. Bismarck, Klaus, Immer mehr Proporz im Rundfunk?, Köln 1966.

Böckenförde, Ernst-Wolfgang, Die Bedeutung der Unterscheidung von Staat und Gesellschaft im demokratischen Sozialstaat der Gegenwart, in: Festschrift für Hefermehl, 1972, S. 11.

- Die verfassungstheoretische Unterscheidung von Staat und Gesellschaft als Bedingung der individuellen Freiheit, 1973.
- Demokratie als Verfassungsprinzip, in: Handbuch des Staatsrechts, Band I, § 22, Isensee / Kirchhof (Hrsg.), Heidelberg 1987.

Bonner Kommentar, Kommentar zum Bonner Grundgesetz, Loseblattsammlung, 64. Lieferung (Stand: November 1991).

Cassebaum, Christian, Die prozessuale Stellung der politischen Parteien und ihrer Gebietsverbände, Hamburg 1988.

Conze, Werner, Die deutschen Parteien in der Staatsverfassung vor 1933, in: Das Ende der Parteien 1933, Matthias / Morsey (Hrsg.), in: Aus Politik und Zeitgeschichte, B 23/1960, S. 349-375.

Dieterich, Roland, Die Funktion der Öffentlichkeit der Parlamentsverhandlungen im Strukturwandel des Parlamentarismus, Diss. iur. Tübingen 1970.

Dütz, Wilhelm, Rechtsstaatlicher Gerichtsschutz im Privatrecht, Bad Homburg 1970.

Ehmke, Horst, Militärischer Oberbefehl und parlamentarische Kontrolle, in: Zeitschrift für Politik 1954, S. 337-356.

- "Staat" und "Gesellschaft" als verfassungstheoretisches Problem, in: Festgabe für Rudolf Smend zum 80. Geburtstag, Tübingen 1962, S. 23-49.

Ellwein, Thomas / *Hesse*, Joachim J., Das Regierungssystem der Bundesrepublik Deutschland, 6. Auflage, Opladen 1987.

Fälker, Margot, Demokratische Grundhaltungen und Stabilität des politischen Systems, in: Politische Vierteljahresschrift 32 (1991) 1, S. 71-91.

Falter, Jürgen W. / *Schumann*, Siegfried, Nichtwahl und Protestwahl: Zwei Seiten einer Medaille, in: Aus Politik und Zeitgeschichte, B 11/93, S. 36-49.

Fichte, Johann Gottlieb, Grundlage des Naturrechts (1796) (Medicus) II.

Flechtheim, Ossip K., Dokumente zur parteipolitischen Entwicklung in Deutschland seit 1945, Berlin 1962, 1. Band, S. X.

- in: Fischer-Lexikon Staat und Gesellschaft, Neuausgabe August 1964, S. 243;

Forsthoff, Ernst, Zur verfassungsrechtlichen Stellung und innere Ordnung der Parteien, in: Die politischen Parteien im Verfassungsrecht, Tübingen 1950.

Friesenhahn, Ernst, Parlament und Regierung im modernen Staat, in: Veröffentlichungen der Vereinigung der Deutschen Staatsrechtslehrer 16 (1958), S. 9-73.

Fuchs, Anke, Mut zur Macht, Hamburg 1991.

Geck, Wilhelm Karl, Wahl und Status der Bundesverfassungsrichter, in: Handbuch des Staatsrechts II, § 55, Isensee / Kirchhof (Hrsg.), Heidelberg 1987.

Giacometti, Zaccaria, Schweizerisches Bundesstaatsrecht, Zürich 1949.

Giese, Friedrich, Parteien als Staatsorgane, in: Archiv des öffentlichen Rechts 80 (1955/ 56), S. 377.

Glauben, Paul Josef, Die Scheinkandidatur, Diss. iur. Mainz 1990.

Glotz, Peter, Die Krise des Parteienstaates?, in: Die neue Gesellschaft / Frankfurter Hefte (1992) 6, S. 510.

Gluchowski, Peter, Wähler und Parteien in den 80er Jahren - ein Verhältnis im Wandel, in: Parteien in Deutschland zwischen Kontinuität und Wandel, Bayerische Landeszentrale für politische Bildungsarbeit (Hrsg.), München 1992, S. 89-123.

Grawert, Friedrich, Parteiausschluß und innerparteiliche Demokratie, Heidelberg 1987.

Greven, Michael, Parteimitglieder, Opladen 1987.

Grewe, Wilhelm G., Zum Begriff der politischen Partei, in: Festschrift für Erich Kaufmann, Stuttgart Köln 1950, S. 65-82.

- Parteienstaat - oder was sonst?, in: Der Monat VI/51, S. 563-577.

Grimm, Dieter, Die Politischen Parteien, in: Handbuch des Verfassungsrechts, Teil 1, Benda / Maihofer / Vogel (Hrsg.), Berlin 1983, S. 317-372.

Grimm, Wolfgang und Johann, Deutsches Wörterbuch VII, Leipzig 1889.

Guggenberger, Bernd, Mitwirkung oder Monopol der Parteien, in: Parteien in der Krise, Graf Krockow / Lösche (Hrsg.), München 1986.

Habermas, Jürgen, Strukturwandel der Öffentlichkeit, Neuwied 1962, Neuauflage Frankfurt / Main 1990.

Häberle, Peter, Unmittelbare staatliche Parteifinanzierung unter dem Grundgesetz - BVerfGE 20, 56, in: Juristische Schulung 1967, S. 64.

- Öffentlichkeit und Verfassung (1969), in: Verfassung als öffentlicher Prozeß, S. 255.
- Formen und Grenzen normierender Kraft der Öffentlichkeit in gemeinwohlhaltigen Fragen der Praxis (1971), in: Verfassung als öffentlicher Prozeß, S. 480.
- Das Mehrheitsprinzip als Strukturelement der freiheitlich-demokratischen Grundordnung, in: Juristen Zeitung 1977, S. 241.
- Verfassungsrechtlicher Abgeordnetenstatus und Grunddiätenbesteuerung in der egalitären Demokratie (BVerfGE 40, 296) (1978), in: Verfassung als öffentlicher Prozeß, S. 503.
- Verfassungsinterpretation als öffentlicher Prozeß - ein Pluralismuskonzept (1978), in: Verfassung als öffentlicher Prozeß, S. 121.
- Die offene Gesellschaft der Verfassungsinterpreten (1978), in: Verfassung als öffentlicher Prozeß, S. 155.
- Verfassung als öffentlicher Prozeß, Berlin 1978.

Hättich, Manfred, Parteien als Integrationssysteme, in: Strukturprobleme des lokalen Parteiensystems, Konrad-Adenauer-Stiftung (Hrsg.), Bonn 1975.

Halbe, Bernd, Analyse der verfassungsrechtlichen Stellung und Funktion der politischen Parteien in der Bundesrepublik Deutschland - unter besonderer Berücksichtigung des Verhältnisses von Art. 21 GG zu den Grundrechten, Diss. iur. Münster 1991.

Hamann, Andreas, in: Das Grundgesetz für die Bundesrepublik Deutschland vom 23. Mai 1949, Kommentar, Berlin / Neuwied / Darmstadt, 2. Auflage 1960; 3. Auflage 1970.

Hamm-Brücher, Hildegard, Abgeordneter und Fraktion, in: Parlamentsrecht und Parlamentspraxis, § 22, Schneider / Zeh (Hrsg.), Berlin / New York 1989.
- Der freie Volksvertreter - eine Legende?, München 1990.
- Der Politiker und sein Gewissen, München / Zürich 1983.

Hasenritter, Karl-Heinrich, Parteiordnungsverfahren, Heidelberg / Hamburg 1981.

Haungs, Peter, Die Bundesrepublik - ein Parteienstaat?, in: Parteienstaat und Abgeordnetenfreiheit, Veen / Guggenberger (Hrsg.), München 1976.
- Parteiendemokratie in der Bundesrepublik Deutschland, 2. Auflage, Berlin 1981.

Hegel, Georg Wilhelm Friedrich, Grundlinien der Philosophie des Rechts (Berlin 1821), Suhrkamp-Taschenbuch Wissenschaft, Werke 7, 2. Auflage, Frankfurt/ Main 1989.

Heimann, Norbert, Die Schiedsgerichtsbarkeit der politischen Parteien in der Bundesrepublik Deutschland, Bonn-Bad Godesberg 1977.

Heller, Hermann, Staatslehre, Leiden 1934.

Henke, Wilhelm, Die Parteien im Staat des Bonner Grundgesetzes, in: Die Öffentliche Verwaltung 1958, S. 646.
- Das Recht der politischen Parteien, 2. Auflage, Göttingen 1972.
- Bestand und Wandel im Recht der politischen Parteien, in: Deutsches Verwaltungsblatt 1979, S. 369.
- Art. 21 in: Bonner Kommentar, Kommentar zum Bonner Grundgesetz, Loseblattsammlung, 64. Lieferung (Stand: November 1991).

Hennis, Wilhelm, Überdehnt und abgekoppelt, in: Brauchen wir ein Parteiensystem, Christian Graf Krockow (Hrsg.), Frankfurt / Main 1983.
- Der "Parteienstaat" des Grundgesetzes. Eine gelungene Erfindung, DER SPIEGEL Dokument 5, Oktober 1992.

Hering, Wolfgang, Zur Frage der politischen Anerkennung der politischen Parteien als Staatsorgane, Diss. iur. Mainz 1960.

Herzog, Dietrich, Der moderne Berufspolitiker, in: Der Bürger im Staat 40 (1990) 1, S. 9-16.

Herzog, Roman, Allgemeine Staatslehre, Frankfurt/Main 1971.
- Rede zur Einweihung des neuen Plenarsaals am 30. Oktober 1992, in: Der neue Plenarsaal. Eine Dokumentation, Bonn 1992, S. 9-16.

Hesse, Konrad, Die verfassungsrechtliche Stellung der politischen Parteien im modernen Staat, in: Veröffentlichungen der Vereinigung deutscher Staatsrechtslehrer 17 (1959), S. 11-52.
- Bemerkungen zur heutigen Problematik und Tragweite der Unterscheidung von Staat und Gesellschaft, in: Die öffentliche Verwaltung 1975, S. 437.
- Grundzüge des Verfassungsrechts der Bundesrepublik Deutschland, 18. Auflage, Heidelberg 1991.

Hofmann, Gunter / *Perger*, Werner A., Die Kontroverse. Weizsäckers Parteienkritik in der Diskussion, Hofmann / Perger (Hrsg.), Frankfurt/Main 1992.

Huber, Ernst Rudolf, Deutsche Verfassungsgeschichte seit 1789, Band IV, Die Weimarer Reichsverfassung, Berlin 1982.

Hubert, Peter, Uniformierter Reichstag, Düsseldorf 1992.

Hübner, Emil, Partizipation im Parteienstaat, München 1976.

Hübner, Emil / *Oberreuter* Heinrich, Parteien in Deutschland zwischen Kontinuität und Wandel, Bayerische Landeszentrale für politische Bildungsarbeit (Hrsg.), München 1992.

INFAS, INFAS-Report Wahlen: Bundestagswahl 1990. Analysen und Dokumente, Bonn 1991.

Isensee, Josef, Staat und Verfassung, in: Handbuch des Staatsrechts I, § 13, Isensee / Kirchhof, (Hrsg.), Heidelberg 1987.

Jäger, Wolfgang, Parteien als Prügelknaben in: Die politische Meinung 1/1993, S. 19-27.

Jarass, Hans D. / *Pieroth*, Bodo, Grundgesetz für die Bundesrepublik Deutschland, 2. Auflage, München 1992.

Jaspers, Karl, Wohin treibt die Bundesrepublik?, München 1966.

- Antwort. Zur Kritik meiner Schrift "Wohin treibt die Bundesrepublik?", München 1967.

Jellinek, Georg, Allgemeine Staatslehre, 1913, Nachdruck 3. Auflage 1960.

Jerschke, Hans-Ulrich, Öffentlichkeitspflicht der Exekutive und Informationsrecht der Presse, Berlin 1971.

Jerusalem, Franz, Die Zersetzung im Rechtsdenken, Stuttgart 1968.

Jesse, Eckhard, Die Entwicklung des Parteiensystems und der Parteien in der Bundesrepublik Deutschland. Von den vierziger Jahren bis in die neunziger Jahre, in: Parteien in Deutschland zwischen Kontinuität und Wandel, Bayerische Landeszentrale für politische Bildungsarbeit (Hrsg.), München 1992, S. 11-87.

Kaack, Heino, Geschichte und Struktur des deutschen Parteiensystems, Opladen 1971.

Kaiser, Lorenz, Einführung begrenzt offener Listen für die Abgabe der Zweitstimme bei der Bundestagswahl, Frankfurt/Main / Bern 1982.

Kalt, Erich, Das Prinzip der Öffentlichkeit staatlichen Handelns als Voraussetzung der demokratischen Willensbildung, Diss. iur. Zug 1953.

Kaltefleiter, Werner / *Veen*, Hans-Joachim, Zwischen freiem und imperativen Mandat, in: Parteienstaat und Abgeordnetenfreiheit, Guggenberger / Veen / Zunker (Hrsg.), München 1976.

Kant, Immanuel, Zum ewigen Frieden, 1781, Reclam Stuttgart 1991.

Kelsen, Hans, Vom Wesen und Wert der Demokratie, 2. Auflage, Tübingen 1929.

Kerssenbrock, Trutz Graf, Rechtpolitische Forderungen an die innere Ordnung der politischen Parteien, in: Zeitschrift für Rechtspolitik 1989, S. 337.

Kiminich, Otto, Die Parteien im Rechtsstaat: Herausforderung durch die "Alternativen", in: Die öffentliche Verwaltung 1983, S. 217.

Kirchheimer, Otto, Der Wandel des westeuropäischen Parteiensystems, in: Politische Vierteljahresschrift, Heft 6 (1965), S. 20.

Kißler, Leo, Die Öffentlichkeitsfunktion des Deutschen Bundestages, Berlin 1978.

Kleffmann, Heinz-Werner, Die Rechtsstellung parteiloser Kandidaten und Mandatsträger, Frankfurt/Main / Bern 1982.

Klein, Hans Hugo, Status des Abgeordneten, in: Handbuch des Staatsrechts II, § 41, Isensee / Kirchhof (Hrsg.), Heidelberg 1987.

Kloepfer, Michael, Zur Veränderung von Verfassungsinstitutionen durch politische Parteien, in: Das parlamentarische Regierungssystem der Bundesrepublik Deutschland auf dem Prüfstand, Zum 70. Geburtstag für August Bettermann, Berlin 1984, S. 53.

- Öffentliche Meinung, in: Handbuch des Staatsrechts, Band II, § 35, Isensee / Kirchhof (Hrsg.), Heidelberg 1987.

Knöpfle, Franz, Der Zugang zu den politischen Parteien, in: Der Staat, 9 (1970), S. 321.

Koellreutter, Otto, Die politischen Parteien im modernen Staate, 1926.

- Deutsches Staatsrecht, Stuttgart / Köln 1953.

Köppler, Rudolf, Die Mitwirkung bei der politischen Willensbildung als Vorrecht der Parteien, Diss. iur. München 1974.

Krockow, Christian Graf, Brauchen wir ein Parteiensystem?, Frankfurt/Main 1983.

Krüger, Herbert, Allgemeine Staatslehre, 2. Auflage, Stuttgart 1966.

Kürschner, Joseph, Kürschners Volkshandbuch Deutscher Bundestag, 12. Wahlperiode 1990, 63. Auflage (Stand: 1. Mai 1991), Holzapfel (Hrsg.).

Kunig, Philip, Die politischen Parteien, in: Handbuch des Staatsrechts II, § 33, Isensee / Kirchhof (Hrsg.), Heidelberg 1987.

Lebenstein, Walter, Die Rechtsstellung der Parteien und Fraktionen nach deutschem Reichsstaatsrecht, Diss. iur. Frankfurt/Main 1925.

Leibholz, Gerhard, Das Wesen der Repräsentation, Berlin / Leipzig 1929;

- Parteienstaat und Demokratie, in: Deutsche Verwaltungsblätter 1951, S. 1.
- Der Strukturwandel der modernen Demokratie, in: Strukturprobleme der modernen Demokratie, 1958, 3. Auflage, Karlsruhe 1967, S. 78.
- Der Gestaltwandel der Demokratie, in: Das Wesen der Repräsentation und der Gestaltwandel der Demokratie im 20. Jahrhundert, 3. Auflage, 1966, S. 211.
- Repräsentativer Parlamentarismus und parteienstaatliche Demokratie, in: Parlamentarismus, Kluxen (Hrsg.), Köln / Berlin 1967, S. 349.

Lenz, Helmut / *Sasse*, Christoph, Parteiausschluß und Demokratiegebot, in: Juristen Zeitung 1962, S. 233.

Lietzau, Hans, Die staatliche Stellung der politischen Partei, Diss. iur. Danzig 1932(1934).

Lipphardt, Hans-Rudolf, Die Gleichheit der politischen Parteien vor der öffentlichen Gewalt, Berlin 1975.

Löwenstein, Karl, Verfassungsrecht und Verfassungsrealität, in: Archiv für öffentliches Recht 77 (1951/52), S. 387-435.

Lohmann, Karl-Heinz, Fraktionszwang und Art. 38 GG, Diss. jur. Würzburg 1957.

Luthmann, Walter, Rechtsstellung der Mitglieder von politischen Parteien, in: Deutsches Verwaltungsblatt 1962, S. 166.

Magiera, Siegfried, Rechtsanspruch auf Parteibeitritt, in: Die Öffentliche Verwaltung 1973, S. 761.

- Parlament und Staatsleitung in der Verfassungsordnung des Grundgesetzes, Berlin 1979.

Maly-Motta, Peter, Die Sicherung eines freien Zuganges zu den politischen Parteien ("Parteibürgerrecht"), Diss. iur. München 1972.

v. *Mangoldt*, Hermann / *Klein*, Friedrich, Das Bonner Grundgesetz, Kommentar, München.

Marcic, René, Die Öffentlichkeit als Prinzip der Demokratie, in: Festschrift für Adolf Arndt, Frankfurt/Main 1969, S. 267-292.

Martens, Wolfgang, Öffentlich als Rechtsbegriff, Bad Homburg 1969.

Maunz, Theodor, Art. 21, in: Maunz / Dürig (Hrsg.), Kommentar zum Grundgesetz, 29. Lieferung (Stand: September 1991).

Maunz, Theodor / *Dürig*, Günter / *Herzog*, Reiner / *Scholz*, Rupert, Kommentar zum Grundgesetz, Loseblattsammlung, 29. Lieferung (Stand: September 1991) zitiert als Maunz / Dürig.

Maurer, Hartmut, Die Rechtsstellung der politischen Parteien, in: Juristische Schulung 1991, S. 881.

- Die politischen Parteien im Prozeß, in: Juristische Schulung 1992, S. 296.

Mayntz, Renate/*Neidhardt*, Friedhelm, Parlamentskultur: Handlungsorientierungen von Bundestagsabgeordneten - eine empirisch explorative Studie in: Zeitschrift für Parlamentsfragen 1989, S. 370.

Meessen, Karl M., Parteienstaatlichkeit - Krisensymptome des demokratischen Verfassungsstaats?, in: Neue Juristische Wochenschrift 1985, S. 2289.

Menger, Christian-Friedrich, Zur verfassungsrechtlichen Stellung der deutschen politischen Parteien, in: Archiv für öffentliches Recht 78 (1952/53), S. 149.

Menzel, Eberhard, Staatliche Parteifinanzierung und moderner Parteienstaat, in: Die Öffentliche Verwaltung 1966, S. 585-608.

Michels, Robert, Zur Soziologie des Parteiwesens in der Demokratie, 1911, 2. Auflage 1925.

Mintzel, Adolf, Großparteien im Parteienstaat der Bundesrepublik, in: Aus Politik und Zeitgeschichte, B 11/1989, S. 3.

Mommsen, Wilhelm, Deutsche Parteiprogramme, München 1960.

Morstein Marx, Fritz, Rechtswirklichkeit und freies Mandat, in: Archiv für öffentliches Recht 11 (1926), S. 430.

Müller, Friedrich, Juristische Methodik, 4. Auflage 1990.

Müller, Johannes Georg, Staats- und Parteieneinfluß auf die Rundfunkanstalten in Frankreich und der Bundesrepublik Deutschland, Frankfurt / New York 1987.

v. *Münch*, Ingo, Art. 21, in: Grundgesetz-Kommentar, Band 2, Art. 21-69, v. Münch (Hrsg.), 2. Auflage, München 1983.

- Grundbegriffe II, 4. Auflage, Stuttgart / Berlin / Köln / Mainz 1987.

Mußgnug, Reinhard, Das Vorschlagsmonopol der politischen Parteien bei den Parlamentswahlen, in: Juristische Rundschau 1976, S. 353.

Nipperdey, Thomas, Die Organisation der deutschen Parteien vor 1918, Düsseldorf 1961.

Nollau, Günther, Die Internationale, Wurzeln und Erscheinungsformen des proletarischen Internationalismus, 2. Auflage, Köln 1961.

Oberreuter, Heinrich, Die Macht der Partei, in: Parteien in Deutschland zwischen Kontinuität und Wandel, Bayerische Landeszentrale für politische Bildungsarbeit (Hrsg.), München 1992, S. 187-214.

Pack, Wolfgang, Das parlamentarische Ringen um das Sozialistengesetz Bismarcks 1878-1890, Düsseldorf 1961.

Pawlowski, Hans-Martin, Methodenlehre für Juristen, Heidelberg Karlsruhe 1981.

Pestalozza, Christian, Verfassungprozeßrecht, 3. Auflage, München 1991.

Preuß, Ulrich K., Zum staatsrechtlichen Begriff des Öffentlichen, Stuttgart 1969.

- Art. 21, in: Reihe Alternativkommentare, Kommentar zum Grundgesetz für die Bundesrepublik Deutschland, Band 1, 2. Auflage, Neuwied / Frankfurt 1989.

Preuße, Detlev, Gruppenbildung und innerparteiliche Demokratie, Königstein/Ts 1981.

Rabus, Günter, Die innere Ordnung der politischen Parteien im gegenwärtigen deutschen Staatsrecht, in: Archiv des öffentlichen Rechts 78 (1952/53), S. 163-194.

Radbruch, Gustav, Die politischen Parteien im System des deutschen Verfassungsrechts, in: Handbuch des Deutschen Staatsrechts, Erster Band, § 25, Anschütz Thoma (Hrsg.), 1930, S. 285.

Radunski, Peter, Konzentration und Konfrontation - Krise und Konsens, in: Die Sonde 2/1974;

- Volkspartei in den 90er Jahren - Die Union vor neuen Herausforderungen, in: Die Sonde 3/1989 S. 21-29.

- Fit für die Zukunft? Die Volksparteien vor dem Superwahljahr 1994, in: Die Sonde 4/1991, S. 3-8.

Rattinger, Hans, Abkehr von den Parteien? Dimensionen der Parteiverdrossenheit, in: Aus Politik und Zeitgeschichte, B 11/ 1993, S. 24-35.

Rebenstorf, Hilke, Steuerung des politischen Nachwuchses durch Parteiführungen?, in: Aus Politik und Zeitgeschichte, B 34-35/1992, S. 45-54.

Reihe Alternativkommentare, Kommentar zum Grundgesetz für die Bundesrepublik Deutschland, Band 1, 2.Auflage, Neuwied / Frankfurt 1989.

Ridder, Helmut, Meinungsfreiheit, in: Grundrechte, Zweiter Band, Neumann / Nipperdey / Scheuner (Hrsg.), Berlin 1954.

- Die soziale Ordnung des Grundgesetzes, Opladen 1975.

Rinken, Alfred, Art. Öffentlichkeit, in: Staatslexikon, Band 4, Görres-Gesellschaft (Hrsg.), 7. Auflage, Freiburg / Basel / Wien 1988.

Risse, Johannes, Der Parteiausschluß, Berlin 1985.

Ritzel / Bückler, Handbuch für die Parlamentarische Praxis, Loseblattsammlung 17. Lieferung (Stand: Januar 1990).

Röhrich, Wilfried, Der Parteienstaat der Bundesrepublik Deutschland, in: Neue Juristische Wochenschrift 1981, S. 2674.

Roellecke, Gerd, Das Gesetz über die politischen Parteien und das bürgerliche Recht, in: Deutsche Richterzeitung 1969, S. 117.

v. Rotteck / Welcker, Art. Öffentlichkeit, in: Staats-Lexikon, Altona 1841.

Rousseau, Jean-Jacques, Gesellschaftsvertrag (1762), Reclam, Stuttgart 1991.

Schachtschneider, Karl Albrecht, Anspruch auf Demokratie, in: Juristische Rundschau 1970, S. 401.

- Das Nominationsmonopol der Parteien in Berlin, in: Juristische Rundschau 1975, S. 89.
- Das Hamburger Oppositionsprinzip, in: Der Staat 28(1989), S. 173-200.
- Res publica res populi, Ein Beitrag zur Freiheits-, Rechts-, und Staatslehre, Nürnberg-Erlangen 1994.

Schäfer, Friedrich, Der Bundestag, Köln Opladen 1967.

Scheuch, Erwin K. / *Scheuch*, Ute, Cliquen, Klüngel und Karrieren, Reinbek bei Hamburg 1992.

- Inner- und zwischenparteiliche Interessenverflechtung, in: Aus Politik und Zeitgeschichte, B 34-35/1992, S. 36-44.

Scheuner, Ulrich, Die Parteien und die Auswahl der politischen Leitung im demokratischen Staat,in: Die Öffentliche Verwaltung 1958, S. 641.

- Das Wesen des Staates und der Begriff des Politischen in der neueren Staatslehre, in: Festgabe für Rudolf Smend zum 80. Geburtstag, Tübingen 1962, S. 225.
- Pressefreiheit,in: Veröffentlichungen der Vereinigung der Deutschen Staatsrechtslehrer 22 (1965), S. 1-100.
- Die Lage des politischen Regierungssystems in der Bundesrepublik Deutschland, in: Die Öffentliche Verwaltung 1974, S. 433.

Schiedermair, Hartmut, Parteiausschluß und gerichtlicher Rechtsschutz, in: Archiv des öffentlichen Rechts 104(1979), S. 200-224.

Schily, Otto, Politik in bar, München 1986.

Schindler, Peter, Datenhandbuch zur Geschichte des Deutschen Bundestages, 1986.

Schneider, Hans-Peter / *Zeh*, Wolfgang, Koalitionen, Kanzlerwahl und Kabinettsbildung, in: Parlamentsrecht und Parlamentspraxis, § 48, Schneider / Zeh (Hrsg.), Berlin / New York 1989.

Schmidt-Bleibtreu, Bruno / *Klein*, Franz, Kommentar zum Grundgesetz, 7. Auflage, Neuwied 1990.

Schmidt-Hieber, Werner / *Kiesswetter*, Ekkehard, Parteigeist und politischer Geist in der Justiz, in: Neue Juristische Wochenschrift 1992, S. 1790.

Schmitt, Carl, Verfassungslehre, Berlin 1928 (Neudruck: Berlin 1954).

- Der Hüter der Verfassung, Tübingen 1931.
- Legalität und Legitimität, München / Leipzig 1932.

- Der Begriff des Politischen, Text von 1932, Berlin 1963.

Schmitt Glaeser, Walter, Die grundrechtliche Freiheit des Bürgers zur Mitwirkung an der Willensbildung, in: Handbuch des Staatsrechts II, § 31, Isensee / Kirchhof (Hrsg.), Heidelberg 1987.

Schnorr, Gerhard, Öffentliches Vereinsrecht, Köln / Berlin / Bonn / München 1965.

Scholz, Rupert, Krise der parteienstaatlichen Demokratie? "Grüne und "Alternative" im Parlament, Berlin / New York 1983.

Schröder, Heinrich Josef, Die Kandidatenaufstellung und das Verhältnis des Kandidaten zu seiner Partei in Deutschland und Frankreich, Berlin 1971.

Schröer, Hubertus, Partei und Mandatsträger, Diss. iur. München 1971.

Schwarz, Max, Biographisches Handbuch der deutschen Reichstage, Hannover 1965.

Seifert, Karl-Heinz, Zur Rechtsstellung der politischen Parteien, in: Die Öffentliche Verwaltung 1956, S. 1.

- Die politischen Parteien im Recht der Bundesrepublik Deutschland, Köln / Berlin / Bonn / München 1975.

Sendler, Horst, Abhängigkeiten der unabhängigen Abgeordneten, in: Neue Juristische Wochenschrift 1985, S. 1425-1433.

Smend, Rudolf, Zum Problem des Öffentlichen und der Öffentlichkeit, in: Forschungen und Berichte aus dem Öffentlichen Recht, Gedächtnisschrift für Walter Jellinek, München 1955, S. 11.

- Art. Integrationslehre, in: Handwörterbuch der Sozialwissenschaften, 5. Band, Tübingen / Göttingen 1956.

Smid, Stefan, Einführung in die Philosophie des Rechts, München 1991.

Sontheimer, Kurt, Grundzüge des politischen Systems der Bundesrepublik Deutschland, 14. Auflage, München / Zürich 1991.

Staff, Ilse, Öffentlichkeit als Verfassungsprinzip, in: Zeitschrift für Rechtspolitik 1992, S. 348.

Steffani, Winfried, Parteimitgliedschaft als Geheimsache?, in: Merkur 7/1993, S. 586-600.

Stein, Ekkehart, Staatsrecht, 13. Auflage, Tübingen 1991.

Stern, Klaus, Das Staatsrecht der Bundesrepublik Deutschland, Band I, 2. Auflage, München 1984.

Sternberger, Dolf, Herrschaft und Vereinbarung, Frankfurt/Main 1986.

Stober, Rolf, Grüne und Grundgesetz, in: Zeitschrift für Rechtspolitik 1983, S. 209.

Stöss, Richard, Parteikritik und Parteiverdrossenheit, in: Aus Politik und Zeitgeschichte, B 21/1990, S. 15-24.

Stoklossa, Uwe, Der Zugang zu den politischen Parteien im Spannungsfeld zwischen Vereinsautonomie und Parteienstaat, Baden-Baden 1989.

Stolleis, Michael, Parteienstaatlichkeit - Krisensymtome des demokratischen Verfassungsstaats?, in: Veröffentlichungen der Vereinigung der Deutschen Staatsrechtslehrer 44 (1986), S. 7-43.

- Art. Gemeinwohl, in: Evangelisches Staatslexikon, 3. Auflage 1987.

Stolz, Werner, Die persönlichen Mitarbeiter der Bundestagsabgeordneten - ein neues Feld verdeckter Parteienfinanzierung?, in: Zeitschrift für Rechtspolitik 1992, S. 372.

Thoma, Richard, Der Begriff der modernen Demokratie in seinem Verhältnis zum Staatsbegriff, in: Erinnerungsgabe für Max Weber, München 1923, S. 37-64.

Tormin, Walter, Geschichte der deutschen Parteien seit 1848, Stuttgart / Berlin / Köln / Mainz 1966.

Trautmann, Helmut, Innerparteiliche Demokratie im Parteienstaat, Berlin 1975.

Triepel, Heinrich, Die Staatsverfassung und die politischen Parteien, Berlin 1928.

Tsatsos, Dimitris Th., Ein Recht auf innerparteiliche Opposition?, in: Festschrift für Hans Mosler, Berlin 1983, S. 997-1032.

Tsatsos, Dimitris Th. / *Morlok*, Martin, Parteienrecht, Opladen 1982.

Umbach, Dieter / *Clemens*, Thomas, Bundesverfassungsgericht, Mitarbeiterkommentar und Handbuch, Heidelberg 1992.

Veen, Hans-Joachim, Abschluß, Neubeginn und Übergang - Die erste gesamtdeutsche Wahl und die Veränderungen der Wähler und Parteistrukturen in Deutschland, in: Parteien in Deutschland zwischen Kontinuität und Wandel, Bayerische Landeszentrale für politische Bildungsarbeit (Hrsg.), München 1992, S. 125-167.

Vierhaus, Hans-Peter, Die Identifizierung von Staat und Parteien - eine moderne Form der Parteiendiktatur?, in: Zeitschrift für Rechtspolitik 1991, S. 468.

Wahl, Rainer, Die Entwicklung des Deutschen Verfassungsstaates bis 866, in: Handbuch des Staatsrechts I, § 1, Isensee / Kirchhof (Hrsg.), Heidelberg 1987.

Waldecker, Ludwig, Allgemeine Staatslehre, Berlin-Grunewald 1927.

Wassermann, Rudolf, Die Zuschauerdemokratie, München 1989;

- Demokratiedefizite im Parteienstaat, in: Festschrift für Helmut Ridder, Neuwied / Frankfurt/Main 1989, S. 15-22.

Weber, Max, Politik als Beruf (1919), Reclam Stuttgart 1992.

Weber, Werner, Spannungen und Kräfte im westdeutschen Verfassungssystem, 2. Auflage, Stuttgart 1958.

v. *Weizsäcker*, Richard, Die deutsche Geschichte geht weiter, Berlin 1983;

- Richard von Weizsäcker im Gespräch mit Gunter Hofmann und Werner A. Perger, Frankfurt/Main 1992.

Wiesendahl, Elmar, Etablierte Parteien im Abseits?, in: Wasmuth (Hrsg.), Alternativen zur alten Politik, Darmstadt 1989.

- Strukturprobleme der Parteiendemokratie in der Bundesrepublik Deutschland, Fachgruppe Sozialwissenschaften der Führungsakademie der Bundeswehr Hamburg 10/1989.
- Der Marsch aus den Institutionen, in: Aus Politik und Zeitgeschichte, B 21/1990, S. 3-14.
- Volksparteien im Abstieg, in: Aus Politik und Zeitgeschichte, B 34-35/1992, S. 3.

Wildenmann, Rudolf, Volksparteien - Ratlose Riesen?, Baden-Baden 1989.

Wolf, H.-J., Organschaft und juristische Person,, 2. Band, Theorie der Vertretung, Berlin 1934.

Wolfrum, Rüdiger, Die innerparteiliche demokratische Ordnung nach dem Parteiengesetz, Berlin 1974.

Zachariae, Carl Salomo, Wissenschaft der Gesetzgebung (1806);
Das Staatsrecht der Rheinischen Bundesstaaten (1810).

Zeuner, Bodo, Kandidatenaufstellung zur Bundestagswahl 1965, Den Haag 1970.

Zimmermann, Norbert, Rechtsstaatsprinzip und Parteigerichtsbarkeit, Frankfurt/Main 1979.

Zippelius, Reinhold, Allgemeine Staatslehre, 11. Auflage, München 1991.

Tagespresse (Auswahl):

Adam, Konrad, Ich kenne nur noch Parteien, FAZ v. 3. September 1992.

v. Arnim, Hans Herbert, Hat die Demokratie Zukunft?, FAZ Beilage "Bilder und Zeiten" v. 27. November 1993.

Blüm, Norbert, Die Macht des Staates - Ein deutsches Tabu?, FAZ v. 20. August 1992.

Böckenförde, Ernst-Wolfgang, Nicht Machterhalt ist das Ziel der Politik, sondern Gerechtigkeit, FAZ-Magazin v. 12. Februar 1993.

Enzensberger, Hans M., Erbarmen mit den Politikern, FAZ Beilage "Bilder und Zeiten" v. 5. September 1992.

Hamm-Brücher, Hildegard, Die Bürgergesellschaft ist gefordert, DIE ZEIT v. 17. Juni 1992.

Hofmann, Gunter / *Perger*, Werner A., Wo bleibt der politische Wille des Volkes, Bundespräsident Richard v. Weizsäcker im Gespräch, DIE ZEIT v. 19. Juni 1992.

Kohl, Helmut, Die Parteien in der freiheitlichen Bürgergesellschaft, Welt am Sonntag v. 19. Juli 1992.

Lafontaine, Oskar, Sündenböcke werden in Krisenzeiten ausgemacht, Saarbrücker Zeitung v. 20. Oktober 1992.

Riehl-Heyse, Herbert, Man schlägt den Esel und trifft den Sack, SZ am Wochenende v. 17./18. Okober 1992.

Scharnagl, Winfried, Autorität und Pflicht, Bayern-Kurier v. 27.Juni 1992.

Vollmer, Antje, Der Ernst kehrt in die Politik zurück, FAZ Beilage "Bilder und Zeiten" v. 10. Oktober 1992.

Personen- und Sachwortregister

FSC
www.fsc.org
MIX
Papier | Fördert gute Waldnutzung
FSC® C083411

Kolibri 360 GmbH
Ferdinand-Jühlke-Straße 7
99095 Erfurt, Deutschland
produktsicherheit@kolibri360.de

Druck:
CPI Druckdienstleistungen GmbH
im Auftrag der
Kolibri 360 GmbH
Ferdinand-Jühlke-Str. 7
99095 Erfurt